中国轻工业“十三五”规划立项教材

省级精品资源在线课程配套教材

全国高等职业院校名师名家精品系列教材 · 财务会计类

成本核算与管理

CHENGBEN HESUAN YU GUANLI

（第二版）

杨则文　总主编

翟金花　主　编

陈燕宁 谢蕴琦　副主编

东北财经大学出版社
Dongbei University of Finance & Economics Press
大连

图书在版编目（CIP）数据

成本核算与管理 / 翟金花主编．—2版．—大连：东北财经大学出版社，2024.3

（全国高等职业院校名师名家精品系列教材·财务会计类）

ISBN 978-7-5654-5143-0

Ⅰ.成…　Ⅱ.翟…　Ⅲ.①成本计算-高等职业教育-教材 ②成本管理-高等职业教育-教材　Ⅳ.F231.2

中国国家版本馆CIP数据核字（2023）第043766号

东北财经大学出版社出版

（大连市黑石礁尖山街217号　邮政编码　116025）

网　址：http://www.dufep.cn

读者信箱：dufep@dufe.edu.cn

大连天骄彩色印刷有限公司印刷　东北财经大学出版社发行

幅面尺寸：185mm×260mm　字数：414千字　印张：18.75

2024年3月第2版　2024年3月第1次印刷

责任编辑：王天华　责任校对：刘贤恩

封面设计：原　皓　版式设计：原　皓

定价：46.00元

教学支持　售后服务　联系电话：（0411）84710309

如有印装质量问题，请联系营销部：（0411）84710711

总序

党的二十大报告指出："统筹职业教育、高等教育、继续教育协同创新，推进职普融通、产教融合、科教融汇，优化职业教育类型定位。" 这是以习近平同志为核心的党中央全面部署"实施科教兴国战略，强化现代化建设人才支撑"的重点举措，对开拓职业教育、高等教育、继续教育可持续发展新局面，书写教育多方位服务社会主义现代化建设新篇章，具有非常重要的导向意义。这一论述拓展了职业教育产教融合校企"双元"育人的内容和路径，我们应当在《国家职业教育改革实施方案》（以下简称"职教20条"）要求的"校企共同研究制定人才培养方案，及时将新技术、新工艺、新规范纳入教学标准和教学内容……建设一大批校企'双元'合作开发的国家规划教材"基础上，充分考虑与普通高等教育、继续教育和教学科研的融合创新，努力开发适应行业技术升级和人才培养模式创新的优质教材。

在此之前，为更好地发挥广东省改革开放前沿地区在职业教育领域的探索引领作用，全面总结国家示范院校建设以来职业教育课程和教学改革成果并将其凝练成系列教材，广东省职业技术教育学会于2018年11月1日向全省重点高职院校发出了《关于协助出版"全国高等职业院校名师名家精品系列教材"的函》，以"推名家、出名师"为抓手，按照新时代职业教育改革要求编写符合新时代高等职业教育发展需要的高质量教材。此函得到深圳职业技术学院、广州番禺职业技术学院、广东轻工职业技术学院、顺德职业技术学院、广东农工商职业技术学院、广东职业技术学院、广东机电职业技术学院和广州城建职业学院等院校的积极响应，全省200多位骨干老师申报了选题，涵盖了机械设计制造、机电设备、计算机、汽车制造、经济贸易、市场营销、财务会计等专业类别。为体现党的二十大精神和广东社会经济发展的实际，我们进一步优化了选题，扩充了涵盖范围。

目前已经列入财务会计类教材出版计划的有：《会计基础》《财经法规与会计职业道德》《成本核算与管理》《管理会计实务》《企业财务会计》《纳税实务》《企业财务管理》《企业财务分析》《会计信息系统应用》《企业内部控制》《Excel财务应用》《ERP沙盘模拟训练》《会计英语》《审计基础与实务》《行业会计比较》等。这些教材在选题策划、内容选定、体例结构、版式设计等方面都作出了新的探索，突出的特色如下：

一是充分体现了新时代职业教育发展改革的思想政治要求。"职教20条"明确指出要"加强党对教育事业的全面领导，全面贯彻党的教育方针，落实中央教育工作领导小组各项要求，保证职业教育改革发展正确方向"。本系列教材的编写充分体现了课程思政改革的基本方向，充分考虑了"培养什么人、怎样培养人、为谁培养人"的问题，在政治方向和政治定位上牢牢把握社会主义核心价值观，以“立德树人”作为教育的根本任务，将专业教育与思想政治教育紧密结合起来，实现“知识传授”和“价值引领”的有机统一。

二是充分体现了国家专业教学标准对课程开设和教学内容选定的指导性要求。教育部正式发布的高职专业教学标准（专业简介）对各专业的专业基础课程和专业核心课程的名称进行了规范，对专业核心课程的教学内容进行了限定。为适应新专业目录顶层设计的要求，本系列教材充分考虑了不同课程在专业体系和人才培养中的地位和作用，优化了整体设计，强化了核心教学内容，在选题和内容确定方面充分考虑了国家标准顶层设计的要求，教材具有较强的普适性和一定的前瞻性。

三是充分体现了新财经背景下财务会计类专业技术技能更新的时代要求。新一代信息技术给财务会计类专业带来了财务云、电子发票、移动支付、数据挖掘、数字签名、电子档案、在线审计、区块链发票、财务专家系统等新的应用，这些应用不仅是工具的更新，更是思维方式的更新，这些更新影响到财务会计职业教育的方方面面。同时，新技术的应用加快了传统财务会计向管理会计的转型，本系列教材充分考虑了新技术、新规范、新应用的要求，对教学内容进行了全新的设计，适应了行业发展对财会技术技能人才的新要求。

四是充分体现了职业教育教学模式和教学方法改革的现实要求。当前热点的职业教育教学模式和教学方法的改革核心有两个：一是工学结合的一体化教学改革；二是线上线下混合教学改革。前者要求教材体现理论与实践相结合的教学设计，后者要求有可供学生自主学习、泛在学习的配套教学资源。本系列教材的设计采用项目课程形式，借鉴工作过程系统化的课程开发方法，注重培养动手能力，能够满足“教、学、做一体化”的课堂教学改革要求。同时，本系列教材按照“一体化设计、结构化课程、颗粒化资源”配备了成套数字化教学资源，能够满足翻转课堂等混合教学的需要，为推进适应职业教育改革要求的新的课堂教学模式和不断改进教学方法提供了条件。

我们设计本系列教材的初衷是希望能够体现党的二十大精神和“职教20条”的全新理念，希望通过教材推进课程和教学改革，然而由于这套教材数量多、要求高、任务重、责任重大，我们的努力与我们的目标可能还有很大的差距，希望业界专家和广大师生批评指正，以便我们在下一步的修订中不断改进。

杨则文

2024年1月于广州番禺

第二版前言

《成本核算与管理》第二版以习近平新时代中国特色社会主义思想为指导，紧密结合新时代对技能型人才能力的新要求，以高等职业学校专业教学标准为依据，以新修订的职业教育专业简介为引导，根据我国现行企业会计准则和企业成本会计实际工作过程对各项目内容进行了补充和完善。具体修订情况如下：

（1）为了充分认识党的二十大报告对教材工作提出的新要求，适应新时代中国特色社会主义建设的需要，深入贯彻党的二十大精神，全面贯彻党的教育方针，落实立德树人根本任务，提高会计从业人员职业道德水平，项目一增加了会计人员职业道德规范，以加强财务会计类专业职业道德教育，使其成为广大会计人员普遍认同和自觉践行的行为准则。

（2）基于完善教材体系的需求，各项目增加了思维导图，便于学习者将复杂的知识点进行分解，清晰地展示各知识点之间的逻辑关系，从而提高思路的清晰度和逻辑性。

（3）为增强实用性和操作性，提升教学效率，对第一版的个别公式、内容顺序做了调整，对部分内容进行了增减，并对全书各项目的技能训练进行了补充和修正。

（4）为适应不同层次读者的学习需求，采用“互联网＋”新形态模式，第二版各项目增加了微课，更新了拓展阅读内容，并将拓展阅读以二维码的形式展现，可随时更新，与时俱进。此外，在书后增加“微课索引”，方便学习者使用、查找微课。

（5）本书是省级精品资源在线课程的配套教材，我们在“学银在线”平台（https：//xueyinonline.com）建设了该课程丰富的数字化教学资源，教师和学生在该平台注册后，于页面搜索框中输入“成本核算与管理”，搜索由广东轻工职业技术学院翟金花主持建设的“成本核算与管理”课程，点击该课程名称，或者扫描本书封底的课程二维码，即可进入平台学习。

本书在修订过程中，参阅了大量的国内外相关文献，引用了相关的论点及资料，由于篇幅所限，不能逐一罗列，在此一并向相关作者致以诚挚的谢意！

由于编者水平有限，书中难免存在疏漏、不妥之处，恳请广大读者和同行批评指正。

编　者

2024年3月

第一版前言

“成本核算与管理”是会计专业学生的一门必修课程，也是为培养和促进学生适应会计工作中成本核算岗位不可缺少的一门职业技能课程。本书主要根据企业成本核算岗位的任职要求进行开发和设计，在阐述成本核算原理的基础上，以制造业企业为例，系统介绍了成本核算的方法和技能，在内容安排上遵循循序渐进的学习认知规律，注重学生对成本核算、成本分析能力的培养。本书具有如下特点：

1.采用全新体例设计

本书在每个项目正文前设有“学习目标”“案例导入”，便于教师引导学生进行本项目的学习；每个项目知识讲解之中设计有“想一想”“练一练”“相关知识”“拓展阅读”等小栏目，帮助学生将所学知识融会贯通，适当拓宽知识视野；“项目小结”对每个项目所阐述的知识内容进行了高度概括，明确学习重点、难点和学习方法，便于学生对各项目所阐述的内容进行梳理和总结，有利于对知识的整体性把握；“项目技能训练”，便于学生通过技能训练，掌握成本核算的技能和方法。

2.突出课程思政特色

本书不仅注重培养学生的成本核算、成本分析能力，还从成本核算工作出发，挖掘成本核算的思政教育元素，在每个项目的学习目标中设计了知识目标、能力目标和课程思政目标，以“立德树人”为教育的根本任务，将专业教育与思想政治教育紧密结合起来，实现“知识传授”和“价值引领”有机统一，培养德才兼备的专业人才。

3.体现高职教育特点

在内容选取上，遵循理论够用适度、强化技能训练的原则，力求符合高等职业教育人才培养的要求。本书紧密结合企业成本核算岗位，按照成本核算岗位的要求设计技能训练项目，素材丰富，资料翔实，能提高学生对成本核算流程的感性认识，培养学生的会计职业素养。教师可依实际教学需求进行取舍，合理安排技能训练内容。

4.教学资源配套丰富

本书是省级精品资源在线课程的配套教材，我们在“智慧职教”平台（https://www.icve.com.cn）建设了丰富的线上教学资源，教师和学生在该平台注册后，于页面搜索框中输入“成本会计”，搜索由广东轻工职业技术学院翟金花主持建设的“成本会计”课程，点击该课程名称，即可直接参加线上学习。此外，我们针对本书的重点、难点制作了若干微课，以二维码的形式呈现，用微信扫一扫即可直接观看。通过配套丰富的线上教学资源，既方便教师教学，又方便学生利用碎片化时间随时随地学习，能够有效激发学生自主学习热情，提高学习效率。

此外，为了方便教学，本书配有课程标准、电子教案、电子课件、项目技能训练答案等数字化教学资源，授课教师可登录东北财经大学出版社网站（http：//www.dufep.cn）免费下载。

本书由广东轻工职业技术学院翟金花担任主编，负责拟订全书提纲并对全书进行修改和总纂，广东轻工职业技术学院陈燕宁、谢蕴琦担任副主编。具体编写分工如下：谢蕴琦编写项目一和项目六，陈燕宁编写项目二和项目三，翟金花编写项目四和项目五。本书的编写得到了金蝶软件（中国）有限公司广东省公司财务总监、美国注册管理会计师、中国注册会计师谢丹伟，金蝶精一信息科技服务有限公司华南区总监魏佳丹，以及深圳华强实业股份有限公司副总经理、中国注册会计师、资产评估师刘红的帮助和指导。

在本书编写过程中，广州番禺职业技术学院财经学院院长杨则文教授在百忙之中进行了初审并提出了宝贵的修改意见，东北财经大学出版社王天华编审给予了很多指导和帮助，在此一并表示衷心的感谢。

在本书编写过程中，参考了国内外财务专家、学者的文献资料和网络资料，吸收了他们许多有益的研究成果，在此谨向他们致以诚挚的谢意。

由于编者水平有限，书中难免存在疏漏、不妥之处，恳请广大读者和同行批评指正。

编　者

2021年3月

目　录

项目一
成本核算与管理基础知识

学习目标

知识目标

1. 了解成本的含义、经济实质和作用
2. 理解支出、费用与成本的关系
3. 掌握成本核算的要求和一般程序

能力目标

1. 能根据企业的生产经营特点设计成本核算的一般程序
2. 能根据企业的实际情况设置成本核算账户体系

素养目标

1. 通过回顾会计产生和发展历史，引导学生树立民族自信心，了解中国会计文化的渊源和精髓，实现对优秀会计文化的传承
2. 通过案例分析，引导学生充分认识到在成本核算工作过程中应该严格按照企业会计准则开展工作，理解会计诚信的重要意义，遵守会计职业道德

思维导图

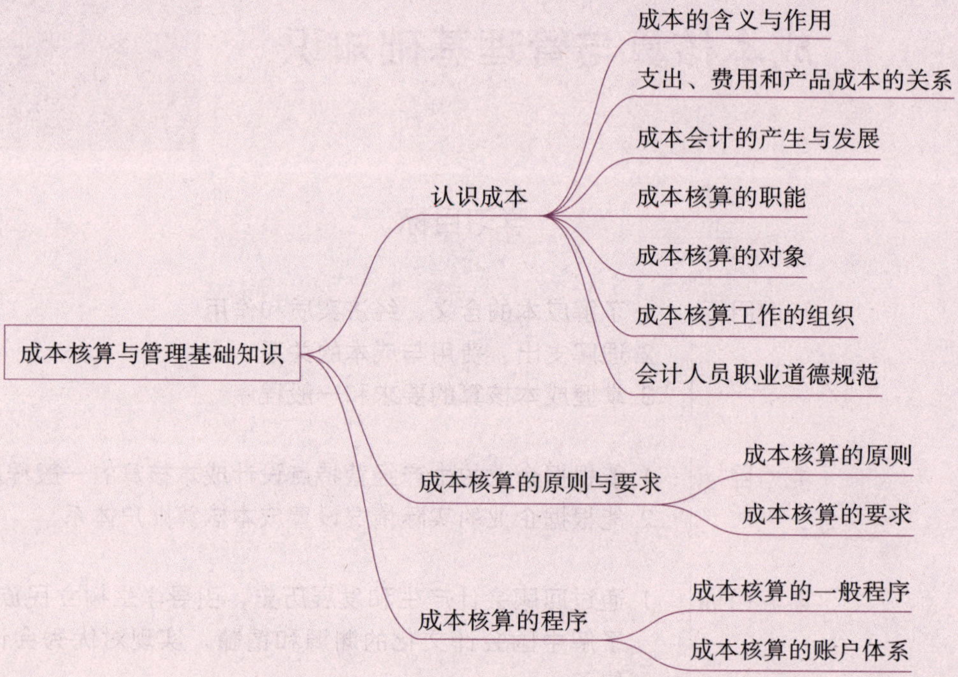
成本核算与管理基础知识
认识成本
成本的含义与作用
支出、费用和产品成本的关系
成本会计的产生与发展
成本核算的职能
成本核算的对象
成本核算工作的组织
会计人员职业道德规范
成本核算的原则与要求
成本核算的原则
成本核算的要求
成本核算的程序
成本核算的一般程序
成本核算的账户体系

案例导入

张玲和林琳大学毕业后，合伙开办了一家新华玩具厂，专门生产玩具。她们选定厂址后，根据需要招聘了三十多名技术工人和若干管理人员，设立了一个基本生产车间和两个辅助生产车间，购置了一批新型的生产设备。玩具厂开张后，摆在两人面前的第一道难题就是，在设厂之前，她们每天只记流水账，可是，在玩具厂正式成立之后，每天会发生各项开支，根本无法分清各种玩具的成本是多少，很难控制每个月的成本费用。如何计算玩具成本，如何给产品定价，如何做好成本的核算工作，这些让张玲和林琳感到很茫然。

提出问题：

（1）什么是成本？支出、费用和产品成本之间是什么关系？

（2）成本会计是如何产生和发展的？成本会计有哪些职能？

（3）成本核算有哪些原则和要求？

（4）成本核算的程序包括哪些？需要设置哪些成本费用账户？

带着这些问题，让我们开始本项目的学习。

任务一　认识成本

成本是商品经济的价值范畴，是商品经济发展到一定阶段的产物，加强成本管理，合理降低成本，对企业乃至整个国民经济的发展都是极其重要的。因而，从理论上充分认识成本是进行成本管理工作的前提。

微课

认识成本

一、成本的含义与作用

（一）成本的含义

成本作为商品经济的产物，与商品的价值有着密切关系。马克思的劳动价值学说把商品的价值（W）分为三部分：一是已耗费的生产资料转移的价值（c）；二是劳动力价值（v）；三是劳动者所创造的剩余价值（m）。用公式表示为 $W=c+v+m$，商品的成本从理论上讲就是商品价值中前两部分价值之和（$c+v$），是商品价值中需要补偿的部分，它就是商品的理论成本。

因此，理论成本是指企业在生产经营过程中所耗费的生产资料转移价值和劳动者为自己劳动所创造的价值的货币表现，也就是企业在生产经营过程中所发生的资金耗费总和。马克思关于商品成本的论述，是对成本经济实质的高度理论概括，这一理论是我们进行成本核算、成本研究的指南，也是实际工作中制定成本核算规则、确定劳动耗费价值补偿尺度的重要理论依据。

理论成本没有考虑生产经营活动中偶然因素和异常情况的消耗，只对正常的物化劳动和活劳动耗费进行货币计量；而现实成本往往受客观条件，包括经济政策、财经法规、会计准则和当期生产经营条件变化的影响。在实际工作中，为了促使企业加强经济核算，节约资源消耗，减少生产损失，将不形成产品价值的废品损失和停工损失，也计入产品成本；为了减少成本核算工作，某些难以按产品归集的物化劳动和活劳动耗费，如管理费用、财务费用和销售费用等，不分配计入产品成本，而是作为期间费用直接计入当期损益。由此可见，理论成本与企业会计核算的产品成本存在一定差异。

【想一想1-1】理论成本和现实成本的差别主要体现在哪些方面？

【练一练1-1】从理论上讲，成本的经济实质是指（　　）。

A.c + v　　　　B.v + m　　　　C.c + v + m　　　　D.c

（二）成本的作用

1.成本是补偿生产经营耗费的价值尺度

为了保证企业生产经营的不断进行，必须对生产经营耗费进行补偿。企业是自负盈亏的商品生产者和经营者，其生产经营耗费是用自身的生产成果，即销售收入来补偿的。而成本就是衡量这一补偿份额大小的尺度。企业在取得销售收入后，必须把相当于成本的数额划分出来，用以补偿生产经营中的资金耗费。这样才能维持资金周转按原有规模进行。如果企业不能按照成本来补偿生产经营耗费，企业资金就会短缺，生产经营就不能按原有的规模进行。可见，成本起着衡量生产经营耗费尺度的作用，对经济发展有着重要的影响。

2.成本是反映企业工作质量的综合指标

成本是一项综合性的经济指标，企业经营管理中各方面工作的业绩，都可以直接或间接地在成本上反映出来。例如，产品设计的好坏、生产工艺的合理程度、固定资产的利用情况、原材料消耗的节约与浪费、劳动生产率的高低、产品质量的高低、产品产量的增减以及供、产、销各环节的工作是否协调等，都可以通过成本直接或间接地反映出来。

3.成本是制定产品价格的重要依据

产品价格是产品价值的货币表现。产品价格的制定，虽然要考虑价格政策、其他经济政策、市场供求关系、市场竞争态势等，但也必须考虑企业的实际承受能力，即产品成本水平，这是产品价格制定的最低经济界限。如果商品的价格低于其成本，其耗费就不能全部从商品销售收入中得到补偿。所以，成本是制定产品价格的重要依据。

4.成本是企业进行经营预测与决策的重要依据

企业要在激烈的市场竞争中生存、发展，必须采取科学的管理方法进行正确的生产经营预测、决策，而正确的预测、决策离不开成本信息。对新产品开发、产品生产工艺方案改进、生产计划安排等方面的预测、决策，都需要成本信息。所以，成本是企业经营预测与决策的重要依据。

5.成本是企业参与竞争的有效手段

在产品价格不变的情况下，利润的多少取决于成本的高低。企业应以目标利润为基础确定目标成本、以目标成本控制实际成本的方法，在保证产品质量的同时降低成本。随着国内市场经济环境日趋完善，企业面临的竞争压力不断增大，降低产品成本正成为企业竞争的有效手段。

二、支出、费用和产品成本的关系

（一）支出

支出是企业在经济活动中所发生的一切开支与耗费。支出按其性质划分，可分为资本性支出、收益性支出、投资性支出、所得税支出、营业外支出和利润分配性支出等。

资本性支出是指支出的效益与几个会计年度相关的支出。如企业购买固定资产、无形资产的支出等，这种支出在以后资产使用中分期将其价值计入各期费用。

收益性支出是指支出的效益仅与本会计年度相关的支出，并与当期的收入相配比，如企业生产经营所发生的材料、工资等支出。

投资性支出是指让渡本企业资产的使用权形成的支出，如股权投资、债券投资等。

所得税支出是指企业就其经营所得而向国家缴纳的税额，这种支出直接计入当期损益。

营业外支出是指与企业的生产经营活动无直接关系的支出。如企业支付的违约金、罚款、非常损失等，这种支出不作为费用，直接计入当期损益。

利润分配性支出是指在利润分配环节发生的开支，如支付股利等。

（二）费用

费用是指企业在日常活动中发生的、会导致所有者权益减少、与向所有者分配利润无关的经济利益的总流出。它与收入相配比，体现了会计核算中的配比原则。

【提示】费用强调的是归属期间，是企业在一定时期内，为生产和销售商品及提供劳务等日常活动中所发生的各种耗费；而成本强调的是费用承担的对象，是对象化的费用。

费用按其用途可分为以下两种：

1.生产费用

生产费用指企业一定时期内在生产产品和提供劳务过程中发生的各种耗费。它与产品的生产有直接关系，形成了企业的产品成本。如生产产品而消耗的材料、产品生产工人的工资和车间组织产品生产的费用。

2.期间费用

期间费用即经营管理费用，也称期间成本，是指与企业经营管理活动有密切关系的耗费。它与企业经营活动发生的期间配比，直接计入当期损益，不构成企业的产品成本，包括管理费用、销售费用和财务费用等。

（三）产品成本

产品成本是指企业为生产一定种类、一定数量的产品而发生的各项生产费用的总和。

支出、费用与产品成本是资金耗费的三个概念，具有一定的层次性和交叉性。支出是企业在经济活动中所发生的所有开支与耗费。费用是支出的主要组成部分，是企业支出中与生产经营相关的部分。产品成本是对象化的生产费用。生产费用是计算产品成本的基础，产品成本是生产费用的最后归宿。生产费用与一定会计期间相联系，产品成本与一定种类和数量的产品相联系。从一定会计期间看，企业某一会计期间的生产费用总额与该期完工的产品成本总额不一定相等。三者间的关系如图1-1所示。

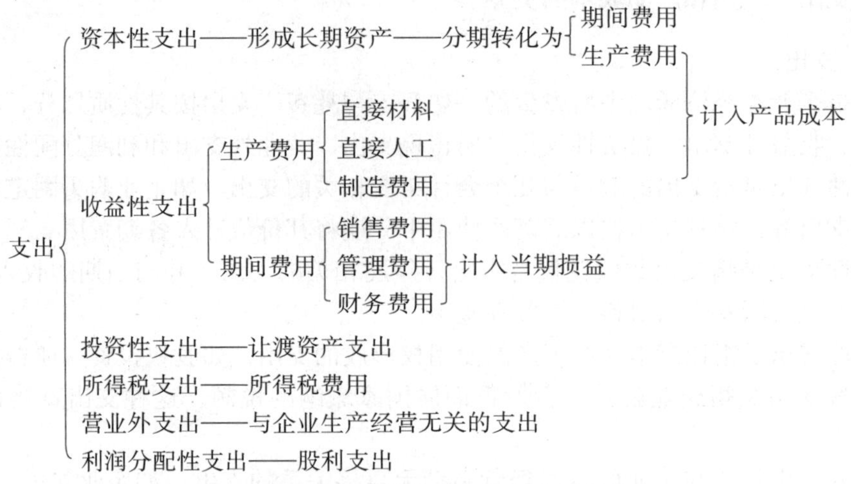

图1-1　支出、费用和成本之间的相互关系

【相关知识】经济学家眼中的成本（经济成本）与会计账户上核算的成本（会计成本），两者在含义上存在较大差异。会计成本反映的是企业在过去一段时期生产和经营过程中的实际支出，这些支出经成本核算对象化后被称为会计成本，会计成本常被用于对以往经济行为的分析和评价。而经济学分析成本的目的在于考察企业的决策，并进而分析资源配置的结果及效率，所以经济学中对成本的使用重在衡量稀缺资源配置于不同用途上的代价。这涉及使用一项资源或放弃一次选择的机会，即机会成本的概念。正因为经济学上成本用于决策前的比较，而会计成本用于对以往经济行为的评价，所以其成本概念是不同的。会计成本是历史成本，是一种现实成本；而经济学上的成本是未来成本，是一种机会成本。

【想一想1-2】企业当期的支出就是当期的费用吗？当期的费用就是当期产品成本吗？

三、成本会计的产生与发展

成本会计是随着社会经济发展逐步完善起来的。其产生和发展先后经历了早期成本会计、近代成本会计和现代成本会计三个不同阶段。

（一）早期成本会计阶段（1880—1920年）

早期的成本会计起源于英国，当时的成本会计仅限于对生产过程中的生产消耗进行的归集和计算。会计人员为了满足企业管理上的需要，对生产过程中的耗费分别进行记录、归集，主要是计算产品成本以确定存货成本及销售成本，并设计出订单成本计算和分步成本计算的方法。早期成本会计也称为记录型成本会计。

（二）近代成本会计阶段（1921—1950年）

20世纪初，以泰勒为代表的科学管理理论产生并得到应用，确定生产过程中应当消耗的原材料和劳动力的标准，作为生产过程中控制用工、用料的依据，这是标准成本法产生的基础。与此同时，美国会计学会提出的标准成本制度也开始进入实施阶段，成本会计也从事后算账转入事中控制。标准成本会计的诞生是成本会计发展史上的一个重要里程碑，它实现了成本核算与成本管理的有机结合，成本会计进入了一个新的发展阶段。

（三）现代成本会计阶段（1951年以后）

20世纪50年代起，西方国家的社会经济进入了新的发展时期。随着管理的现代化，运筹学、系统工程和电子计算机等各种科学技术成就在成本会计中得到广泛应用，成本会计的发展重点由对成本进行事中控制、事后计算和分析，转移到如何预测、决策和规划成本，形成了新型的以管理为主的现代成本会计。

进入21世纪，随着经济全球化的日益发展、高新技术的广泛应用、信息产业化和知识经济时代的到来，现代成本会计出现了新的方向和方法，正处于向战略成本会计发展的新阶段。

四、成本核算的职能

成本会计的职能，是指成本会计在经济管理中的功能。现代成本会计与管理紧密结合，它实际上包括了成本管理的各个环节，现代成本会计的主要职能包括预测、决策、计划、控制、核算、分析、考核和检查。

（一）预测职能

成本预测是指依据成本及其他有关信息，结合企业发展前景，对企业未来成本水平及其变化趋势进行科学合理的估计。成本预测是成本决策的前提，企业不仅应该在成本决策之前进行成本预测，为成本决策提供依据，而且还应该在成本计划执行过程中进行成本预测，以便及时掌握成本变化趋势，为进行成本事中控制提供帮助，从而保证企业完成成本计划。进行成本预测有助于企业减少生产经营的盲目性，有利于选择最优方案，并可以提高企业降低成本的自觉性。

（二）决策职能

成本决策是指在成本预测的基础上，按照既定目标要求，运用专门方法，对有关生产经营的成本方案进行计算分析，从中选择最优方案。企业可以根据市场需求和其他方面的要求，通过成本预测，确定生产经营的不同备选方案，再从技术上、经济上对各备选方案进行分析论证，确定各备选方案的可行性，从而进行成本决策，确定最优方案。做好成本决策对于企业正确制订成本计划，促进企业提高经济效益，具有十分重要的意义。

（三）计划职能

成本计划是指根据成本决策所确定的方案和目标，具体规定计划期内各种生产耗费水平和各种产品成本水平，并提出所应采取的具体措施。成本计划执行的过程，也是进行成本控制的过程。成本计划是建立成本管理责任制的基础，对于企业进行成本控制、挖掘降低成本的潜力具有重要作用。会计期末，当企业计算出实际消耗的各种生产费用后，可以与计划成本进行对比，以分析企业成本计划的实际完成情况。

（四）控制职能

成本控制是指预先制定成本标准作为各项费用消耗的限额，在生产经营过程中，将实际发生的费用严格控制在限额标准之内，随时揭示和及时反馈实际费用与限额标准之间的差异，并系统分析成本差异原因，以便采取措施，消除生产中的损失和浪费。成本控制包括事前控制、事中控制和事后控制。在进行成本预测、成本决策和成本计划过程中进行的成本控制，属于成本的事前控制；在生产经营过程中，将实际发生的费用控制在限额标准之内，属于成本的事中控制；成本核算和成本分析，都属于成本的事后控制。进行成本控制，有利于实现预期的成本目标和不断降低成本。

（五）核算职能

成本核算是指对生产经营过程中所发生的各项费用进行审核，按照一定的程序，采用适当的方法，归集和分配各成本计算对象所应负担的成本费用，以计算出各该对象的总成本和单位成本。成本核算是对成本计划执行结果的反映，也是对成本控制结果的反映。通过成本核算，不仅可以考核和分析成本计划的执行情况，揭示企业生产经营中存在的问题，还可以为制定产品价格提供依据。

（六）分析职能

成本分析是指利用成本核算资料和其他有关资料，全面分析成本水平与构成情况，系统地研究影响成本变动的因素和原因，挖掘降低成本的潜力。成本分析包括的具体内容很广泛，如产品成本分析、技术经济指标对成本影响的分析、成本效益分析等。通过成本分析，可以正确认识和掌握成本变动的规律，明确影响成本升降的责任，以便采取措施，从而实现降低成本的目标，既为编制成本计划和制定新的经营决策提供依据，也为成本考核提供依据。

（七）考核职能

成本考核是指将报告期的成本、成本效益的各项实际完成指标同计划指标、定额指标和预算指标进行对比，评价企业成本管理工作的成绩及存在的问题。通过成本考核，可以评价企业成本计划的完成情况，提高企业的成本管理水平和企业的经济效益。需要强调的是，成本考核要与一定的奖惩制度相结合，用经济、行政手段进行激励，调动各成本责任单位与全体员工更好地完成成本计划的积极性。

（八）检查职能

成本检查是指企业通过审核各项费用和产品成本，以检查各项费用开支的合法性、合理性、真实性及产品成本计算的正确性。它既包括企业内部成本会计工作人员的日常审查，也包括企业外部有关部门定期和不定期地对企业成本费用的审查。通过成本检查，能够发现企业的各项费用开支是否符合国家有关规定，成本计算是否正确，并且能够发现管理中的漏洞，提高人们节约费用、降低成本的意识。

上述成本会计的各项职能既相互独立又相互联系，构成了成本会计工作的有机整体。成本预测是成本决策的前提，成本决策是成本预测的结果；成本计划是成本决策所确定的成本目标的具体化，同时又是成本控制、成本分析、成本考核的依据；成本控制是对成本计划的实施进行监督，保证决策目标的实现；成本核算和成本计划资料是成本分析的依据；成本分析在于找出影响成本变动的各种因素和原因，并对成本决策的正确性作出判断；成本考核是实现成本决策目标、强化成本核算作用的重要手段；成本检查是成本核算的继续和深化，是保证成本核算资料的真实性、合法性、合理性的重要手段。

在上述各项职能中，成本核算是成本会计最基本的职能，离开了成本核算，就谈不上成本会计，更谈不上其他职能的发挥。本书重点介绍成本核算。

【想一想1-3】成本会计各个职能之间有何关系？

五、成本核算的对象

（一）制造业企业成本核算的对象

制造业企业的主要经营活动是进行产品生产。因此，对生产产品消耗的各种材料费用、人工费用和制造费用等产品生产成本的核算和监督是制造业企业成本会计的主要内容。产品生产成本的核算，直接关系到当期已销产品销售成本的计算，从而影响到当期损益的核算。企业在对供、产、销各环节进行经营管理的过程中发生的管理费用、财务费用和销售费用，直接计入当期损益，也应当作为成本核算的对象。

因此，制造业企业成本核算的对象可以概括为制造业企业生产经营过程中发生的产品生产成本和期间费用。

（二）其他行业企业成本核算的对象

不同行业的生产经营特点不同，其核算和监督的内容也各不相同。

商品流通企业的主要经营活动是商品的采购、存储和销售。因此，商品流通企业的成本核算对象是商品采购成本和商品销售成本，以及各项商品流通费用。为了简化核算，商品的采购成本和销售成本均直接按进价确定，不包括相关费用。商品流通费用是商品流通企业的经营管理费用，包括为采购、存储、销售商品发生的销售费用，以及在经营管理中发生的管理费用和财务费用。这些费用直接计入当期损益，也应当作为成本核算的对象。

施工企业的主要经营活动是进行建筑工程的施工，其成本核算的对象是工程成本，以及不能计入工程成本的管理费用和财务费用。

交通运输企业主要从事公路、铁路、航空和水上运输，其成本核算的对象是各种运输成本，以及不计入运输成本的管理费用和财务费用。

旅游、饮食服务业主要是为人们提供旅游观光、临时食宿和其他生活服务，其成本核算的对象是营业成本，以及不计入营业成本的销售费用、管理费用和财务费用。

商品流通企业、施工企业、交通运输企业等其他行业企业的生产经营过程虽然各有其特点，但从总体上看，它们在生产经营过程中所发生的各种费用，同样是一部分作为企业的生产经营业务成本，另一部分作为期间费用直接计入当期损益。

因此，成本核算的对象可以概括为企业生产经营过程中发生的生产经营业务成本和期间费用。

【想一想1-4】不同行业企业成本核算对象有何不同？

六、成本核算工作的组织

企业需要结合自身的生产经营特点和管理要求，科学地组织成本核算工作。成本核算的组织工作主要包括：设置成本会计机构、设计成本核算组织方式、配备成本会计人员、制定成本核算与管理制度。

（一）设置成本会计机构

成本会计机构是企业会计机构的重要组成部分，是处理会计工作的职能单位。企业应在保证成本会计工作质量的前提下，根据企业规模的大小和成本管理要求，科学合理地设置成本会计工作机构。通常情况下，大中型企业在专设的会计机构中可单独设置成本会计科、组或室，配备具有成本会计专业知识的会计人员，从事成本会计工作；在规模较小、会计人员不多的企业，可以在会计部门中指定专人负责成本会计工作。

（二）设计成本核算组织方式

企业成本核算的组织方式通常有两种，即集中核算方式和分散核算方式。

1. 集中核算方式

集中核算方式是指企业的成本核算工作主要由厂部会计机构集中进行，车间等其他部门的会计机构或人员只负责原始记录和原始凭证的填制，并对其进行初步的审核、整理和汇总，为厂部会计机构的进一步核算提供基础资料。这种方式有利于减少企业成本核算机构的层次和人员，及时提供有关成本信息，全面掌握情况，但不利于生产部门对成本费用进行控制，不利于调动车间和生产工人降低成本的积极性。因此，集中核算方式一般适用于成本会计工作比较简单的中小型企业。

2. 分散核算方式

分散核算方式是指企业成本核算工作分散由车间等其他部门的会计机构人员分别进行，厂部会计机构除对全厂成本进行综合计划、控制、分析、考核以及汇总核算外，还应负责对各下级会计机构或人员进行监督和指导。分散核算方式有利于车间、有关职能部门及时了解本车间或部门的成本费用信息，分析本车间或部门的成本费用指标，进而控制费用，降低成本水平，但这种方式也会增加成本核算的层次和人员。因此，分散核算方式一般适用于成本会计工作比较复杂、各部门相对独立的大中型企业。

（三）配备成本会计人员

成本核算是企业会计核算工作的核心，为了保证成本信息质量，企业应根据规模大小、业务繁简程度配备适当的成本会计人员。成本会计人员要熟悉会计法规、准则和制度，具备诚实守信、廉洁自律、客观公正、坚持准则的会计职业道德，及时提供成本信息，参与企业生产经营决策，提出改进生产经营管理、降低成本、节约费用的建议和措施，真正当好企业领导的参谋。

（四）制定成本核算与管理制度

成本核算与管理制度是组织和从事成本会计工作所必须遵循的规范和依据，是会计法规和制度的重要组成部分。企业应遵循国家有关法律、法规和制度，如《中华人民共和国会计法》、企业会计准则等，并根据企业生产经营的特点和管理的要求，制定企业内部成本核算制度，作为企业进行成本核算与管理工作的依据。

七、会计人员职业道德规范

（一）坚持诚信，守法奉公

牢固树立诚信理念，以诚立身、以信立业，严于律己、心存敬畏。学法、知法、守法，公私分明、克己奉公，树立良好职业形象，维护会计行业声誉。

（二）坚持准则，守责敬业

严格执行准则制度，保证会计信息真实完整。勤勉尽责、爱岗敬业，忠于职守、敢于斗争，自觉抵制会计造假行为，维护国家财经纪律和经济秩序。

（三）坚持学习，守正创新

始终秉持专业精神，勤于学习、锐意进取，持续提升会计专业能力。不断适应新形势新要求，与时俱进、开拓创新，努力推动会计事业高质量发展。

任务二　成本核算的原则与要求

一、成本核算的原则

为了保证成本核算的质量，提供合理、合法的成本信息，企业在成本核算时必须遵循以下原则：

（一）合法性原则

企业进行成本核算时，必须严格执行有关的法律、法规和制度的规定，如《中华人民共和国会计法》、《企业财务通则》和企业会计准则等，并且结合企业生产经营特点和管理的要求，制定企业内部成本管理制度，作为企业进行成本会计工作的依据。

（二）一致性原则

企业进行成本核算时，在各个会计期间所采用的会计处理方法前后各期应该一致，不得随意变动，使各期成本资料有一个统一的口径，以便分析比较与考核。例如，耗用材料成本的计价方法、辅助生产成本和制造费用的分配方法、产成品成本计算方法等。但对于为了适应客观环境的变化而变更成本核算方法的情形，企业必须在成本报表的附注中说明原因，并反映由于方法变更对成本水平的影响。

（三）权责发生制原则

企业进行成本核算时，应严格遵循权责发生制原则，定期进行成本的归集和分配，按期计算产品生产成本，从而正确确定各期的利润水平。成本计算期应根据产品生产特点和管理要求确定，可以是生产周期，也可以是会计报告期。

（四）实际成本原则

企业取得或购建资产时，应当按实际成本入账，并在会计报告中按实际成本反映。成本核算时对于生产耗用的原材料、燃料、动力等费用，应按实际成本计价；如按计划成本计价，则应核算成本差异，在计算产品成本时，需将计划成本调整为实际成本，按实际成本结转完工产品成本。

（五）重要性原则

产品成本构成要素很多，但各要素在成本中所占的比重和对成本管理的影响程度却不同。从成本核算效益考虑，对重要内容单独设立项目进行核算和反映，对次要内容和项目从简核算。例如，对构成产品主要成分的原料、生产工人的薪酬要单独计入直接材料、直接人工；对一般性耗用的数额不大的材料费用、车间管理人员的薪酬、车间折旧费等从简处理，通过设置制造费用项目综合反映。

二、成本核算的要求

为了完成成本核算的各项任务，充分发挥成本核算的作用，不断改善企业的生产经营管理，在进行成本核算时应遵循成本核算的下列具体要求：

（一）成本核算与企业管理相结合

成本核算应该从满足企业管理的要求出发，做到成本核算与企业管理相结合。为此，成本核算不仅要对各项费用支出进行事后的核算，提供成本信息，而且必须以国家有关的法规、制度和企业成本计划和相应的消耗定额为依据，加强对各项费用支出的事前、事中的审核和控制，并及时进行信息反馈。同时，在成本核算中，既要防止片面追求简化，以致不能为管理提供所需资料的做法，也要防止为算而算、搞烦琐哲学、脱离实际需要的做法。

（二）正确划分各种费用的界限

为了加强各种费用的控制，保证产品成本客观准确，进行成本核算，必须正确划分以下各方面的费用界限：

1.正确划分生产经营费用和非生产经营费用的界限

企业在其经营活动过程中，会发生各种性质的支出。除了与正常生产经营活动有关的支出（收益性支出）外，还有资本性支出、投资性支出、所得税支出、营业外支出和利润分配性支出。在企业支出中，只有与正常生产经营活动有关的支出，才是生产经营费用。例如，企业购置和建造固定资产、购买无形资产以及对外投资，这些经济活动的支出都属于资本性支出，不应计入生产经营费用；又如企业的固定资产盘亏损失、固定资产报废清理损失、由于自然灾害等原因而发生的非常损失，以及由于非正常原因发生的停工损失等，都不是由于日常的生产经营活动而发生的，其支出属于营业外支出，也不应计入生产经营费用。只有用于产品的生产和销售、用于组织和管理生产经营活动，以及用于筹集生产经营资金的各种费用，才应计入生产经营费用。

企业既不应多计成本费用，将不属于生产经营费用列入成本费用，也不得将应计入成本费用的生产经营费用不计入或少计入，这样会使成本费用不实，不利于企业成本管理。若多计成本费用，则会减少企业利润和国家财政收入；若少计成本费用，则会虚增企业利润，造成超额分配，使企业的生产经营耗费得不到应有的补偿，影响企业再生产的顺利进行。

因此，每一家企业都应正确划分生产经营费用与非生产经营费用的界限，遵守国家关于成本、费用开支范围的规定，防止多计和少计生产经营费用的错误做法的出现。

【相关知识】成本开支范围是由国家综合经济管理部门根据企业在生产过程中发生的生产费用的不同性质、成本的内容以及加强经济核算的要求，在有关的财经法规中制定的。确定成本开支范围可使企业的产品成本能正确地反映生产耗费水平，同时使各企业的成本开支口径统一，使生产同类产品的各企业的产品成本具有可比性。

（1）下列支出应计入产品成本：①产品生产过程中实际消耗的原材料、辅助材料、修理用备件、外购半成品、燃料、动力、包装物等费用；②企业直接从事产品生产的生产人员职工薪酬；③生产部门固定资产折旧费、租赁费；④生产部门使用的低值易耗品摊销费用；⑤生产部门为组织、管理生产经营活动所发生的其他费用。

（2）下列支出不应计入产品成本：①购置和建造固定资产的支出、购入无形资产和其他资产的支出；②对外投资及分配给投资者的利润；③被没收的财物及支付的滞纳金、罚金；④企业对外赞助及捐赠的支出；⑤企业发生的期间费用，包括销售费用、管理费用、财务费用；⑥国家规定不得列入产品成本的其他支出。

2. 正确划分生产费用和期间费用的界限

企业生产一定种类和数量的产品而发生的生产费用应计入产品成本，产品成本要在产品完工并销售以后才计入企业的损益；而企业发生的期间费用，不计入产品成本，直接计入当期损益。因此计入产品成本的生产费用与计入当期损益的期间费用对企业一定时期的利润影响是不同的。为了正确计算各期损益，必须正确划分生产费用和期间费用的界限，防止混淆产品生产费用和期间费用的界限、借以调节各月产品成本和各月损益的错误做法。

3. 正确划分各个会计期间的费用界限

成本核算是建立在权责发生制基础上的，因此为了按期分析和考核生产费用和期间费用，正确计算各期损益，还应将应计入产品成本的生产费用和应计入当期损益的期间费用，在各个会计期间之间进行划分。

凡是应由本期负担的费用，应全部计入本期生产费用和期间费用；不应由本期负担的费用，不应计入本期生产费用和期间费用。

4. 正确划分各种产品的费用界限

如果企业生产多种产品，为了正确计算各种产品的成本，分析和考核各种产品成本计划或定额成本的执行情况，必须将应计入本月产品成本的生产费用在各种产品之间正确地进行划分。

凡属于某种产品单独发生，能够直接计入该种产品的费用，均应直接计入该种产品成本；凡属于应由几种产品共同承担的不能直接计入某种产品的费用，则应该选择合理的分配方法，分配计入这几种产品的成本。

5. 正确划分完工产品和在产品的费用界限

通过以上费用界限的划分，确定了各种产品本月应负担的生产费用。月末计算产品成本时，如果某种产品都已经完工，则其各项生产费用之和就是该产品的完工成本；如果某种产品都未完工，则其各项生产费用之和就是该产品的月末在产品成本；如果某种产品部分完工、部分未完工，则需要将该产品的各项生产费用在完工产品和在产品之间采用适当的分配方法进行分配。期初在产品成本、本期生产费用、完工产品成本和期末在产品成本四者之间的关系如下：

期初在产品成本＋本期生产费用＝完工产品成本＋期末在产品成本

【想一想1-5】如果混淆了费用界限会有什么样的后果？试举例说明。

（三）正确确定财产物资的计价和价值结转方法

工业企业的生产经营过程，同时也是各种劳动的耗费过程。在各种劳动耗费中财产物资的耗费（即生产资料价值的转移）占有相当的比重。因此，财产物资的计价和价值结转方法对成本计算有重要的影响。譬如，与流动资产有关的耗费，就要受到材料成本的组成内容、材料计价方式、发出材料单位成本的计算方法等的影响。与固定资产有关的耗费，就要受到固定资产原值的计算方法、折旧方法、折旧率以及折旧期限长短等的影响。与固定资产和流动资产耗费共同相关的，如固定资产与低值易耗品的划分标准、低值易耗品的摊销方法及摊销期限的长短等。因此，为了正确计算成本，对于各种财产物资的计价和价值结转方法，都应采用既合理又简便的方法。国家有统一规定的，应采用国家统一规定的方法；国家没有统一规定的，企业应根据财产物资的特点，结合企业管理要求，选择适当的方法。各种方法一经确定，应保持相对稳定，不能随意改变，以保证成本信息的可比性。要防止任意改变财产物资的计价和价值结转方法，借以人为调节成本和费用的错误做法。

（四）做好成本核算的基础工作

进行成本核算工作的首要条件是做好各项基础工作。只有重视各项基础工作，成本核算工作才能顺利开展，否则无法完成预期任务。成本核算的基础工作主要包括以下内容：

1.建立和健全原始记录工作

原始记录是反映企业生产经营活动的原始资料，是进行成本预测、编制成本计划、进行成本核算、分析消耗定额和成本计划执行情况的依据。原始记录的范围一般包括：生产记录、考勤记录、设备利用记录和材料物资收发记录等。但不同企业的原始记录并不完全一样，其范围、内容以及凭据的格式取决于各企业的生产特点和成本管理要求。会计部门要会同计划统计、劳动人事、生产技术及供应和销售等有关部门制定科学合理、经济有效、简便易行的原始记录制度，做好生产经营过程中各种原始记录的登记、传递、审核和保管工作，以便正确、及时地为成本核算和其他有关方面提供所需要的原始资料。

2.建立和健全存货的计量、验收、领退、盘点制度

要使原始记录正确，就必须有完善的计量验收制度，利用一定的计量工具（如仪表、仪器、量具、容器、衡器等）对各种物资进行测量，准确计算其数量。成本核算是以价值形式来核算企业的生产经营中的各项费用的，而价值核算又是以实物计量为基础的。因此，要正确计算成本，就必须建立和健全存货的计量、验收、领退、盘点制度。凡是材料物资的收发、领退，在产品、半成品的内部转移及成品的入库等，均应填制相应的原始凭证，办理审批手续，并严格计量和验收。对存货要进行定期或不定期的清查盘点，以确保账实相符，并对盘盈盘亏及时进行会计处理，这不仅是进行成本核算、加强成本管理的需要，也是加强物资管理、保护企业财产的有效措施。

3.做好定额的制定和修订工作

定额是编制成本计划、分析和考核成本水平的依据，也是审核和控制成本的标准。企业对各种原材料、燃料、动力的消耗，以及工时、设备利用、物资储备、费用开支等都要根据企业已达到的水平，制定先进合理的定额。例如，在计算产品成本时，往往要计算产品的原材料和工时的定额费用或定额消耗量，作为实际费用的分配标准。因此，

企业必须建立和健全定额管理制度。定额制定后要保持相对的稳定，但随着生产的发展、技术的进步、劳动生产率的提高，对不适宜的定额要定期修订。同时，定额制定后还要定期检查分析，以保证定额的贯彻执行。

4.做好内部结算价格和结算制度的制定和修订工作

内部结算价格是企业内部核算的依据。在计划管理基础较好的企业中，为了分清企业内部各单位的经济责任，便于分析和考核企业内部各单位成本计划的完成情况和管理业绩，加速和简化核算工作，对企业内部的物资、半成品、产成品在各单位之间的流转，以及相互提供的劳务可以采用内部结算的形式进行核算和管理。内部结算价格要尽可能符合实际，保持相对稳定，一般在年度内保持不变。但是，同时也要注意，如果企业所处的环境发生变化，或者企业要求提高管理水平，就要及时修订内部结算价格，以保证内部结算价格的科学合理。

（五）选择适当的成本计算方法

成本计算的基本方法有品种法、分批法和分步法。生产特点从客观的角度影响着成本计算方法的选择，而管理要求从主观角度影响着成本计算方法的选择。因此，企业应根据生产特点和管理要求，选择适当的成本计算方法。在同一个企业里，可以采用一种成本计算方法，也可以采用多种成本计算方法，即多种成本计算方法同时使用或多种成本计算方法结合使用。成本计算方法一经选定，一般就不应经常变动。

【想一想1-6】为保证成本核算资料的正确性，成本核算应满足哪些要求？

任务三　成本核算的程序

一、成本核算的一般程序

成本核算的一般程序是指按照成本核算的要求，对企业生产经营过程中发生的各项费用进行归集和分配，直到计算出完工产品成本的基本过程。成本核算的一般程序如下：

微课

成本核算的程序

（一）确定成本计算对象

所谓成本计算对象，就是生产费用归集的对象，或生产费用的承担者。确定成本计算对象是设置明细账、归集生产费用、计算产品生产成本和期间费用的前提。由于企业的生产特点、管理要求不同，企业成本计算对象也不相同。对制造企业而言，产品成本计算的对象，包括产品品种、产品批次和产品生产步骤等。企业应根据自身的生产特点和管理要求，选择合适的产品成本计算对象。

（二）确定成本项目

成本项目是构成生产费用的若干项目。一般可以设置直接材料、直接人工和制造费用三个成本项目。通过成本项目可以反映产品成本的构成以及产品生产过程中不同的资金耗费情况。因此，企业为了满足成本管理的需要，可在直接材料、直接人工和制造费用三个成本项目的基础上进行必要的调整，如可增设燃料及动力、废品损失、停工损失等成本项目。

（三）确定成本计算期

成本计算期是指成本计算的间隔期，即多长时间计算一次成本。产品成本计算期的确定，主要取决于企业生产组织的特点。通常在大量大批生产的情况下，产品成本计算期与会计报告期一致；在单件小批生产的情况下，产品成本计算期与产品的生产周期相一致。

（四）对各项要素费用进行审核和控制

对企业生产经营过程中发生的各项费用支出，要根据有关的法规、制度和成本费用开支范围，进行严格的审核和控制，确定费用是否应该开支；应开支的费用，是否应该计入产品成本和期间费用。

（五）生产费用的归集和分配

生产费用的归集和分配就是将应计入产品成本的各种要素费用在各有关产品之间，按照成本项目进行归集和分配。产品在生产过程中所发生的各项费用，不外乎有两类：一类是直接计入的费用，因这种费用的发生只与一种受益对象有关，故可以根据这种费用发生的原始凭证，将其直接计入成本计算对象的相关成本项目；另一类是间接计入的费用，因这种费用的发生与两种或两种以上的受益对象有关，故应将费用按照受益原则，采用合理的方法分配计入有关成本计算对象。

（六）生产费用在完工产品与月末在产品之间进行分配

月末，将各项生产费用计入各种产品之后，如果该种产品已全部完工，那么计入这种产品的生产费用就是该种产品的完工产品成本。如果该种产品全部未完工，那么计入这种产品的生产费用就是该种产品的月末在产品成本。如果该种产品既有完工产品又有在产品，那么计入这种产品的生产费用，还应采用适当的分配方法在完工产品与月末在产品之间进行分配，以便计算完工产品成本和月末在产品成本。

【想一想1-7】归集生产费用、计算产品生产成本和期间费用的前提是什么？

【练一练1-2】成本计算对象可以是（　　）。

A.产品品种　　B.产品批次　　C.产品生产步骤　　D.生产车间

二、成本核算的账户体系

为了核算和监督企业生产过程中发生的各项费用，正确进行成本核算，企业一般应设置“生产成本”“制造费用”“销售费用”“管理费用”“财务费用”“长期待摊费用”等账户。如果需要单独核算废品损失和停工损失的企业，还可以设置“废品损失”和“停工损失”账户。

（一）产品成本核算的账户设置

为了核算企业进行产品生产所发生的各种生产费用，正确计算产品成本，企业应设置“生产成本”和“制造费用”账户。其中，“生产成本”总账账户一般下设“基本生产成本”和“辅助生产成本”两个二级明细账户，以分别核算基本生产车间和辅助生产车间的生产成本，也可将这两个二级明细账户提升为一级账户，不再设置“生产成本”总账账户。

1. 生产成本——基本生产成本

基本生产是指为完成企业主要生产目的而进行的商品产品生产。为了归集基本生产车间所发生的各种生产费用，计算基本生产车间产品的成本，应设置“生产成本——基本生产成本”账户。该账户借方登记企业为生产产品而发生的各项费用，包括直接材料、直接人工和制造费用等；贷方登记转出的完工入库的产品成本；余额在借方，表示期末在产品成本。该账户应按产品品种、产品批别、各生产步骤上的半成品等成本计算对象设置明细账，账内按成本项目分设专栏，登记该产品各个成本项目的月初在产品成本、本月生产费用、本月完工产品成本和月末在产品成本。“基本生产成本”明细账的格式见表1-1。

表1-1　“基本生产成本”明细账

产品名称：甲产品　单位：元

2023年		凭证号数	摘要	直接材料	直接人工	制造费用	合计
月	日						
6	1	略	月初在产品成本	32 000	5 280	5 868	43 148
6	30	略	耗用材料费用	160 000			160 000
6	30	略	分配人工费用		54 720		54 720
6	30	略	辅助生产费用分配转入			15 336	15 336
6	30	略	制造费用分配转入			62 796	62 796
6	30	略	生产费用合计	192 000	60 000	84 000	336 000
6	30	略	结转完工产品总成本	128 000	48 000	67 200	243 200
6	30	略	月末在产品成本	64 000	12 000	16 800	92 800

【练一练1-3】“生产成本——基本生产成本”总账账户贷方登记（　　）。

A. 产品发生的直接材料费用　B. 产品发生的直接人工费用

C. 产品负担的制造费用　D. 结转的完工产品生产成本

2. 生产成本——辅助生产成本

辅助生产是为基本生产服务而进行的产品生产和劳务供应。如为基本生产提供修理修配、供水供电等服务，为基本生产制造一般工具、模具、修理用备件、自制材料、包装物、低值易耗品等各种物资。

为了归集辅助生产车间为基本生产车间及其他部门提供产品、劳务所发生的各项费用，计算辅助生产所提供的产品、劳务的成本，企业可根据需要设置“生产成本——辅助生产成本”二级明细账户。该账户的借方登记为进行辅助生产而发生的各种费用；贷方登记辅助生产完工入库产品的实际成本或分配转出的辅助生产成本；该账户月末一般无余额。如果有余额应在借方，表示期末辅助生产车间在产品的成本。该账户应按辅助生产车间和生产的产品、劳务分设明细账，明细账中按辅助生产的成本项目或费用项目分设专栏进行登记。“辅助生产成本”明细账的格式见表1-2。

表1-2 "辅助生产成本"明细账

车间名称：供电车间 单位：元

2023年		凭证号数	摘要	材料费用	职工薪酬	折旧费	其他费用	合计
月	日							
6	30	略	耗用材料费用	10 000				10 000
6	30	略	分配人工费用		11 400			11 400
6	30	略	计提折旧费用			6 000		6 000
6	30	略	分配其他费用				1 000	1 000
6	30	略	本月发生额合计	10 000	11 400	6 000	1 000	28 400
6	30	略	分配给各受益部门	10 000	11 400	6 000	1 000	28 400

【相关知识】在通常情况下，辅助生产的直接费用，直接记入该账户的借方；辅助生产的间接费用可以先记入"制造费用"账户，然后再从其贷方分配转入"生产成本——辅助生产成本"的借方。如果辅助生产车间不对外提供商品产品，并且辅助生产车间规模很小，制造费用很少，那么为了简化核算，其制造费用可以直接记入"生产成本——辅助生产成本"账户的借方，不通过"制造费用"账户核算。

3.制造费用

"制造费用"账户核算企业各个生产单位（分厂、车间）为生产产品和提供劳务而发生的应计入产品成本但没有专设成本项目的各项间接费用。如车间发生的技术管理人员的职工薪酬、折旧费、办公费、水电费、机物料消耗、劳动保护费、季节性停工、大修理停工期间的停工损失等，均应在"制造费用"账户中归集。该账户借方登记企业各个生产单位（分厂、车间）为组织和管理产品生产、提供劳务所发生的各项间接费用；贷方登记月末分配结转计入产品生产成本的制造费用。除季节性生产企业外，本账户结转后无余额。该账户应按车间、部门设置多栏式明细账，明细账中按费用项目分设专栏进行明细核算。"制造费用"明细账的格式见表1-3。

表1-3 "制造费用"明细账 单位：元

2023年		凭证号数	摘要	材料费用	职工薪酬	折旧费	修理费	水电费	劳保费	办公费	合计
月	日										
6	30	略	耗用材料费用	12 000							12 000
6	30	略	分配人工费用		22 800						22 800
6	30	略	计提折旧费用			40 000					40 000
6	30	略	分配其他费用				2 000	1 600	800	750	5 150
6	30	略	辅助生产费用分配转入				24 000	710			24 710
6	30	略	本月发生额合计	12 000	22 800	40 000	26 000	2 310	800	750	104 660
6	30	略	分配本月制造费用	12 000	22 800	40 000	26 000	2 310	800	750	104 660

（二）期间费用核算的账户设置

为了归集和结转不计入产品成本的期间费用，还需要分别设置“管理费用”“销售费用”“财务费用”账户。

1. 管理费用

为了核算企业行政管理部门为组织和管理企业生产经营活动而发生的各项费用，应设置“管理费用”账户。该账户的借方登记发生的各项管理费用；贷方登记期末转入“本年利润”的管理费用；期末结转后该账户应无余额。企业应设置多栏式“管理费用”明细账，明细账中按费用项目设置专栏进行明细核算。“管理费用”明细账的格式见表1-4。

表1-4　“管理费用”明细账　单位：元

2023年		凭证号数	摘要	物料消耗	职工薪酬	折旧费	办公费	差旅费	修理费	水电费	合计
月	日										
6	30	略	耗用材料费用	20 000							20 000
6	30	略	分配人工费用		39 900						39 900
6	30	略	计提折旧费用			10 000					10 000
6	30	略	分配其他费用				400	2 000	200	1 000	3 600
6	30	略	辅助生产费用分配转入						12 000	2 130	14 130
6	30	略	本月发生额合计	20 000	39 900	10 000	400	2 000	12 200	3 130	87 630
6	30	略	结转管理费用	20 000	39 900	10 000	400	2 000	12 200	3 130	87 630

2. 销售费用

“销售费用”账户核算企业在产品销售过程中所发生的各项费用以及为销售本企业产品而专设的销售机构的各项经费。该账户的借方登记实际发生的销售费用；贷方登记期末转入“本年利润”的销售费用；期末结转后该账户应无余额。企业应设置多栏式销售费用明细账，明细账中按费用项目设置专栏进行明细核算，其格式同“管理费用”明细账。

3. 财务费用

为了核算企业为筹集生产经营所需资金而发生的各项费用，应设置“财务费用”账户。该账户的借方登记发生的各项财务费用；贷方登记应冲减财务费用的利息收入、汇兑收益以及期末转入“本年利润”的财务费用；期末结转后该账户应无余额。企业应设置多栏式“财务费用”明细账，明细账中按费用项目设置专栏进行明细核算，其格式同“管理费用”明细账。

（三）跨期费用核算的账户设置

为了核算企业已经支付，但摊销期限在一年以上（不含一年）的各项费用，应设置

"长期待摊费用"账户。该账户的借方登记实际支付的各项长期待摊费用；贷方登记分期摊销的长期待摊费用；该账户的余额在借方，表示企业尚未摊销的费用。该账户应按费用种类设置明细分类账，进行明细核算。

综上所述，各主要账户的对应关系和产品成本核算的账务处理程序如图1–2所示。

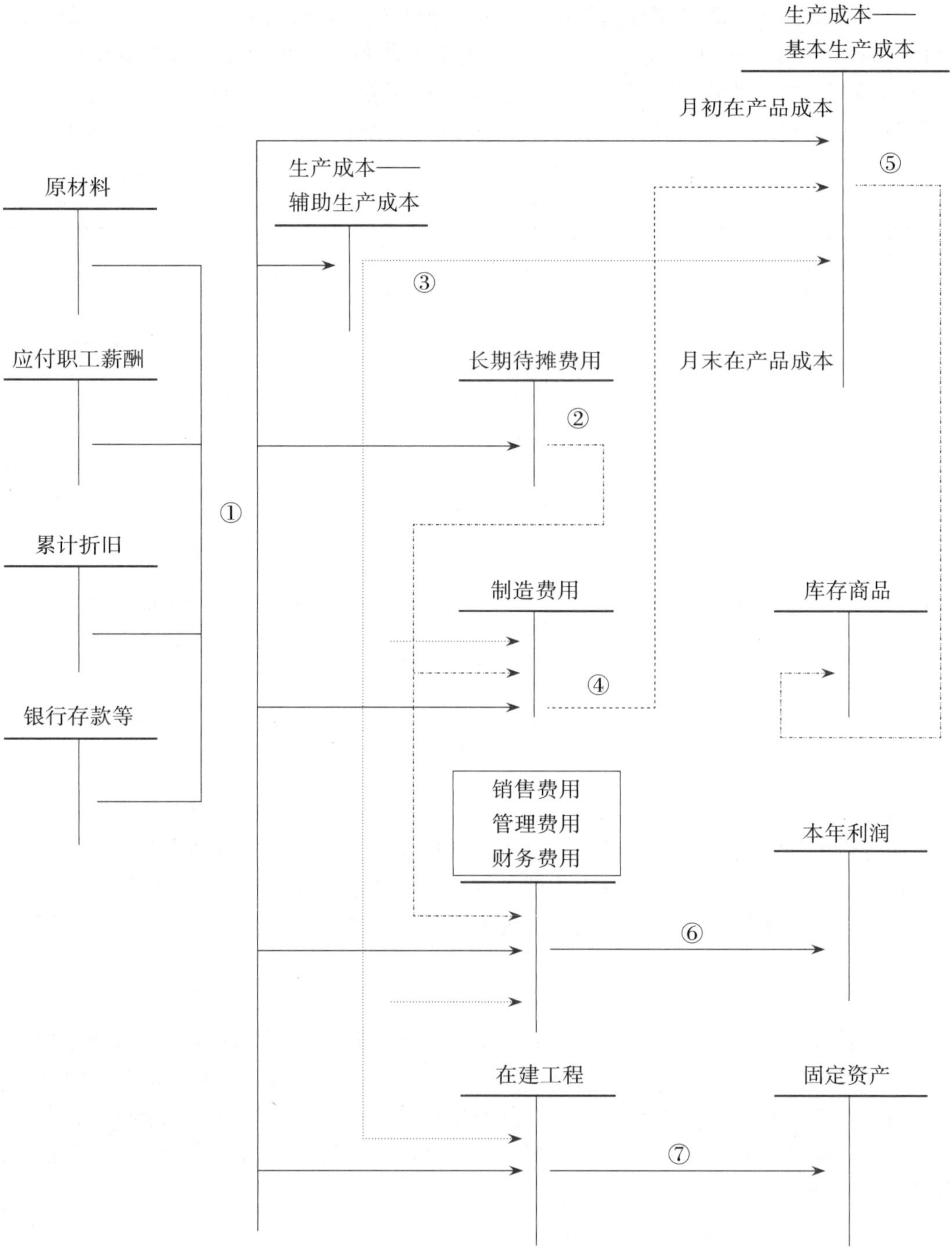

图1–2 成本核算账务处理流程图

图示说明：①各项要素费用的归集和分配；②摊销长期待摊费用；③分配辅助生产费用；④分配制造费用；⑤结转完工产品成本；⑥结转期间费用及其各项直接计入当期损益的支出和损失；⑦结转计入固定资产价值的在建工程。

【练一练 1-4】下列各项属于产品销售费用的有（　　）。

A. 广告费　　B. 委托代销手续费

C. 展览费　　D. 专设销售机构的办公费

思政园地

小张和小赵是同一个单位的会计和出纳，多年来同处一室，在工作上互相配合，关系很好。小赵的丈夫个人开办了一家经销电脑配件的公司。最近小赵的丈夫根据电脑市场信息得知，有一种计算机软件销量前景看好，但因个人账面资金不足，无法进货，于是就让小赵想办法借钱。在小张上班离开办公室时，小赵私自将小张保管的印鉴加盖在现金支票上，从银行提取了现金 24 000 元。一个月后，小赵又填制了现金缴款单，将 24 000 元现金存入单位银行账户。不久，小张在月末对账时，发现了此事。

要求：试从会计职业道德的角度，分析小赵的行为属于何种行为？违背了会计职业道德规范的何种要求？

项目小结

拓展阅读

通过本项目学习，应当把握的要点是：

（1）理解理论成本是在生产经营过程中所耗费的生产资料转移的价值和劳动者为自己劳动所创造的价值的货币表现，也就是企业在生产经营中所耗费的资金总和。产品成本即狭义的成本是指企业为生产一定种类、一定数量的产品而发生的各项生产费用的总和。

（2）产品成本核算应符合以下各项基本要求：成本核算与企业管理相结合；正确划分各种费用的界限；正确确定财产物资的计价和价值结转方法；做好成本核算的基础工作；根据生产特点和成本管理要求，选择适当的成本计算方法。

（3）为了正确划分各种费用界限，归集和分配生产费用，计算产品成本，企业一般应设置“生产成本”、“制造费用”、“销售费用”、“管理费用”、“财务费用”和“长期待摊费用”等账户。其中，“生产成本”账户一般下设“基本生产成本”和“辅助生产成本”两个明细账户，以分别核算基本生产车间和辅助生产车间的生产成本。

（4）成本核算的一般程序是指对企业生产经营过程中发生的各项费用，按照成本核算的要求，逐步进行归集和分配，最后计算出各种产品的成本和各项期间费用。包括：确定产品成本计算对象、成本项目、成本计算期、对各项费用进行审核和控制、生产费用的归集和分配、计算并结转完工产品成本。

项目技能训练

一、单项选择题（每题只有一个正确答案，请将正确答案填在括号内）

1.企业在一定时期内发生的、能用货币表现的生产耗费称为（ ）。

A.产品成本 B.生产费用 C.业务成本 D.经营管理费用

2.下列各项中，应计入企业生产经营管理费用的是（ ）。

A.购置仪器设备费用 B.废品损失

C.设备报废清理损失 D.非常停工损失

3.工业企业为了生产一定种类和数量的产品所支出的各种费用的总和是（ ）。

A.产品成本 B.生产费用 C.业务成本 D.经营管理费用

4.下列各项不属于“理论成本”的是（ ）。

A.原材料费用 B.生产工人工资

C.废品损失 D.期间费用

5.成本会计的各环节中基础的环节是（ ）。

A.成本计划 B.成本核算 C.成本控制 D.成本考核

6.下列各项不应计入产品成本的是（ ）。

A.废品损失 B.管理费用

C.修理期间的停工损失 D.季节性停工损失

7.成本会计最基本的职能是（ ）。

A.成本预算 B.成本决策 C.成本核算 D.成本考核

8.成本会计的对象是（ ）。

A.产品成本的形成过程

B.各项生产费用的归集和分配

C.各行业企业生产经营业务的成本和有关的期间费用

D.制造业的成本

9.制造费用是指生产过程中发生的（ ）。

A.间接生产费用

B.间接费用

C.应计入产品成本的各项生产费用

D.应计入产品成本，未专设成本项目的各项生产费用

10.成本会计的任务主要决定于（ ）。

A.企业经营管理的要求 B.成本核算

C.成本控制 D.成本决策

11.成本会计最基本的任务和中心环节是（ ）。

A.进行成本预测，编制成本计划

B.审核和控制各项费用的支出

C.进行成本核算，提供实际成本的核算资料
D.参与企业的生产经营决策

12.成本的经济实质是（　　）。
A.生产经营过程中所耗费生产资料转移价值的货币表现
B.劳动者为自己劳动所创造价值的货币表现
C.劳动者为社会劳动所创造价值的货币表现
D.企业在生产经营过程中所耗费的资金的总和

13.下列各项中，应计入产品成本的是（　　）。
A.管理费用　B.财务费用　C.制造费用　D.销售费用

14.下列各项不应计入产品成本的费用是（　　）。
A.直接用于产品生产构成产品实体的原材料
B.专设销售机构人员的工资及福利费
C.生产车间固定资产的折旧费
D.生产过程中发生的废品损失

15.下列各项属于资本性支出的是（　　）。
A.购入无形资产　B.支付本期照明用电费
C.购入印花税票　D.支付利息费用

16.用来核算企业为生产产品和提供劳务而发生的各项间接费用的账户是（　　）。
A.基本生产成本　B.制造费用　C.管理费用　D.财务费用

17.下列各项不在“财务费用”账户核算的项目是（　　）。
A.业务招待费　B.利息费用
C.汇兑损失　D.金融机构结算手续费

18.制造费用应分配记入（　　）账户。
A.“基本生产成本”　B.“基本生产成本”和“期间费用”
C.“生产成本”和“管理费用”　D.“财务费用”和“销售费用”

19.下列各项不应计入产品成本的是（　　）。
A.企业行政管理部门用固定资产的折旧费
B.车间厂房的折旧费
C.车间生产用设备的折旧费
D.车间辅助人员的工资

20.下列各项应计入管理费用的是（　　）。
A.银行借款的利息支出　B.银行存款的利息收入
C.企业的技术开发费　D.车间管理人员的工资

二、多项选择题（每题有两个或两个以上正确答案，请将正确答案填在括号内）

1.成本核算的对象包括（　　）。
A.各行业生产经营业务成本　B.经营管理费用
C.税金　D.营业外支出

2.成本会计的职能具体包括（　　）。

A. 成本的预测和决策　　B. 成本的核算和控制
C. 成本的考核和分析　　D. 成本的计划

3. 下列各项属于制造费用的有（　　）。
A. 车间管理人员薪酬　　B. 车间固定资产折旧
C. 基本生产人员薪酬　　D. 生产产品耗用的直接材料

4. 下列各项属于产品成本的有（　　）。
A. 直接材料　　B. 管理费用　　C. 直接人工　　D. 制造费用

5. 下列各项属于期间费用的有（　　）。
A. 制造费用　　B. 销售费用　　C. 管理费用　　D. 财务费用

6. 成本核算的对象主要内容包括（　　）。
A. 产品品种　　B. 产品批别　　C. 产品生产步骤　　D. 产品类别

7. 成本分析一般在期末进行，期末是指（　　）。
A. 月末　　B. 季末　　C. 旬末　　D. 年末

8. 下列各项不应计入生产经营管理费用的有（　　）。
A. 购置固定资产　　B. 建造固定资产
C. 职工薪酬　　D. 购买无形资产

9. 应计入工业企业的生产费用的项目有（　　）。
A. 财务费用　　B. 用于产品生产的原材料费用
C. 生产工人职工薪酬　　D. 制造费用

10. 下列各项属于收益性支出，应计入生产经营管理费用的项目有（　　）。
A. 原材料费用　　B. 销售费用
C. 组织和管理生产经营活动的费用　　D. 生产工人职工薪酬和制造费用

11. 多计生产经营管理费用，会（　　）。
A. 使成本和费用虚增　　B. 减少企业利润
C. 减少国家财政收入　　D. 虚增企业利润

12. 与固定资产有关的财产物资计价和价值结转方法有（　　）。
A. 固定资产原值计算方法　　B. 固定资产折旧方法
C. 固定资产折旧率的种类和高低　　D. 固定资产修理费用摊销期限的长短

13. 与流动资产有关的财产物资计价和价值结转方法有（　　）。
A. 固定资产与低值易耗品的划分标准
B. 固定资产折旧方法
C. 低值易耗品的摊销方法
D. 低值易耗品摊销期限的长短

14. “基本生产成本”明细账中应按成本项目分设专栏或专行，登记各该产品的（　　）。
A. 月初在产品成本　　B. 本月发生的成本
C. 本月完工产品成本　　D. 月末在产品成本

15. 企业生产经营管理费用包括（　　）。

A.生产费用　　B.销售费用　　C.财务费用　　D.管理费用

16.为了正确计算产品成本，必须正确划分的费用界限有（　　）。

A.生产费用与期间费用的界限　　B.各个月份的费用界限

C.产品销售费用与管理费用的界限　　D.各种产品的费用界限

17.下列各项不应计入生产费用或期间费用的有（　　）。

A.生产产品发生的制造费用　　B.广告费用

C.给地震灾区的捐款　　D.违法排污被处以的罚款

18.下列各项应计入产品成本的有（　　）。

A.车间办公费　　B.企业行政管理人员工资

C.车间设计制图费　　D.在产品的盘亏损失

19.为了正确计算产品成本，应做好的基础工作包括（　　）。

A.定额的制定与修订　　B.做好原始记录工作

C.正确选择各种分配方法　　D.材料物资的计量、收发、领退和盘点

20.成本核算的组织工作主要包括（　　）。

A.设置成本会计机构　　B.配备成本核算人员

C.建立成本会计制度　　D.正确进行成本核算

三、判断题（正确的在括号内打“√”，错误的打“×”）

（　　）1.在成本会计的各个环节中，成本预测是基础，没有成本预测，其他环节都无法进行，因而也就没有了成本会计。

（　　）2.在进行成本预测、成本决策和编制成本计划的过程中，也应进行成本控制，这种成本控制也称成本的事后控制。

（　　）3.企业生产经营活动的原始记录，是编制成本计划、进行成本预测、成本核算的依据。

（　　）4.因为成本是产品价值的组成部分，所以成本必然会通过销售收入得到补偿。

（　　）5.成本会计的决策职能是预测职能的前提。

（　　）6.工业企业发生的各项费用都应计入产品成本。

（　　）7.在实际工作中，确定成本的开支范围应以成本的经济实质为理论依据。

（　　）8.产品成本是生产产品时发生的各种制造费用总和。

（　　）9.对所计提的固定资产折旧，应全部计入产品成本。

（　　）10.固定资产折旧费是产品成本的组成部分，应该全部计入产品成本。

（　　）11.企业计算出来的成本，既可以是实际成本，也可以是计划成本。

（　　）12.企业某一期间为生产产品发生的费用总额，不一定等于该期间产品成本的总额。

（　　）13.产品成本项目是由国家统一规定的，任何企业不能变动。

（　　）14.因为材料是产品成本的组成部分，所以企业各部门领用的材料，都应计入产品成本。

（　　）15.生产人员、车间管理人员和技术人员的工资及福利费，是产品成本的重

要组成部分，应该直接计入各种产品成本。

四、业务题

1.某小型生产企业在成本核算工作中存在一些不足，比如材料消耗是根据实际领料数量进行核算，没有考虑核算标准，因而各月之间成本波动较大，而且领用材料计量不够准确，对不能点数的材料用目测的方法估算。鉴于存在的问题，企业经理决定进行整改。

要求：请你为企业经理出谋划策，提出你的整改建议。

2.大学生小吴2023年8月毕业后，应聘到北方机械公司当成本会计员。财务部成本科的刘科长向小吴介绍了公司的下列有关情况：

（1）产品情况。该公司主要生产大型重型机械，用于矿山等企业，是国内矿山机械制造的龙头企业。

（2）车间设置情况。该公司设有7个基本生产车间，分别生产矿山机械的各种零部件以及零部件的组装；另外，还设有4个辅助生产车间，为基本生产车间及其他部门提供服务。

（3）成本核算的现状。该公司现有会计人员36人，其中成本会计人员8人（不包括各个生产车间的成本会计人员）。由于规模较大，该公司现在实行两级成本核算体制，公司和车间分别设置有关的成本费用明细账进行核算。

要求：刘科长让小吴在了解该公司成本核算及其他方面的情况后书面回答下列问题。

（1）根据该公司的具体情况应采用什么核算体制（一级还是两级）？

（2）公司和车间应设置哪些成本会计核算的岗位？

（3）公司和车间应设置哪些成本总账和明细账？

（4）成本费用应按什么程序进行汇集和分配？

（5）公司现在实行的成本核算模式还需要进行哪些改进？

3.宁远公司2023年6月份发生下列经济业务：

（1）购买了一台设备，支出20万元，为购买该设备支付增值税2.6万元，该设备预计使用10年，无残值；

（2）支付公司行政人员工资30万元、福利费4.2万元；

（3）支付公司办公费用10万元；

（4）支付本月生产产品的工人工资100万元，生产管理人员工资10万元；

（5）支付广告费40万元，销售产品差旅费5万元；

（6）支付行政罚款10万元；

（7）本月折旧40万元，其中公司管理部门8万元、车间32万元；

（8）生产领用材料300万元；

（9）购进材料500万元；

（10）支付本季利息费用4.5万元（本月应负担1.5万元）；

（11）购买国库券15万元。

要求：分别计算支出、费用、成本的金额。

项目二

费用的归集与分配

学习目标

知识目标

1. 理解费用的分类
2. 掌握材料费用、职工薪酬费用和其他费用的归集与分配
3. 掌握辅助生产费用和制造费用的归集与分配
4. 掌握废品损失和停工损失的核算

能力目标

1. 能编制各种要素费用、辅助生产费用、制造费用分配表
2. 能根据费用分配表编制记账凭证
3. 能根据费用分配的记账凭证登记有关成本费用的总账和明细账

素养目标

1. 通过填制和审核费用发生的原始凭证、记账凭证，引导学生要严把费用审核关，明确费用的归集与分配应严格遵守成本开支范围，诚实守信，不做假账，提供符合会计信息质量要求的成本信息，提高学生的法治意识
2. 根据仿真成本实训资料，进行各种费用的归集和分配的技能训练，培养学生的工匠精神，提高学生对成本会计工作的感性认识，树立未来从业信心和决心，培养良好的职业操守、踏实的工作作风

思维导图

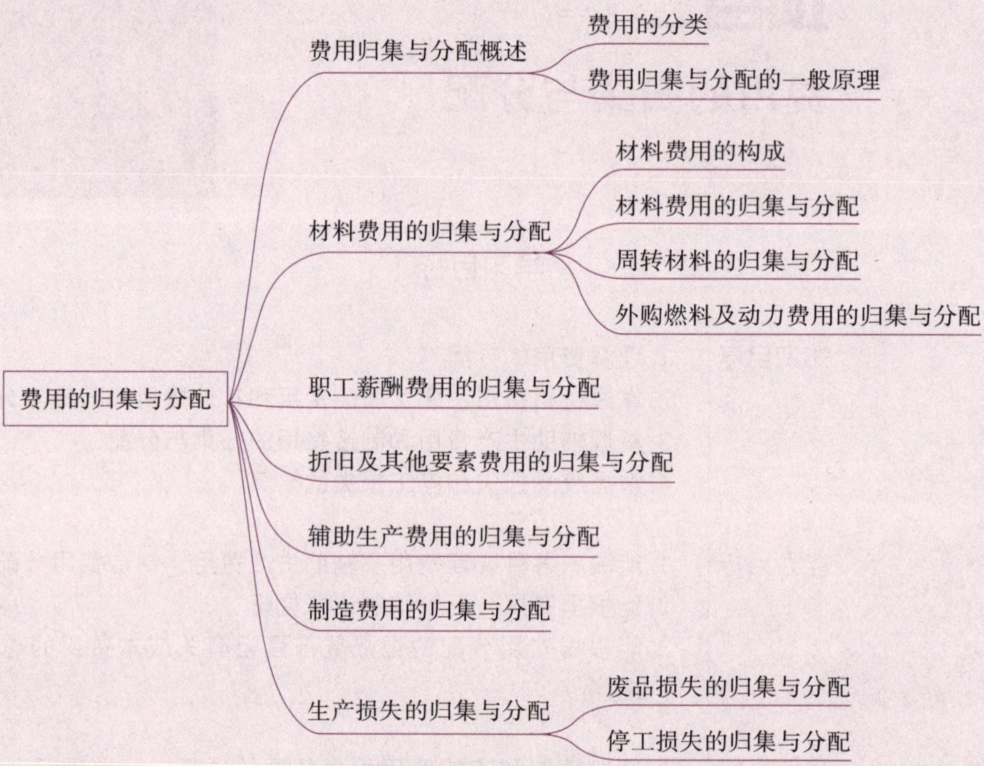
费用的归集与分配
费用归集与分配概述
费用的分类
费用归集与分配的一般原理
材料费用的归集与分配
材料费用的构成
材料费用的归集与分配
周转材料的归集与分配
外购燃料及动力费用的归集与分配
职工薪酬费用的归集与分配
折旧及其他要素费用的归集与分配
辅助生产费用的归集与分配
制造费用的归集与分配
生产损失的归集与分配
废品损失的归集与分配
停工损失的归集与分配

案例导入

华兴公司的主要业务是生产彩电，产品销往全国各地。公司本月发生下列经济业务：

（1）以银行存款支付劳动保护费3 000元；

（2）车间管理人员工资5 000元；

（3）购买材料5 000元，其中60%被产品生产消耗；

（4）车间固定资产折旧费2 000元；

（5）以银行存款支付车间办公费、水电费及其他支出共计1 500元；

（6）支付企业财产保险费1 600元；

（7）支付借款利息4 500元；

（8）为希望工程捐款50 000元。

提出问题：

（1）企业的费用是如何分类的？

（2）生产经营过程中发生的材料、职工薪酬、折旧等各项要素费用是如何进行归集与分配的？

（3）如何进行辅助生产费用、制造费用、生产损失的归集与分配？

带着这些问题，让我们开始本项目的学习。

任务一　费用归集与分配概述

一、费用的分类

微课

费用的分类

费用是一定时期内企业在生产经营过程中发生的各项耗费，称之为生产经营费用，包括生产费用和期间费用，简称为成本费用。为了便于合理地确认和计量成本费用，正确地计算产品成本，必须对费用进行合理的分类。

（一）费用按经济内容的分类

费用按经济内容划分，包括劳动对象消耗的费用、劳动手段消耗的费用和活劳动耗费三大类，这三大类构成工业企业费用的三大要素。为了具体反映工业企业各种费用的构成和水平，还可在此基础上进一步划分为以下具体要素：

（1）外购材料。企业耗用的从企业外部购入的原材料及主要材料、半成品、辅助材料、包装物、修理用备件和低值易耗品等。

（2）外购燃料。企业耗用的从外部购入的各种燃料，包括固体燃料、液体燃料和气体燃料。

（3）外购动力。企业耗用的从外部购入的各种动力，包括热力、电力和蒸汽等。

（4）职工薪酬。企业应计入生产经营费用的职工工资，以及企业按照工资总额的一定比例计提的社会保险费、住房公积金等。

（5）折旧费。企业所拥有和控制的固定资产按照使用情况计提的折旧费用。

（6）修理费。企业为修理固定资产而发生的支出。

（7）其他费用。不属于以上各项费用要素的其他费用，如办公费、差旅费等。

上述费用按照经济内容分类后反映的费用要素，称为要素费用。这种分类可以反映工业企业在一定时期内发生哪些性质的费用，消耗了多少，据以分析各个时期各种费用的结构和水平；可以反映外购材料和燃料费用以及职工薪酬的实际支出，因而可以为企业编制材料采购资金计划和劳动工资计划提供资料；可以为企业核定储备资金定额和考核储备资金周转速度提供资料；可以反映企业生产经营过程中的物质消耗和非物质消耗水平，为计算工业净产值和国民收入提供资料。

（二）费用按经济用途的分类

费用按经济用途可分为应计入产品成本的生产费用和不应计入产品成本的期间费用两大部分。应计入产品成本的生产费用，就是产品成本。产品成本包括企业在生产产品过程中所发生的材料费用、职工薪酬等，以及不能直接计入产品成本需按一定标准分配计入的各种间接费用。因此生产费用可进一步划分为直接费用和间接费用，其中直接费用包括直接材料、直接人工、燃料及动力等项目，间接费用主要是由产品应负担的制造费用。对于不应计入产品成本的费用，而由当期损益负担的费用，称之为期间费用，包括销售费用、管理费用和财务费用。

1. 生产费用

应计入产品成本的生产费用要素就是成本项目。对成本项目的设置，企业应根据生产特点和管理要求来进行。企业一般应设置以下成本项目：

（1）直接材料。直接用于产品生产，构成产品实体的原材料以及有助于产品形成的主要材料和辅助材料。

（2）直接人工。直接从事产品生产的工人的职工薪酬。

（3）燃料及动力。直接用于产品生产的燃料及动力。

（4）制造费用。企业为生产产品和提供劳务而发生的各项间接费用，包括企业生产部门（如生产车间）发生的水电费、固定资产折旧、管理人员的职工薪酬、劳动保护费、国家规定的有关环保费用、季节性和修理期间的停工损失等。

企业可根据生产特点和管理要求对上述成本项目进行适当调整。对于管理上需要单独反映、控制和考核的费用，以及产品成本中比重较大的费用，应专设成本项目；否则，为了简化核算，不必专设成本项目。例如，如果废品损失、停工损失在产品成本中所占比重较大，在管理上需要对其进行重点控制和考核，则应单设“废品损失”“停工损失”成本项目。又如，如果产品工艺上耗用的燃料及动力不多，为了简化核算，可以不设“燃料及动力”成本项目，将其中的产品耗用的燃料费用并入“直接材料”成本项目，将其中的产品生产耗用的动力费用并入“制造费用”成本项目。

费用按经济用途分类，能够反映直接用于产品生产的直接材料费用、直接人工费用，以及车间用于组织和管理生产经营活动的各项间接费用，从而有助于企业了解费用计划、定额、预算等的执行情况，控制成本支出，加强成本管理和成本分析。

2.期间费用

对于不能计入产品成本的费用，在国家规定的成本费用开支范围内的应作为期间费用计入当期损益，主要包括销售费用、管理费用和财务费用。

（1）销售费用是指企业在销售产品过程中，为销售商品而发生的各项支出，如产品销售过程中应由企业负担的运输费、装卸费、包装费、保险费、展览费、广告费，以及企业专设销售机构发生的各种费用等。

（2）管理费用是指企业行政管理部门为组织和管理生产经营活动而发生的各项费用，如企业行政管理部门人员的工资、工会经费、职工教育经费、劳动保险费、固定资产折旧费、办公费、差旅费、董事会费、咨询费、审计费、诉讼费、绿化费、税金、土地使用费、土地使用补偿费、转让费、技术开发费、无形资产摊销、开办费摊销、业务招待费、坏账损失和存货盘亏、毁损、报废（减盘盈）以及其他管理费用等。

（3）财务费用是指企业为筹集生产经营所需资金等发生的费用，如利息支出（减利息收入）、汇兑损益、金融机构的手续费等。

【想一想2-1】产品成本由哪些成本项目构成？

（三）费用按计入产品成本的方法分类

1.直接费用

直接费用，是指可以分清哪种产品所耗用、能直接计入某种产品成本的生产费用。如直接用于某种产品生产的原材料费用，就可以根据有关的领料单直接计入该种产品成本。

2.间接费用

间接费用，是指不能分清哪种产品所耗用，不能直接计入某种产品成本，而必须按照一定标准分配后才能计入有关产品成本的生产费用。如生产部门管理人员的工资、福利费，多种产品共同耗用的零件的生产设备折旧费等。

【练一练2-1】某食品加工厂为单步骤生产企业，设有一个基本生产车间，大量生产甲、乙两种产品。本月甲产品直接材料费用78万元，直接人工费用35万元；乙产品直接材料费用65万元，直接人工费用36万元。车间管理人员工资8万元，行政管理人员工资21万元。本月生产车间水电费用4万元、固定资产折旧费用17万元，管理部门水电费用1万元、固定资产折旧费用3万元、办公费用0.5万元、业务招待费2万元。

要求：计算该食品加工厂的产品成本和管理费用。

二、费用归集的一般原理

费用归集是指企业在生产经营过程中发生的各种耗费，按其性质、用途和发生地点归集到各有关产品、车间和部门的过程。

（1）直接用于产品生产而且专设成本项目的要素费用记入“生产成本——基本生产成本”账户，包括直接记入和分配记入两种情况。

（2）直接用于生产，但没有专设成本项目的要素费用发生时先记入“制造费用”账户，然后再通过一定的分配程序转入“生产成本——基本生产成本”账户。

（3）直接或间接用于辅助生产的要素费用分以下两种情况进行归集：

①若辅助车间不设置“制造费用”明细账，则先全部记入“生产成本——辅助生产成本”账户，然后再按照受益对象分配转入“生产成本——基本生产成本”等账户。

②若辅助车间设置了“制造费用——辅助生产车间”明细账，则直接用于辅助生产的费用记入“生产成本——辅助生产成本”账户；间接用于辅助生产的费用发生时先记入“制造费用——辅助生产车间”账户，月末再转入“生产成本——辅助生产成本”账户，最后按照受益对象分配转入“生产成本——基本生产成本”等账户。

（4）用于产品销售、行政管理以及资金筹集的要素费用分别记入“销售费用”“管理费用”“财务费用”账户。

（5）用于建造固定资产、开发无形资产的要素费用不计入产品成本和期间费用，记入“在建工程”“研发支出”等账户。

三、费用分配的一般原理

费用的分配应遵循“谁受益、谁负担”的原则。对于各项间接费用，需要选择适当的分配标准进行分配。所谓适当的分配标准是指分配标准的资料要比较容易取得，计算比较简便，分配标准与分配对象有比较密切的联系，分配结果比较合理。

分配间接费用的标准主要有：

（1）成果类，如产品的重量、体积、产量、产值等；

（2）消耗类，如生产工时、生产工资、机器工时、原材料消耗量或原材料费用等；

（3）定额类，如定额耗量、定额费用等。

分配间接费用的基本公式如下：

$$费用分配率 = \frac{待分配费用}{分配标准总数}$$

$$某受益对象应分配的费用 = 该对象的分配标准数 \times 费用分配率$$

费用的分配一般是通过编制各种费用分配表进行的，根据分配表编制记账凭证，据以登记各种成本、费用的总账及其所属明细账。

【想一想2-2】对同时生产多种产品的车间所发生的生产费用应如何处理？

任务二　材料费用的归集与分配

材料费用是产品成本的重要组成部分。企业产品的生产过程，也是各种材料的耗费过程。材料费用归集与分配的主要任务：一是反映和监督材料采购计划的执行情况，控制材料采购支出，降低材料采购成本；二是反映和监督材料的收入、发出和结存情况，降低材料储备所占用的资金和储存成本，做到既要满足生产需要，又要防止储备不足；三是反映和监督材料费用的归集和分配情况，按材料发出的地点和用途进行材料费用的归集和分配。材料费用的分配方法一经确定后，没有特殊情况，不应经常变动，以便分析各期的材料成本。

一、材料费用的构成

工业企业在生产过程中所耗用的材料费用是指在生产产品过程中耗用的，构成产品实体或有助于产品形成的各种材料、物资的货币表现。材料按其在生产中的用途可分为：原料及主要材料、辅助材料、外购半成品、燃料、修理用备件和周转材料等。

（一）原料及主要材料

原料及主要材料是指经过加工后，构成产品主要实体的各种原料、材料等。原料和材料是两个不同的概念。原料是指通过人们的劳动直接取之于自然界的产品。如面粉厂和淀粉厂的小麦、玉米、红薯，木料加工厂的原木，棉纺厂的原棉，冶炼厂的矿石。这些原料进一步加工后用作工业企业劳动对象则称为材料，如机械制造行业购入的各种型钢、针织厂的棉纱、造纸厂的纸浆等。主要材料在企业的生产过程中是作为劳动对象而存在的，并且能够构成产品实体。

（二）辅助材料

辅助材料是指直接用于生产经营，有助于产品的形成或便于生产顺利进行，但不构成产品主要实体的各种材料。辅助材料一般包括三类：一是加入产品实体、与主要材料相结合，使主要材料发生变化或使产品具有某种性能的辅助材料，如催化剂、油漆、染料等；二是被劳动工具所消耗的辅助材料，如维护机器设备用的润滑油、防锈剂等；三是为创造正常劳动条件而消耗的辅助材料，如工作地点清洁用的各种用具及管理、维护用的各种材料等。

（三）外购半成品

外购半成品是指从外单位购入，已经过加工或装配，仍需要本企业进一步加工或装配的，构成产品主要实体的半成品及配套件。例如，纺织厂外购的棉纱、钢铁厂外购的生铁、冰箱厂外购的压缩机等。按其在生产过程中所起的作用，外购半成品属于原料及主要材料，但为了管理上的需要，将它从原料及主要材料中分出，单独列为一类。

（四）燃料

燃料是指企业在生产过程中用来发热的各种材料，包括液体、固体和气体燃料。燃料按其在生产过程中所起的作用，属于辅助材料。但它在供应、保管和领用方面均有自己的特点，因此把它从辅助材料中分出，单独列为一类。

（五）修理用备件

修理用备件是指为修理本企业机器设备和运输设备而储备的各种备件，如轴承、齿轮等。修理用的一般零件，可归为辅助材料。

（六）周转材料

周转材料包括包装物和低值易耗品。包装物是指为了用于包装本企业的产品、商品而储备的各种桶、箱、瓶、坛、袋等包装容器。低值易耗品是指不作为固定资产核算的各种工具、管理用具、玻璃器皿，以及在经营过程中周转使用的包装容器等各种用具、物品。低值易耗品作为劳动工具与固定资产一起为企业生产提供劳动条件，它本身并不形成产品实体，只是通过摊销方式将自身价值逐渐转移到产品中去。

二、材料费用的归集与分配

（一）材料费用的归集

微课

材料费用的归集

材料费用的归集是进行材料费用分配的基础和前提，对于生产过程中所发生的材料费用，应按其用途进行归集。为了正确归集材料费用，应做好以下基础工作：

1.材料收发的原始记录

材料收发应填制各种原始凭证，包括收料单（见表2-1）、领料单（见表2-2）、限额领料单、领料登记表和退料单（见表2-3）等。

表2-1 **收料单**

2023年3月1日

供应单位： 提货单号数： 收料仓库：

发票号数： 发票金额： 短缺损坏清单号数：

材料编号	材料名称、型号、规格	计量单位	数量		计划价格/元		备注
			应收	实收	单价	总额	
003	圆钢	吨	100	100	2 000	200 000	

记账： 收料： 制单：

表2-2 **领料单**

领料部门：××× 车间 2023年3月1日

材料编号	材料名称	规格	单位	请领数量	实发数量	价格/元	
						单价	金额
007	润滑油		千克	10	10	35	350
用途	1#机械产品 2#机械产品	领料部门			发料部门		
		负责人	领料人		核准人	发料人	
			陈力			王明	

表2-3 **退料单**

2023年3月1日

退料原因： 退料单位： 收料仓库：

材料编号	材料名称、型号、规格	计量单位	数量		计划价格/元		备注
			交库	实收	单价	总额	
003	木材	立方米	100	100	600	60 000	

记账： 收料： 制单：

领料单是一次有效凭证，每领一次材料填写一份，是对难以用消耗定额控制和不经常领用的材料采用的一种领料凭证。限额领料单是对经常领用并有消耗定额的材料采用的一种领料凭证，是多次有效凭证，在有效期内可以连续领料。领料登记表是为了减少发料凭证的数量，简化凭证填制和审批手续而采用的领料凭证，每个领料单位每月对同种材料的多次领取，只需填一张领料登记表。为了更好地控制材料的领发、节约原材料费用，应该尽量采用限额领料单，实行限额领料制度。

月末，车间已领未用所剩余的材料应该编制退料单，否则本期材料成本会虚增。使用单位领取的材料，月末没有完全被消耗，这些剩余材料应及时退回仓库办理退料手续，填制退料单。对于车间已领未用、下月仍需继续耗用的材料，为了避免本月末交库、下月初又领用的手续，可以用“假退料”的办法，即本月末填制“退料单”，下月初填制“领料单”，仓库办理一退一领手续，材料并不实际交回仓库。

2.确定材料物资盘存制度

进行材料费用的归集和分配，应定期进行材料物资盘点，查明财产物资的实存数量，确保账实相符，以正确计算材料成本。为使盘点工作顺利进行，应建立一定的盘存制度。一般来说，财产物资的盘存制度有两种，即永续盘存制和实地盘存制。

（1）永续盘存制

永续盘存制就是通过设置材料明细账，对日常发生的材料增加或减少，都必须根据会计凭证在账簿中进行连续登记，随时在账面上结算出材料的结存数并定期与实际盘存数对比，确定材料盘存情况的一种制度。采用这种方法时，材料明细账要按每一品种、规格设置。在明细账中，要登记材料收、发、结存数量。对材料须定期或不定期地进行实地盘点，以便核对材料物资账实是否相符。其计算公式如下：

材料期末结存数量 = 期初结存数量 + 本期入库材料数量 − 本期发出材料数量

期末账面结存金额根据企业采用的发出材料计价方法分别确定，如先进先出法、加权平均法和移动平均法等。

（2）实地盘存制

实地盘存制也称“定期盘存制”，是指对日常发生的材料增加或减少，平时在账簿中只登记增加数不登记减少数，月末根据实地盘存数倒挤确定本期减少的材料数量，再据以登记有关账簿的一种制度。其计算公式如下：

本期发出材料数量 = 账面期初余额 + 本期入库材料数量 − 期末实际结存数量

本期发出材料金额根据企业采用的发出材料计价方法分别确定，如先进先出法、加权平均法和移动平均法等。

实地盘存制不能通过账簿随时反映和监督各项财产物资的收、发、结存情况，反映的材料发出数量不精确，仓库管理中有多发少发、物资毁损、盗窃、丢失等情况，在账面上均无反映，而全部隐藏在本期的发出材料数量内，不利于存货的实物管理，也不利于对存货的监督检查。

3.材料发出的计价

在日常核算中，材料的计价可以按实际成本计价，也可以按计划成本计价。

（1）按实际成本计价

采用实际成本进行材料日常核算时，由于材料是分批购进、分批入库的，所以每次入库材料的单位成本也不一样。因此，发出材料的单位成本必须按照一定的方法计算，一般有先进先出法、个别计价法和加权平均法等，企业可根据具体情况选择使用，但一经确定运用某种方法，就应该在各个会计期间保持前后一致，不得随意变更。如果由于实际需要必须变更核算方法时，应在会计报告附注中予以说明。

（2）按计划成本计价

采用计划成本进行材料日常核算时，企业日常收发原材料均采用计划成本计价，计划成本与实际成本之间的差异在“材料成本差异”账户中归集，月末计算本月材料成本差异率，确定发出材料应分摊的材料成本差异，将发出材料的计划成本调整为实际成本，以便正确核算产品成本。发出材料的实际成本计算公式如下：

$$\text{材料成本差异率} = \frac{\text{期初材料成本差异} \pm \text{本月收入材料成本差异}}{\text{期初材料计划成本} + \text{本月收入材料计划成本}}$$

$$\text{发出材料应分摊的成本差异} = \text{发出材料的计划成本} \times \text{材料成本差异率}$$

$$\text{发出材料的实际成本} = \text{发出材料的计划成本} + \text{发出材料应分摊的成本差异}$$

【练一练2-2】材料发出按计划成本核算时，对于已经验收入库材料的实际成本大于计划成本的差异，应该作为材料的（　　）。

A.超支差异　　B.节约差异　　C.计划成本　　D.实际成本

【想一想2-3】材料按实际成本计价时，发出材料的成本如何确定？不同的确定方法对产品成本与期末材料计价有什么影响？

（二）材料费用的分配

微课

材料费用的分配

1.材料费用的分配程序

企业应根据审核后的领、退料凭证，定期编制发出材料汇总表，并按照材料的用途编制材料费用分配表，进行材料费用分配的日常核算。用于产品生产的材料费用应计入产品成本。一般而言，能辨清原材料费用承担对象的，应直接计入该分配对象；属于几种产品共同耗用的，应采用适当的分配方法分配计入各有关产品成本。用于产品销售以及企业行政部门组织和管理生产耗用的材料费用，不应计入产品成本。

材料费用的分配程序为：①确定被分配的原材料费用；②确定各分配对象的分配标准数；③计算原材料费用的分配率；④计算每一受益对象应分配的原材料费用；⑤编制材料费用分配表；⑥根据材料费用分配表进行账务处理。

2.材料费用的分配方法

由于选择的分配标准不同，材料费用的分配方法包括材料定额消耗量比例法、材料定额费用比例法和材料实际耗用量比例法等。

（1）材料定额消耗量比例法

材料定额消耗量比例法是以各种产品的原材料定额消耗量为分配标准，据以分配直接材料费用的方法。该方法适用于材料消耗比较单一、单位产品材料消耗定额比较准确的产品。消耗定额是单位产品可以消耗的数量限额。定额消耗量是指一定产量的产品按消耗定额计算的消耗数量。其计算公式如下：

$$\text{某种产品原材料定额消耗量} = \text{该种产品实际产量} \times \text{单位产品材料消耗定额}$$

$$原材料消耗量分配率=\frac{产品共同耗用的原材料实际消耗量}{各种产品原材料定额消耗量总和}$$

$$\begin{matrix}某种产品应分配的\\原材料数量\end{matrix}=\begin{matrix}该种产品原材料\\定额消耗量\end{matrix}\times\begin{matrix}原材料\\消耗量分配率\end{matrix}$$

某种产品应分配的原材料费用 = 该种产品应分配的原材料数量 × 材料单价

【例 2-1】某机械厂生产甲、乙两种产品，共同耗用材料 18 000 千克，每千克 1.5 元，共计 27 000 元。生产甲产品 2 000 件，单件甲产品原材料消耗定额为 3 千克；生产乙产品 1 500 件，单件乙产品原材料消耗定额为 2 千克。

要求：采用定额消耗量比例法分配原材料费用。

解析：（1）计算各产品的原材料定额消耗量。

甲产品原材料定额消耗量 = 2 000 × 3 = 6 000（千克）

乙产品原材料定额消耗量 = 1 500 × 2 = 3 000（千克）

（2）计算原材料消耗量分配率。

原材料消耗量分配率 = 18 000 ÷（6 000 + 3 000）= 2

（3）计算各产品应分配的材料数量。

甲产品应分配的原材料数量 = 6 000 × 2 = 12 000（千克）

乙产品应分配的原材料数量 = 3 000 × 2 = 6 000（千克）

（4）计算各产品应该分配的原材料费用。

甲产品应分配的原材料费用 = 12 000 × 1.5 = 18 000（元）

乙产品应分配的原材料费用 = 6 000 × 1.5 = 9 000（元）

该方法可考核材料消耗定额的执行情况，有利于加强材料成本管理和实物管理，但分配计算的工作量较大。

为了简化计算分配工作，也可以采用按原材料定额消耗量比例直接分配原材料费用的方法。计算分配的程序是：①计算各种产品原材料定额消耗量；②计算原材料费用分配率；③计算各种产品应分配的实际材料费用。其计算公式如下：

某种产品原材料定额消耗量 = 该种产品实际产量 × 单位产品材料消耗定额

$$原材料费用分配率=\frac{产品共同耗用的原材料实际费用}{各种产品原材料定额消耗量总和}$$

$$\begin{matrix}某种产品应分配的\\原材料费用\end{matrix}=\begin{matrix}该种产品原材料\\定额消耗量\end{matrix}\times\begin{matrix}原材料费用\\分配率\end{matrix}$$

【例 2-2】沿用【例 2-1】的资料。

要求：按原材料定额消耗量比例法直接分配原材料费用。

解析：（1）计算各产品的原材料定额消耗量。

甲产品原材料定额消耗量 = 2 000 × 3 = 6 000（千克）

乙产品原材料定额消耗量 = 1 500 × 2 = 3 000（千克）

（2）计算原材料费用分配率。

原材料费用分配率 = 27 000 ÷（6 000 + 3 000）= 3

（3）计算各产品应该分配的原材料费用。

甲产品应分配的原材料费用 = 6 000 × 3 = 18 000（元）

乙产品应分配的原材料费用 = 3 000 × 3 = 9 000（元）

上述两种分配方法计算结果相同，但后一种分配方法不能提供各种产品原材料实际消耗量资料，不利于加强原材料的实物管理。

【练一练2-3】某企业生产甲、乙、丙三种产品。10月份三种产品的投产量分别为500件、500件和375件，三种产品的消耗定额分别为4千克、6千克和8千克。甲、乙、丙三种产品本月耗用原材料10 000千克，材料单价为每千克5.20元，材料费用共计52 000元。按材料定额消耗量比例法计算的材料费用分配率是（　　）。

A.4　　B.6.5　　C.8.5　　D.10

（2）材料定额费用比例法

材料定额费用比例法是指以各种产品的材料定额费用为分配标准，据以分配直接材料费用的方法。该方法适用于各种产品共同耗用原材料种类较多，但能合理确定材料费用定额的产品。其计算公式如下：

某种产品原材料定额费用 = 该种产品实际产量 × 单位产品材料费用定额

$$原材料费用分配率 = \frac{产品共同耗用的原材料实际费用}{各种产品原材料定额费用总和}$$

某种产品应分配的原材料费用 = 该种产品原材料定额费用 × 原材料费用分配率

【例2-3】某机械厂生产甲、乙两种产品，共同领用A、B两种材料，产量分别为150件和120件，共同发生材料费用3 762元。甲产品消耗定额为：A材料0.6千克，B材料0.8千克。乙产品消耗定额为：A材料0.9千克，B材料0.5千克。A材料单价10元，B材料单价8元。

要求：根据材料定额费用比例法分配两种产品应负担的材料费用。

解析：（1）计算甲、乙两种产品的原材料定额费用。

甲产品原材料定额费用 = 150 ×（0.6 × 10 + 0.8 × 8）= 1 860（元）

乙产品原材料定额费用 = 120 ×（0.9 × 10 + 0.5 × 8）= 1 560（元）

（2）计算原材料费用分配率。

原材料费用分配率 = 3 762 ÷（1 860 + 1 560）= 1.1

（3）计算甲、乙两种产品应该分配的原材料费用。

甲产品应分配的原材料费用 = 1 860 × 1.1 = 2 046（元）

乙产品应分配的原材料费用 = 1 560 × 1.1 = 1 716（元）

【想一想2-4】材料定额消耗量比例法和材料定额费用比例法有什么不同？

（3）材料实际耗用量比例法

材料实际耗用量比例法是以各种产品的原材料实际消耗量为分配标准，据以分配直接材料费用的方法。该方法适用于有健全的材料消耗记录的产品。其计算公式如下：

$$原材料费用分配率 = \frac{产品共同耗用的原材料实际费用}{各种产品原材料实际消耗量总和}$$

$$\text{某种产品应分配的原材料费用} = \text{该种产品原材料实际消耗量} \times \text{原材料费用分配率}$$

【例2-4】某机械厂生产甲、乙、丙三种产品，共同耗用A材料56 000千克，实际成本共计224 000元。根据原材料消耗记录，甲、乙、丙三种产品消耗A材料的数量分别为：18 000千克、25 000千克和13 000千克。

要求：采用材料实际耗用量比例法分配材料费用。

解析：原材料费用分配计算步骤和结果如下：

A材料费用分配率 = 224 000 ÷ 56 000 = 4

甲产品应分配的原材料费用 = 4 × 18 000 = 72 000（元）

乙产品应分配的原材料费用 = 4 × 25 000 = 100 000（元）

丙产品应分配的原材料费用 = 4 × 13 000 = 52 000（元）

【想一想2-5】企业生产某种产品共同耗用的原材料费用可以采用哪些分配方法？

【练一练2-4】某汽车配件厂生产甲、乙两种产品，耗用材料品种比较单一，且每种产品有较为准确的消耗定额。甲、乙两种产品共同耗用某种材料3 390千克，每千克12元。甲产品的实际产量为320件，单件产品材料消耗定额为6千克；乙产品的实际产量为210件，单件产品材料消耗定额为7千克。

请问：该汽车配件厂甲、乙两种产品材料分配应选择哪种方法？其负担的材料费用各是多少？

3.材料费用分配的账务处理

企业的材料费用分配一般按照发出材料的用途编制材料费用分配表，进行材料分配的日常核算。按“谁受益、谁负担”的原则记入有关账户的借方。具体账务处理如下：

借：生产成本——基本生产成本（直接用于产品生产的各种材料费用）
　　　　　　——辅助生产成本（辅助生产耗用的各种材料费用）
　　制造费用（基本生产一般耗用，没有专设成本项目的各种材料费用）
　　销售费用（用于产品销售的材料费用）
　　管理费用（用于组织和管理生产经营活动的各种材料费用）
　　在建工程（用于建造固定资产的材料费用）
　　贷：原材料（发出的各种材料费用总和）
　　　　材料成本差异（材料按计划成本计价时的超支差，节约差记在借方）

在实际工作中，辅助生产一般耗用，没有专设成本项目的各种材料费用，一般不通过“制造费用”账户核算，直接记入“生产成本——辅助生产成本”账户的借方。

综上所述，材料费用分配的会计核算流程如下：①由仓库保管人员依据材料发料凭证（领料单、限额领料单、领料登记簿等）及材料退回凭证、废料交库凭证等确定实际的原材料发出数量，填制发出材料明细表；②财会部门根据仓库部门提供的发出材料明细表，结合产量记录、定额资料或投料记录等原始资料，月末汇总编制材料费用分配表；③根据材料费用分配表等原始凭证编制记账凭证，登记有关账簿。

【例2-5】天环公司对原材料核算采用实际成本法。2023年5月生产甲、乙两种产品，甲产品500件、乙产品800件，共同耗用A材料7 560千克，A材料单价20元，单位产品A材料的消耗定额分别是8千克和4千克。此外本月还耗用B材料463 300元，其中甲产品耗用330 000元、乙产品耗用87 500元、机修车间耗用8 600元、供水车间耗用25 200元、基本车间一般耗用10 000元、管理部门耗用2 000元。

要求：按定额消耗量比例法分配甲、乙产品共同耗用的A材料费用，并根据上述资料编制材料费用分配表和会计分录。

解析：根据上述资料编制材料费用分配表（见表2-4）。

表2-4 材料费用分配表

2023年5月

金额单位：元

<table>
<tr><th colspan="2" rowspan="2">应借账户</th><th rowspan="2">成本或费用明细项目</th><th colspan="3">间接计入</th><th rowspan="2">直接计入</th><th rowspan="2">合计</th></tr>
<tr><th>定额耗用量/千克</th><th>费用分配率</th><th>分配额</th></tr>
<tr><td rowspan="3">基本生产成本</td><td>甲产品</td><td>直接材料</td><td>4 000</td><td></td><td>84 000</td><td>330 000</td><td>414 000</td></tr>
<tr><td>乙产品</td><td>直接材料</td><td>3 200</td><td></td><td>67 200</td><td>87 500</td><td>154 700</td></tr>
<tr><td>小计</td><td></td><td>7 200</td><td>21</td><td>151 200</td><td>417 500</td><td>568 700</td></tr>
<tr><td rowspan="3">辅助生产成本</td><td>机修车间</td><td>直接材料</td><td></td><td></td><td></td><td>8 600</td><td>8 600</td></tr>
<tr><td>供水车间</td><td>直接材料</td><td></td><td></td><td></td><td>25 200</td><td>25 200</td></tr>
<tr><td>小计</td><td></td><td></td><td></td><td></td><td>33 800</td><td>33 800</td></tr>
<tr><td>制造费用</td><td>基本车间</td><td>一般耗用</td><td></td><td></td><td></td><td>10 000</td><td>10 000</td></tr>
<tr><td colspan="2">管理费用</td><td>一般耗用</td><td></td><td></td><td></td><td>2 000</td><td>2 000</td></tr>
<tr><td colspan="2">合计</td><td></td><td></td><td></td><td>151 200</td><td>463 300</td><td>614 500</td></tr>
</table>

根据材料费用分配表编制会计分录如下：

借：生产成本——基本生产成本——甲产品 414 000
　　　　　　　　　　　　　——乙产品 154 700
　　　　　——辅助生产成本——机修车间 8 600
　　　　　　　　　　　　　——供水车间 25 200
　　制造费用 10 000
　　管理费用 2 000
　　贷：原材料——A材料 151 200
　　　　　　——B材料 463 300

【例2-6】沿用【例2-5】的资料。假设天环公司原材料采用计划成本核算，A材料计划单价20元。本月材料成本差异率为2%（超支差异）。

要求：编制材料费用分配表和会计分录。

解析：材料费用分配表的编制见表2-5。

表2-5　材料费用分配表

2023年5月　金额单位：元

应借账户		直接计入（计划成本）	间接计入（计划成本）			计划成本合计	差异额	实际成本合计
			定额耗用量	费用分配率	分配额			
基本生产成本	甲产品	330 000	4 000		84 000	414 000	8 280	422 280
	乙产品	87 500	3 200		67 200	154 700	3 094	157 794
	小计	417 500	7 200	21	151 200	568 700	11 374	580 074
辅助生产成本	机修车间	8 600				8 600	172	8 772
	供水车间	25 200				25 200	504	25 704
	小计	33 800				33 800	676	34 476
制造费用	基本生产车间	10 000				10 000	200	10 200
管理费用		2 000				2 000	40	2 040
合计		463 300			151 200	614 500	12 290	626 790

根据材料费用分配表编制会计分录如下：

（1）按照计划成本分配材料费用。

借：生产成本——基本生产成本——甲产品　414 000
　　　　　　　　　　　　　——乙产品　154 700
　　　　　——辅助生产成本——机修车间　8 600
　　　　　　　　　　　　　——供水车间　25 200
　　制造费用　10 000
　　管理费用　2 000
　　贷：原材料——A材料　151 200
　　　　　　　——B材料　463 300

（2）调整材料成本差异。

由于材料成本差异率为正数，属于超支差异，说明之前按照计划成本分配的材料费用少计了，应该调整增加材料费用。

借：生产成本——基本生产成本——甲产品　8 280
　　　　　　　　　　　　　——乙产品　3 094
　　　　　——辅助生产成本——机修车间　172
　　　　　　　　　　　　　——供水车间　504
　　制造费用　200
　　管理费用　40
　　贷：材料成本差异——A材料　3 024
　　　　　　　　　　——B材料　9 266

三、周转材料的归集与分配

周转材料是指企业能够多次使用、逐渐转移其价值但仍保持原有形态不确认为固定资产的材料，包括包装物、低值易耗品，以及企业（建造承包商）的钢模板、木模板、脚手架等。企业的包装物、低值易耗品，也可以单独设置“包装物”“低值易耗品”科目。材料是否属于低值易耗品是根据其性质划分的，与价格、价值没有直接关系。周转材料可按其种类，分别“在库”、“在用”和“摊销”进行明细核算。具体会计处理方法在“财务会计”课程已进行了详细说明，不再赘述。

四、外购燃料及动力费用的归集与分配

（一）燃料费用的归集与分配

燃料费用分配的核算程序和方法与材料费用分配基本相同，具体处理时分为下列两种情况：

1. 燃料费用占产品成本的比重较大

在燃料费用占产品成本比重较大的情况下，“基本生产成本”明细账中应单独设置“燃料及动力”成本项目，增设“燃料”一级账户。

2. 燃料费用占产品成本的比重较小

在燃料费用占产品成本比重较小的情况下，“基本生产成本”明细账中无须单独设置“燃料及动力”成本项目，应将燃料费用直接记入“直接材料”成本项目，并将“燃料”作为“原材料”账户的二级账户。

【例2-7】某机械厂生产过程中耗用燃料费用较多，对购入的燃料单独设置“燃料”账户进行核算，“基本生产成本”明细账中单独设置“燃料及动力”成本项目。2023年8月，该厂生产甲、乙两种产品共同耗用燃料63 000元，按照燃料定额费用比例法分配，甲、乙两种产品燃料定额费用分别是12 000元和18 000元。此外，机修车间本月耗用燃料4 000元。

要求：编制燃料费用分配表和会计分录。

解析：燃料费用分配表见表2-6。

表2-6 燃料费用分配表

2023年8月 金额单位：元

用途	成本项目	直接费用	间接费用			合计
			定额费用	分配率	分配额	
生产甲产品耗用	燃料及动力		12 000	2.1	25 200	25 200
生产乙产品耗用	燃料及动力		18 000	2.1	37 800	37 800
小计			30 000	2.1	63 000	63 000
机修车间耗用	燃料及动力	4 000				4 000
合计		4 000			63 000	67 000

编制会计分录如下：

借：生产成本——基本生产成本——甲产品　25 200
　　　　　　　　　　　　　——乙产品　37 800
　　　　——辅助生产成本——机修车间　4 000
　贷：燃料　67 000

【练一练2-5】甲、乙两种产品共同消耗的燃料费用为9 000元，甲、乙两种产品的定额消耗量分别为300千克和600千克，则按燃料定额消耗量比例法计算的甲产品应负担的燃料费用为（　　）元。

A.6 158　　B.3 000　　C.3 873.33　　D.4 285.67

（二）外购动力费用的归集与分配

微课

外购动力费用的归集与分配

外购动力是指企业为生产经营而耗用的从外部购进的电力、热力、煤气等各种动力。外购动力费用的核算内容包括外购动力费用的归集和外购动力费用的分配。

1.外购动力费用的归集

根据企业动力费用支出的时间不同，外购动力费用归集的核算一般分为以下两种情况：

（1）如果每月支付动力费用的日期基本固定，而且每月动力费用付款日支付的动力费用与月末结算的应付的本月动力费用相差不多，可将每月支付的动力费用作为本月应付动力费用，在支付动力费用时按其用途直接借记成本、费用账户和“应交税费——应交增值税（进项税额）”账户，贷记“银行存款”账户。

（2）如果外购动力费用付款期与动力费用核算期不一致，这样每月付款日支付的动力费用与月末结算的应付的本月动力费用相差较大。如3月21日支付的电费是自2月20日至3月20日所耗电费，而3月份的实际电费只有到3月末通过仪表计算才能获悉，两者金额往往不一致。根据权责发生制原则的要求，要通过“应付账款”账户核算，即在支付动力费用时先作为暂付款处理，借记“应付账款”账户和“应交税费——应交增值税（进项税额）”账户，贷记“银行存款”账户；月末再按照当月应付动力费用的用途记入成本、费用账户的借方，贷记“应付账款”账户。因此，“应付账款”账户借方登记的本月支付的动力费用与贷方所记的本月应付的动力费用往往不一致。如果是借方余额，为本月支付数大于应付数的多付动力费用，可以抵冲下月应付费用；如果是贷方余额，为本月应付数大于支付数的应付未付动力费用，可以在下月支付。

2.外购动力费用的分配

企业为进行生产经营而耗用的外购动力，有的直接用于产品生产，如生产工艺用电力；有的间接用于产品生产，如生产单位（车间或分厂）照明用电力；有的则用于经营管理，如企业行政管理部门照明用电力和取暖等。企业应按其用途将动力费用分配记入有关成本、费用账户。①在产品生产耗用的动力有仪表记录的情况下，根据仪表所示的耗用数量以及动力单价计算各受益对象所耗用的动力费用，直接记入有关成本、费用账户；②在没有仪表记录的情况下，产品生产耗用的动力费用要按照一定的标准在各种产品之间进行分配。

各车间、部门的动力用电和照明用电一般都分别装有电表，外购电力费用在各车间（部门）可按用电度数分配。车间内的动力用电，一般不按产品分别安装电表，因而车间内产品生产动力费用在各种产品之间按产品的生产工时比例、机器工时比例、定额耗电量比例或其他比例分配，其计算公式如下：

$$动力费用分配率 = \frac{某车间产品生产动力费用总额}{该车间各种产品生产工时（实际或定额）总数}$$

$$某产品应分配的动力费用 = 该产品生产工时 \times 动力费用分配率$$

外购动力费用的分配一般是通过编制“外购动力费用分配表”进行的。直接用于产品生产，设有“燃料及动力”成本项目的动力费用，应单独记入“生产成本——基本生产成本”账户的借方；直接用于辅助生产的动力费用，记入“生产成本——辅助生产成本”账户的借方；用于基本生产但未专设成本项目的动力费用和用于车间组织和管理生产经营活动的动力费用，则应记入“制造费用”账户的借方；用于全厂组织和管理生产经营活动的动力费用，则应记入“管理费用”账户的借方；根据应付或已付的外购动力费用总额记入“应付账款”或“银行存款”账户的贷方。

产品“基本生产成本”明细账是否单设“燃料及动力”成本项目，应视情况而定。若外购动力费、燃料费占产品成本的比重较大，应单设“燃料及动力”成本项目；若外购动力费、燃料费占产品成本的比重较小，不需单设“燃料及动力”成本项目，燃料费记入“直接材料”成本项目，外购动力费则记入“制造费用”成本项目。

【例 2–8】某企业 2023 年 6 月 20 日通过银行支付外购电费及其增值税 28 193.50 元。6 月末查明各车间、部门耗电数如下：基本生产车间 35 000 度，其中车间照明用电 5 000 度，其余为生产产品用电（C、D 产品按人工工时分配电费，C 产品人工工时为 36 000 小时，D 产品人工工时为 24 000 小时）；辅助生产车间 8 900 度；企业行政管理部门 6 000 度。该月应付外购电力费共计 24 950 元。

要求：编制外购动力费用有关的会计分录及分配表。

解析：（1）编制本月支付外购电力费用的会计分录。

借：应付账款　　24 950
　　应交税费——应交增值税（进项税额）　　3 243.50
　　贷：银行存款　　28 193.50

（2）编制外购动力费用分配表见表 2–7。

表2–7　**外购动力费用分配表**

2023年6月　　金额单位：元

用途		成本项目	产品动力费用分配			动力费用分配		
			生产工时	分配率	分配金额	用电度数	分配率	分配金额
基本车间	C产品	燃料及动力	36 000		9 000			9 000
	D产品	燃料及动力	24 000		6 000			6 000
	小计		60 000	0.25	15 000	30 000	0.5	15 000
基本车间一般耗用		燃料及动力				5 000	0.5	2 500
辅助车间耗用		燃料及动力				8 900	0.5	4 450
行政管理部门耗用		燃料及动力				6 000	0.5	3 000
合计						49 900	0.5	24 950

①按用途分配电力费用。

动力费用分配率 = 24 950 ÷ 49 900 = 0.5

基本生产车间生产产品耗用电费 = 30 000 × 0.5 = 15 000（元）

基本生产车间照明耗用电费 = 5 000 × 0.5 = 2 500（元）

辅助生产车间耗用电费 = 8 900 × 0.5 = 4 450（元）

企业行政管理部门耗用电费 = 6 000 × 0.5 = 3 000（元）

② 分配C、D两种产品电力费。

产品电力费用分配率 = 15 000 ÷ 60 000 = 0.25

C产品应分配电费 = 36 000 × 0.25 = 9 000（元）

D产品应分配电费 = 24 000 × 0.25 = 6 000（元）

（3）根据动力费用分配表，编制会计分录。

借：生产成本——基本生产成本——C产品	9 000	
——D产品	6 000	
制造费用——基本生产车间	2 500	
生产成本——辅助生产成本	4 450	
管理费用	3 000	
贷：应付账款		24 950

【想一想2-6】企业支付电费时为什么通过“应付账款”账户核算？

任务三　职工薪酬费用的归集与分配

一、职工薪酬费用的归集

（一）职工薪酬的组成

微课

职工薪酬费用的归集

职工薪酬，是指企业为获得职工提供的服务或解除劳动关系而给予的各种形式的报酬或补偿。职工薪酬包括短期薪酬、离职后福利、辞退福利和其他长期职工福利。企业提供给职工配偶、子女或其他被赡养人的福利等，也属于职工薪酬。

1. 短期薪酬

短期薪酬是指企业在职工提供相关服务的年度报告期间结束后12个月内需要全部予以支付的职工薪酬，因解除与职工的劳动关系给予的补偿除外。短期薪酬具体包括：职工工资、奖金、津贴和补贴，职工福利费，医疗保险费、工伤保险费和生育保险费等社会保险费，住房公积金，工会经费和职工教育经费，短期带薪缺勤，短期利润分享计划，非货币性福利以及其他短期薪酬。

2. 离职后福利

离职后福利是指企业为获得职工提供的服务而在职工退休或与企业解除劳动关系后，提供的各种形式的报酬和福利，短期薪酬和辞退福利除外。

3. 辞退福利

辞退福利是指企业在职工劳动合同到期之前解除与职工的劳动关系，或者为鼓励职工自愿接受裁减而给予职工的补偿。

4. 其他长期职工福利

其他长期职工福利是指除短期薪酬、离职后福利、辞退福利之外所有的职工薪酬，包括长期带薪缺勤、长期残疾福利、长期利润分享计划等。

【相关知识】要注意区分辞退福利与正常退休的养老金。辞退福利是在职工与企业签订的劳动合同到期前，企业根据法律与职工本人或职工代表（如工会）签订的协议，或者基于商业惯例，承诺当其提前终止对职工的雇佣关系时支付的补偿，引发补偿的事项是辞退，因此，企业应当在辞退职工时进行辞退福利的确认和计量。职工在正常退休时获得的养老金，是其与企业签订的劳动合同到期时，或者职工达到了国家规定的退休年龄时获得的退休后生活补偿金额，引发补偿的事项是职工在职时提供的服务，而不是退休本身。因此，企业应当在职工提供服务的会计期间进行养老金的确认和计量。

（二）职工薪酬核算的原始记录

企业应为每个职工设置“工资卡”，内含职工姓名、职务、工资等级、工资标准等资料。计算职工工资的原始记录有“考勤记录”和“产量记录”等。

1. 考勤记录

考勤记录是登记职工出勤和缺勤情况的记录，为计算计时工资提供依据。考勤记录有考勤簿、考勤卡片和考勤磁卡等形式。

2. 产量记录

产量记录是登记工人或生产小组在出勤时间内完成产品的数量、质量和耗用工时的原始记录，是计件工资计算的依据，同时也是统计产量和工时的依据，如派工单、加工路线单和产量通知单等。

（三）应付工资的计算与结算

1. 应付工资的计算

工业企业可以根据具体情况采用各种不同工资制度，其中最基本的工资制度是计时工资制度和计件工资制度。应付工资计算公式如下：

应付工资 = 计时工资 + 计件工资 + 奖金、津贴和补贴 + 加班加点工资 + 其他工资

（1）计时工资计算

职工的计时工资应根据考勤记录，按照规定的工资标准计算。工资标准按其计算的时间不同，可以分为年薪制、月薪制、周薪制、日薪制和钟点工薪制。下面着重讲述月薪制下计时工资的计算方法。

采用月薪制计算计时工资，由于自然月份的日历天数不同，因而同一职工计算的日工资率也不相同。在实际工作中，为了简化日工资率的计算工作，日工资率一般按照以下两种方法计算：

按30天计算日工资率：日工资率 = 月标准工资 ÷ 30

按21天计算日工资率：日工资率 = 月标准工资 ÷ 21

式中：21天是按照全年日历天数365天减去104个双休日和11个法定节假日，再除以12个月算出的；30天是按照全年日历天数360天除以12个月计算的。

按30天计算的日工资率，由于节假日也算工资，因而出勤期间的节假日，也按出勤计算工资。事假、病假等缺勤期间的节假日，也按缺勤扣工资。而按21天计算的日工资率，节假日不算、也不扣工资。

月薪制下计时工资的两种计算方法：

第一种：按月标准工资扣除缺勤期间应扣工资额计算。其计算公式如下：

月计时工资 = 月标准工资 − 事假、病假应扣工资

式中：事假、病假应扣工资 = 事假天数 × 日标准工资 − 病假天数 × 日标准工资 × 病假扣除率。

第二种：按出勤天数直接计算。其计算公式如下：

月计时工资 = 月出勤天数 × 日工资率 + 病假天数 × 日工资率 ×（1 − 病假扣除率）

计算缺勤期间应扣工资时，应按国家和地方的劳动法规、劳动保险条例的有关规定执行。对旷工和事假缺勤按100%的比例扣工资；对因公负伤、婚假、探亲假期、女工产假等缺勤应视同出勤，不扣工资。病假则应根据国家和地方的劳动保险条例的规定，按病假期限和工龄长短确定扣除比例。例如，《广东省工资支付条例》中有关病假工资扣发比例见表2-8。

表2-8　广东省职工病假工资扣发比例一览表　单位：%

	6个月以内病假工资扣发标准				6个月以上病假工资扣发标准		
工龄	10年以下	10年～20年	20年～30年	30年及以上	不满10年	10年～20年	20年及以上
扣款比例	30	20	10	5	40	35	30
发放比例	70	80	90	95	60	65	70

【例2-9】广东省某企业职工陈武工龄15年，6月份月标准工资2 730元，本月请病假5天（其中1天为节假日），请事假2天。病假工资扣发比例见表2-8。

要求：分别按每月30天和每月21天计算陈武6月份的应付计时工资。

解析：(1) 日工资按每月30天计算。

日工资率 = 2 730 ÷ 30 = 91

应付计时工资 = 2 730 −（5 × 91 × 20% + 2 × 91）= 2 457（元）

(2) 日工资按每月21天计算。

日工资率 = 2 730 ÷ 21 = 130

应付计时工资 = 2 730 − ［（5 − 1）× 130 × 20% + 2 × 130］ = 2 366（元）

从以上计算可以看出，两种方法的计算结果不一样，各有利弊。按21天计算日工资率，节假日不算工资，更能体现按劳分配的原则。

【想一想2-7】某企业工人黄华的月工资标准为1 050元，8月份共31天。黄华请事假5天，病假3天，双休日休假10天，出勤13天。根据黄华的工龄，其病假工资按工资

标准的90%计算，黄华病假和事假期间没有节假日。

请问：分别采用两种计时工资计算方法计算的黄华8月份计时工资一样吗？

（2）计件工资的计算

①个人计件工资的计算。职工的计件工资，应根据产量记录中登记的每一工人的产品产量乘以规定的计件单价计算。这里所讲的产量包括合格品产量和非工人本人过失造成的不合格品产量（如料废品数量）。计件工资的计算公式如下：

方法一：

$$应付计件工资 = \sum(某工人本月生产每种产品产量 \times 该种产品计件单价)$$
$$= \sum(合格品数量 + 料废品数量) \times 产品计件单价$$

$$某种产品计件单价 = 生产单位产品所需工时定额 \times 工人小时工资率$$

料废品是相对于工废品而言的，是指非工人本人过失造成的不合格产品，应计算并支付工人工资。工废品是指由于工人本人过失造成的不合格产品，不支付工人工资。

方法二：

$$应付计件工资 = 某工人本月生产各种产品定额工时总和 \times 该工人小时工资率$$

【例2-10】某企业工人王强本月加工甲、乙两种产品，甲产品单件工时定额为30分钟，乙产品单件工时定额为45分钟。该类产品工人的小时工资率为2元/小时。王强本月共加工甲产品500件、乙产品400件。

要求：计算王强本月的计件工资。

解析：

方法一：

甲产品的计件单价 = 30 ÷ 60 × 2 = 1（元）

乙产品的计件单价 = 45 ÷ 60 × 2 = 1.5（元）

应付计件工资 = 500 × 1 + 400 × 1.5 = 1 100（元）

方法二：

应付计件工资 = ［500 ×（30 ÷ 60）+ 400 ×（45 ÷ 60）］× 2 = 1 100（元）

【练一练2-6】某工人生产甲产品合格品500件、料废品5件、工废品2件，每件产品的计件工资单价为3元。

要求：计算该工人应付计件工资总额。

②集体计件工资的计算。集体计件工资的计算方法与个人计件工资的计算方法基本相同。集体计件工资还需在集体内部的工人之间进行分配，一般可以按小组计时工资为分配标准进行分配。其计算公式如下：

$$工资分配率 = 小组计件工资总额 \div 小组计时工资总额$$

【例2-11】某生产小组2023年6月集体完成若干生产任务，按一般计件工资的计算方法算出并取得集体工资5 000元。该小组由3个不同等级的工人组成，每人的姓名、等级、日工资率、出勤天数资料见表2-9。

表2-9　　　　　　　　　　　　**工人工资计算表**　　　　　　　　　　　　金额单位：元

姓名	等级	日工资率	出勤天数
黎明	6	20	25
赵豪	5	18	23
张灰	4	16	22
合计	—	—	70

要求：计算该小组每个工人应得的工资。

解析：该小组每个工人应得的工资见表2-10。

表2-10　　　　　　　　　　　　**工资分配表**

2023年6月　　　　　　　　　　　　金额单位：元

姓名	等级	日工资率	出勤天数	分配标准	分配率	分配额
黎明	6	20	25	500	5 000 ÷ 1 266 = 3.9494	1 974.70
赵豪	5	18	23	414		1 635.05
张灰	4	16	22	352		1 390.25
合计			70	1 266		5 000

财务主管：王萍　　　　　　复核：张兰　　　　　　制表人：马俊辉

2. 实发工资的计算

企业实际发放的工资数额，不一定是职工应付工资的全部。因为有些应该由职工个人负担的费用，需要由企业代扣代缴（如企业为职工个人代垫的水电费、企业代扣代缴由职工个人负担的社会保险费、住房公积金、个人所得税等），这些由企业代扣代缴而应由职工个人负担的费用，应该从职工应付工资中扣除。因此，职工得到的实发工资并不等于应付工资。实发工资计算公式如下：

实发工资 = 应付工资 − 代扣款项

3. 工资的结算

除按照计时工资和计件工资两种工资形式计算职工的应付工资外，各车间（部门）还应根据企业的有关规定计算每一位职工应得的奖金、津贴和补贴，一并计入职工的应付工资，填制到工资结算表中，再由会计部门按人员类别编制“工资结算汇总表”，汇总企业所有职工的应付工资总额、代发款项、代扣款项和实发工资等。“工资结算汇总表”是进行工资结算和分配的原始依据。

二、职工薪酬费用的分配

微课

职工薪酬费用的分配

职工薪酬费用的分配应根据职工工作岗位和用途进行分配。在实际工作中，月末根据职工薪酬费用分配表和其他薪酬分配表编制如下会计分录，登记有关总账和明细账：

借：生产成本——基本生产成本——××产品（基本车间生产人员职工薪酬）

——辅助生产成本——××车间（辅助车间人员职工薪酬）

制造费用——××车间（各车间管理技术人员职工薪酬）

管理费用（企业行政管理人员职工薪酬）

销售费用（企业销售人员职工薪酬）

在建工程（企业基本建设工作人员职工薪酬）

贷：应付职工薪酬——工资

——职工福利

——社会保险费

——住房公积金

——工会经费

——职工教育经费

其中“基本车间生产人员职工薪酬”计入产品成本的方法，因工资计算形式不同而有所区别。

1.计时工资形式下的分配

在计时工资形式下，基本生产车间的生产工人工资计入产品成本的方法如下：①如果该生产部门只生产一种产品，则直接记入“生产成本——基本生产成本”账户；②如果生产多种产品，生产工人的工资应按适当的分配标准在各产品之间进行分配后再记入“生产成本——基本生产成本”账户。其计算公式如下：

$$工资费用分配率 = \frac{某车间生产工人工资总额}{该车间各种产品生产工时(实际或定额)总数}$$

$$某产品应负担的工资费用 = 该产品生产工时 \times 工资费用分配率$$

2.计件工资形式下的分配

生产工人的计件工资是按产品分别计算的，因此生产工人的计件工资直接记入“生产成本——基本生产成本”账户。对于基本生产工人的奖金、津贴，则要采用一定的标准分配计入产品成本。

在实际工作中，工资费用的分配一般是通过编制工资费用分配表进行的。工资费用分配原理与材料费用分配原理相同。

【例2-12】某企业基本生产车间生产甲、乙、丙三种产品，本月发生的生产工人的计时工资共计58 000元，甲产品完工1 000件，乙产品完工400件，丙产品完工450件。单件产品工时定额：甲产品1小时，乙产品2.5小时，丙产品2小时。

要求：计算分配甲、乙、丙三种产品各自应负担的工资费用。

解析：甲产品定额总工时 = 1 000 × 1 = 1 000（小时）

乙产品定额总工时 = 400 × 2.5 = 1 000（小时）

丙产品定额总工时 = 450 × 2 = 900（小时）

生产工人工资分配率 = 58 000 ÷（1 000 + 1 000 + 900）= 20

甲产品应负担工资费用 = 20 × 1 000 = 20 000（元）

乙产品应负担工资费用 = 20 × 1 000 = 20 000（元）

丙产品应负担工资费用 = 20 × 900 = 18 000（元）

【练一练2-7】某汽车配件厂生产甲、乙两种产品，生产时间采用定额生产工时进行控制，且生产工人工资采用计时工资与计件工资相结合的方式。基本工资为计时工资，绩效工资为计件工资，相关保险等费用按工资总额的36%计提。甲、乙两种产品生产共同耗用生产工人计时工资26 000元。甲产品实际产量为400件，单件产品定额生产工时为4小时；乙产品实际产量为200件，单件产品定额生产工时为5小时。

请问：该汽车配件厂甲、乙两种产品工资费用分配应选择哪种方法？其负担的工资费用各是多少？

【例2-13】某企业2023年12月份工资结算汇总表见表2-11。该企业2023年12月份应付职工薪酬总额为677 000元，产品生产人员工资为455 000元，车间管理人员工资为84 000元，企业行政管理人员工资为110 000元，在建工程人员工资为28 000元。本月生产人员同时生产A、B两种产品，A产品的生产工时为3 500小时，B产品的生产工时为1 500小时。

表2-11 工资结算汇总表

2023年12月 单位：元

项目	应付工资							代扣款项		实发工资
	计时工资	计件工资	奖金	津贴补贴	加班工资	其他工资	合计	水费	电费	
产品生产人员	320 000	80 000	40 000	8 000	5 000	2 000	455 000	22 000	8 000	425 000
车间管理人员	60 000		20 000	4 000			84 000	2 000	4 000	78 000
企业行政管理人员	80 000		25 000	5 000			110 000	2 000	3 000	105 000
在建工程人员	20 000		6 000	2 000			28 000	1 000	1 000	26 000
合计	480 000	80 000	91 000	19 000	5 000	2 000	677 000	27 000	16 000	634 000

要求：编制工资费用分配表，并编制会计分录。

解析：（1）根据工资结算汇总表，编制工资费用分配表，见表2-12。

表2-12 工资费用分配表 单位：元

应借账户		成本或费用项目	间接计入工资			直接计入工资	合计
			分配标准	分配率	分配金额		
基本生产成本	A产品	直接人工	3 500		318 500		318 500
	B产品	直接人工	1 500		136 500		136 500
	小计		5 000	91	455 000		455 000
制造费用		工资				84 000	84 000
管理费用		工资				110 000	110 000
在建工程		工资				28 000	28 000
合计					455 000	222 000	677 000

（2）根据工资费用分配表编制会计分录。

借：生产成本——基本生产成本——A产品 318 500
——B产品 136 500
制造费用 84 000
管理费用 110 000
在建工程 28 000
贷：应付职工薪酬——工资 677 000

【相关知识】企业为职工缴纳的医疗保险费、工伤保险费、生育保险费等社会保险费和住房公积金，以及按规定提取的工会经费和职工教育经费，应当在职工为其提供服务的会计期间，根据规定的计提基础和计提比例计算确定相应的职工薪酬金额，并确认相关负债，按照受益对象归集计入有关成本费用和当期损益中，借记“生产成本”“制造费用”“管理费用”等账户，贷记“应付职工薪酬——社会保险费/职工福利费/工会经费/职工教育经费”账户。

任务四　折旧及其他要素费用的归集与分配

一、折旧费用的核算

工业企业的固定资产在长期使用过程中，虽然保持着原有的实物形态，但其价值会随着固定资产的损耗而逐渐减少。固定资产由于损耗而减少的价值就是固定资产的折旧。固定资产折旧应作为折旧费用计入产品成本和经营管理费用。折旧费用的核算内容包括折旧费用的计算与分配。

（一）折旧费用的计算

计算固定资产折旧的方法主要有平均年限法、工作量法、双倍余额递减法和年数总和法。这些方法在“财务会计”课程中已详细介绍，故不再赘述。

企业固定资产折旧一般应根据月初固定资产原值等有关资料和确定的折旧方法，按月计算提取。应当注意的是，当月增加的固定资产，当月不提折旧，从下月起计提折旧；当月减少的固定资产，当月照提折旧，从下月起停止计提折旧。

计提折旧的有关规定如下：

（1）已提足折旧而超龄使用的固定资产不再计提折旧；

（2）提前报废的固定资产不得补提折旧；

（3）未使用和不需用的固定资产，以及以经营租赁方式租入的固定资产不计提折旧；

（4）由于房屋和建筑物有自然损耗，所以不论使用与否都应计提折旧；

（5）以融资租赁方式租入的固定资产应视同自有的固定资产计算折旧。

各车间（部门）每月计提折旧额的计算公式如下：

某车间（部门）本月折旧额 = 该车间（部门）上月折旧额 + 该车间（部门）上月增加固定资产应提折旧额 − 该车间（部门）上月减少固定资产应停提折旧额

【练一练2-8】应在本月计算折旧费用的固定资产是（　　）。

A.以经营租赁方式租入的房屋　　B.本月内购进的机器设备

C.未使用的设备　　D.本月减少的设备

（二）折旧费用的分配

折旧费用的分配一般是通过编制固定资产折旧费用分配表进行的，按固定资产使用部门记入有关成本、费用账户，具体账务处理如下：

（1）基本生产车间固定资产的折旧费用，记入“制造费用”账户借方；

（2）辅助生产车间固定资产的折旧费用，记入“生产成本——辅助生产成本”账户借方；

（3）行政管理部门固定资产的折旧费用，记入“管理费用”账户借方；

（4）销售部门固定资产的折旧费用，记入“销售费用”账户借方；

（5）经营租赁租出的固定资产折旧费用，记入“其他业务成本”账户借方。

【例2-14】假设某公司采用平均年限法计提固定资产折旧，2023年6月计提的固定资产折旧30 000元。

要求：根据折旧费用分配表（见表2-13），编制会计分录。

表2-13　　折旧费用分配表

2023年6月　　单位：元

应借科目	车间（部门）	本月固定资产折旧额
制造费用	基本生产车间	18 000
辅助生产成本	修理车间	4 800
管理费用	企业管理部门	7 200
合计		30 000

解析：

借：制造费用　　18 000

　　生产成本——辅助生产成本　　4 800

　　管理费用　　7 200

　　贷：累计折旧　　30 000

【练一练2-9】某汽车配件厂生产甲、乙两种产品，本月生产设备计提折旧2 500元，生产厂房计提折旧4 500元，行政办公大楼计提折旧2 100元。

要求：请对该汽车配件厂固定资产折旧费用进行会计处理。

二、利息费用的核算

利息费用是因筹集资金而产生的，不是产品成本的组成部分，应计入财务费用。

利息费用一般按季结算支付。为体现权责发生制原则，正确划分各月的费用界限，季内各月应付的利息，应按月进行预提，借记“财务费用”账户，贷记“应付利息”账户。季末实际支付时，按照已经预提的利息费用，借记“应付利息”账户；按实际支付的利息费用与预提数的差额，借记“财务费用”账户；按实际支付的利息额，贷记“银行存款”账户。

如果利息费用数额不大，为简化核算工作，可不作为预提费用处理，在前两个月中可以不予反映，在季末实际支付时全部计入当月的财务费用，即借记“财务费用”账户，贷记“银行存款”账户。

存款的利息收入应作为利息费用的抵减数处理，即取得利息收入时，借记“银行存款”账户，贷记“财务费用”账户。

三、其他费用的核算

除上述各项之外的其他费用，如差旅费、办公费、保险费、劳动保护费、水电费、运输费等，一般不单独设置成本项目。在发生其他费用时，应按照费用发生的车间、部门、用途，分别借记“制造费用”“生产成本——辅助生产成本”“管理费用”“其他业务成本”等账户，贷记“银行存款”等其他有关账户。

【例 2-15】益华公司以银行存款支付本月发生的办公费、运输费、业务招待费和手续费等共计6 000元。其中：基本生产车间1 280元，辅助生产供电车间1 560元，辅助生产机修车间1 630元，销售部门（运输费）320元，行政管理部门900元（办公费600元、业务招待费300元），财务费用（手续费）310元。

编制会计分录如下：

借：制造费用	1 280	
生产成本——辅助生产成本——供电车间	1 560	
——机修车间	1 630	
管理费用	900	
销售费用	320	
财务费用	310	
贷：银行存款		6 000

任务五 辅助生产费用的归集与分配

辅助生产是指在工业企业为企业基本生产车间、行政管理部门等单位提供服务而进行的产品生产和劳务供应。辅助生产车间的类型有两种：（1）只生产一种产品或只提供一种劳务，如供电、供水、供气、供暖等辅助生产车间；（2）生产多种产品或提供多种劳务，如从事工具、模具、修理用备件的制造及机器设备修理等辅助生产车间。

辅助生产费用是辅助生产车间为生产产品或提供劳务而发生的原材料费用、动力费用、职工薪酬费用以及辅助生产车间发生的其他费用。正确、及时地组织辅助生产费用的归集与分配，加强辅助生产费用的监督与控制，对于明确经济责任、节约生产费用，降低生产成本有着十分重要的意义。

【想一想2-8】辅助生产车间与基本生产车间有什么不同？

一、辅助生产费用的归集

辅助生产费用的归集，是在费用发生时按照受益对象归属到“生产成本——辅助生产成本”账户中的过程和结果。一般来说，企业辅助生产车间发生的费用是通过“生产成本——辅助生产成本”账户进行归集与分配，再按不同的辅助生产车间分设明细分类账，进行辅助生产成本的明细分类核算。

需要说明的是，在辅助生产车间为基本生产提供劳务的情况下，一般不设置“制造费用”账户，辅助车间发生的各项费用直接记入“生产成本——辅助生产成本”账户；在辅助生产车间为基本生产不仅提供劳务，还提供辅助产品的情况下，可以设置“制造费用——辅助生产车间”账户，期末将制造费用分配记入“生产成本——辅助生产成本”账户，其原理与基本生产车间相同。

【相关知识】如果辅助生产车间规模较小，制造费用较少，又不对外提供产品和劳务，为简化核算手续，其制造费用与其他辅助生产费用一样直接在“生产成本——辅助生产成本”账户的借方归集。如果辅助生产车间规模较大，制造费用较高，而且辅助生产车间对外销售产品或劳务时，则不能简化核算工作，辅助生产车间的制造费用必须先通过“制造费用”账户单独归集，月末再结转到“生产成本——辅助生产成本”账户，计入辅助生产产品和劳务的成本。

【例2-16】某机械厂生产A、B两种产品，设有供电和机修两个辅助生产车间，分别为全厂提供电力和修理劳务。月末根据本月发生的辅助生产费用，编制会计分录如下：

转1　借：生产成本——辅助生产成本——机修车间　15 000
　　　贷：原材料　15 000

转2　借：生产成本——辅助生产成本——机修车间　6 120
　　　　　　　　　　　　　　　　——供电车间　920
　　　贷：周转材料——低值易耗品　7 040

转3　借：生产成本——辅助生产成本——机修车间　20 990
　　　　　　　　　　　　　　　　——供电车间　9 028
　　　贷：应付职工薪酬　30 018

转4　借：生产成本——辅助生产成本——机修车间　714
　　　　　　　　　　　　　　　　——供电车间　956
　　　贷：应付账款——自来水公司　1 670

转5　借：生产成本——辅助生产成本——供电车间　106 000
　　　贷：应付账款——电业局　106 000

转6　借：生产成本——辅助生产成本——机修车间　5 960
　　　　　　　　　　　　　　　　——供电车间　7 200
　　　贷：累计折旧　13 160

要求：根据上述会计分录登记“辅助生产成本”明细账。

解析：“辅助生产成本”明细账归集结果见表2-14和表2-15。

表2-14　“辅助生产成本”明细账

车间名称：机修车间　　单位：元

2023年		凭证号数	摘要	费用项目					
月	日			原材料	低值易耗品	人工费用	分配水费	计提折旧	合计
6	30	转1	领用原材料	15 000					
6	30	转2	领用工具		6 120				
6	30	转3	分配人工费用			20 990			
6	30	转4	分配水费				714		
6	30	转6	计提折旧					5 960	
6	30		合计						48 784

表2-15　“辅助生产成本”明细账

车间名称：供电车间　　单位：元

2023年		凭证号数	摘要	费用项目					
月	日			低值易耗品	人工费用	分配水费	分配电费	计提折旧	合计
6	30	转2	领用工具	920					
6	30	转3	分配人工费用		9 028				
6	30	转4	分配水费			956			
6	30	转5	分配电费				106 000		
6	30	转6	计提折旧					7 200	
6	30		合计						124 104

二、辅助生产费用的分配

辅助生产费用的分配是指将各辅助生产成本明细账上所归集的费用，采用一定的方法在各受益对象之间进行分配。辅助生产费用的分配可以采用直接分配法、交互分配法、代数分配法和计划成本分配法。

微课

直接分配法

（一）直接分配法

直接分配法是指各辅助生产车间发生的费用，直接分配给除辅助生产车间以外的各受益对象，而不考虑各辅助生产车间相互提供产品或劳务的一种分配方法。其计算公式如下：

$$辅助生产费用分配率=\frac{某辅助生产车间待分配费用}{除辅助生产车间以外的各受益对象耗用的劳务量}$$

某受益对象应负担的费用 = 该受益对象耗用的劳务量 × 辅助生产费用分配率

【例2–17】沿用【例2–16】的资料。本月机修车间辅助生产费用为48 784元，供电车间辅助生产费用为124 104元。2023年6月辅助生产车间劳务量见表2–16。

表2–16　辅助生产车间劳务量

辅助生产车间	铸造车间		机械加工车间		装配车间		机修车间	供电车间	厂部	合计
	生产	车间	生产	车间	生产	车间	生产	生产		
机修车间/小时		24 800		60 200		52 052		600	10 000	147 652
供电车间/度	30 000	2 288	12 000	3 288	6 000	2 428	6 360		43 620	105 984

要求：采用直接分配法分配辅助生产费用。

解析：（1）计算辅助生产车间对外分配费用的费用分配率。

机修车间费用分配率 = 48 784 ÷（147 652 − 600）= 0.3317

供电车间费用分配率 = 124 104 ÷（105 984 − 6 360）= 1.2457

（2）计算对外分配的辅助生产费用。

铸造车间负担的机修费用 = 24 800 × 0.3317 = 8 226.16（元）

机械加工车间负担的机修费用 = 60 200 × 0.3317 = 19 968.34（元）

装配车间负担的机修费用 = 52 052 × 0.3317 = 17 265.65（元）

厂部负担的机修费用 = 48 784 − 8 226.16 − 19 968.34 − 17 265.65 = 3 323.85（元）

铸造车间生产产品负担的电费 = 30 000 × 1.2457 = 37 371（元）

铸造车间负担的电费 = 2 288 × 1.2457 = 2 850.16（元）

机械加工车间生产产品负担的电费 = 12 000 × 1.2457 = 14 948.40（元）

机械加工车间负担的电费 = 3 288 × 1.2457 = 4 095.86（元）

装配车间生产产品负担的电费 = 6 000 × 1.2457 = 7 474.20（元）

装配车间负担的电费 = 2 428 × 1.2457 = 3 024.56（元）

厂部负担的电费 = 124 104 − 37 371 − 2 850.16 − 14 948.40 − 4 095.86 − 7 474.20 − 3 024.56
= 54 339.82（元）

再将各车间生产产品的电费按定额工时进行分配，铸造车间定额工时：A产品7 000小时，B产品3 000小时。机械加工车间定额工时：A产品12 000小时，B产品3 000小时。装配车间定额工时：A产品9 000小时，B产品6 000小时。其分配结果如下：

铸造车间产品电费分配率 = 37 371 ÷（7 000 + 3 000）= 3.7371

铸造车间A产品负担的电费 = 7 000 × 3.7371 = 26 159.70（元）

铸造车间B产品负担的电费 = 37 371 − 26 159.70 = 11 211.30（元）

机械加工车间产品电费分配率 = 14 948.40 ÷（12 000 + 3 000）= 0.9966

机械加工车间A产品负担的电费 = 12 000 × 0.9966 = 11 959.20（元）

机械加工车间B产品负担的电费 = 14 948.40 − 11 959.20 = 2 989.20（元）

装配车间产品电费分配率 = 7 474.20 ÷（9 000 + 6 000）= 0.4983

装配车间A产品负担的电费 = 9 000 × 0.4983 = 4 484.70（元）

装配车间B产品负担的电费 = 7 474.20 − 4 484.70 = 2 989.50（元）

（3）编制辅助生产费用分配表和动力费用分配表，分别见表2-17和表2-18。

表2-17　　辅助生产费用分配表（直接分配法）

2023年6月30日　　金额单位：元

项目		机修车间		供电车间		合计
		修理工时	金额	供电量/度	金额	
待分配费用			48 784		124 104	172 888
辅助生产车间对外提供劳务量		147 052		99 624		
辅助生产分配率		0.3317		1.2457		
辅助生产车间	机修车间			6 360		
	供电车间	600				
铸造车间	A/B产品			30 000	37 371	37 371
	制造费用	24 800	8 226.16	2 288	2 850.16	11 076.32
	小计	24 800	8 226.16	32 288	40 221.16	48 447.32
机械加工车间	A/B产品			12 000	14 948.40	14 948.40
	制造费用	60 200	19 968.34	3 288	4 095.86	24 064.20
	小计	60 200	19 968.34	15 288	19 044.26	39 012.60
装配车间	A/B产品			6 000	7 474.20	7 474.20
	制造费用	52 052	17 265.65	2 428	3 024.56	20 290.21
	小计	52 052	17 265.65	8 428	10 498.76	27 764.41
管理部门		10 000	3 323.85	43 620	54 339.82	57 663.67
合计		147 652	48 784	105 984	124 104	172 888

表2-18　　动力费用分配表

2023年6月30日　　金额单位：元

项目		定额工时	分配率	动力费用分配额
铸造车间	A产品	7 000	3.7371	26 159.70
	B产品	3 000		11 211.30
	小计	10 000		37 371
机械加工车间	A产品	12 000	0.9966	11 959.20
	B产品	3 000		2 989.20
	小计	15 000		14 948.40
装配车间	A产品	9 000	0.4983	4 484.70
	B产品	6 000		2 989.50
	小计	15 000		7 474.20
合计		40 000		59 793.60

(4) 根据辅助生产费用分配表，对辅助生产费用分配结果进行账务处理。

借：生产成本——基本生产成本——铸造车间（A 产品）	26 159.70
——铸造车间（B 产品）	11 211.30
——机械加工车间（A 产品）	11 959.20
——机械加工车间（B 产品）	2 989.20
——装配车间（A 产品）	4 484.70
——装配车间（B 产品）	2 989.50
制造费用——铸造车间	11 076.32
——机械加工车间	24 064.20
——装配车间	20 290.21
管理费用	57 663.67
贷：生产成本——辅助生产成本——机修车间	48 784
——供电车间	124 104

采用直接分配法分配辅助生产费用比较简单，但分配结果不够准确。直接分配法通常适用于辅助生产车间之间互相消耗的劳务量较少的企业。

【练一练 2-10】某厂辅助生产的供气车间待分配费用 9 840 元。提供给辅助生产发电车间 5 180 吨、基本生产车间 38 000 吨、行政管理部门 5 560 吨，共计 48 740 吨。采用直接分配法，其费用分配率应是（　　）。

A.0.23　　B.0.20　　C.0.22　　D.0.94

（二）交互分配法

微课

交互分配法

交互分配法是将辅助生产车间相互提供的劳务先行交互分配，然后再将各辅助生产车间交互分配后的实际辅助生产费用全部分配给辅助生产车间以外各受益单位的一种分配方法。

交互分配法的特点是两次分配。第一次分配，是根据各辅助生产车间相互提供的劳务量和交互分配前的分配率进行一次交互分配；第二次分配，是将各辅助生产车间交互分配后的实际费用（交互分配前的费用加上交互分配转入费用减去交互分配转出费用），按向辅助生产车间以外各受益单位提供的劳务量进行分配。其计算步骤及计算公式如下：

1. 交互分配

$$\text{某辅助车间交互分配率}=\frac{\text{该辅助生产车间待分配费用}}{\text{该辅助生产车间提供的劳务总量}}$$

$$\text{某辅助生产车间分配的辅助生产费用}=\text{该辅助生产车间耗用的劳务量}\times\text{交互分配率}$$

2. 对外分配

$$\text{交互分配后实际费用}=\text{交互分配前费用}+\text{交互分配转入费用}-\text{交互分配转出费用}$$

$$\text{某辅助生产车间对外分配率}=\frac{\text{该辅助生产车间交互分配后费用}}{\text{该辅助生产车间对外提供的劳务量}}$$

$$\text{某受益单位应负担的辅助生产费用}=\text{该单位耗用的劳务量}\times\text{对外分配率}$$

【例2-18】沿用【例2-16】的资料。机修车间辅助生产费用为48 784元，供电车间辅助生产费用为124 104元。

要求：采用交互分配法分配辅助生产费用。

解析：(1) 计算辅助生产车间交互分配的费用分配率和交互分配结果。

机修车间交互分配率 = 48 784 ÷ 147 652 = 0.3304

供电车间交互分配率 = 124 104 ÷ 105 984 = 1.1710

机修车间分出去的机修费用 = 600 × 0.3304 = 198.24（元）

供电车间分出去的电费 = 6 360 × 1.1710 = 7 447.56（元）

机修车间转入的电费 = 6 360 × 1.1710 = 7 447.56（元）

供电车间转入的机修费用 = 600 × 0.3304 = 198.24（元）

(2) 将辅助生产车间交互分配后的辅助生产费用对外分配，分配结果见表2-19和表2-20。

表2-19　　辅助生产费用分配表（交互分配法）

2023年6月30日　　金额单位：元

项目			机修车间			供电车间			合计
			劳务量/小时	分配率	金额	供电量/度	分配率	金额	
待分配费用			147 652	0.3304	48 784	105 984	1.1710	124 104	172 888
交互分配		机修车间				6 360	1.1710	7 447.56	7 447.56
交互分配		供电车间	600	0.3304	198.24				198.24
对外分配			147 052	0.3810	56 033.32	99 624	1.1730	116 854.68	172 888
对外分配	铸造车间	A/B产品				30 000	1.1730	35 190	35 190
对外分配	铸造车间	制造费用	24 800	0.3810	9 448.80	2 288	1.1730	2 683.82	12 132.62
对外分配	铸造车间	小计			9 448.80			37 873.82	47 322.62
对外分配	机械加工车间	A/B产品				12 000	1.1730	14 076	14 076
对外分配	机械加工车间	制造费用	60 200	0.3810	22 936.20	3 288	1.1730	3 856.82	26 793.02
对外分配	机械加工车间	小计			22 936.20			17 932.82	40 869.02
对外分配	装配车间	A/B产品				6 000	1.1730	7 038	7 038
对外分配	装配车间	制造费用	52 052	0.3810	19 831.81	2 428	1.1730	2 848.04	22 679.85
对外分配	装配车间	小计			19 831.81			9 886.04	29 717.85
对外分配	管理部门		10 000	0.3810	3 816.51	43 620	1.1730	51 162	54 978.51

表2-20　　动力费用分配表

2023年6月30日　　金额单位：元

项目		定额工时	分配率	分配金额
铸造车间	A产品	7 000	3.519	24 633
	B产品	3 000		10 557
	小计	10 000		35 190
机械加工车间	A产品	12 000	0.9384	11 260.80
	B产品	3 000		2 815.20
	小计	15 000		14 076
装配车间	A产品	9 000	0.4692	4 222.80
	B产品	6 000		2 815.20
	小计	15 000		7 038
合计		40 000		56 304

机修车间交互分配后辅助生产费用 = 48 784 − 198.24 + 7 447.56 = 56 033.32（元）

供电车间交互分配后辅助生产费用 = 124 104 + 198.24 − 7 447.56 = 116 854.68（元）

机修车间对外分配率 = 56 033.32 ÷ 147 052 = 0.3810

供电车间对外分配率 = 116 854.68 ÷ 99 624 = 1.1730

（3）根据辅助生产费用分配表，对辅助生产费用分配结果进行账务处理。

①交互分配结果的账务处理如下：

借：生产成本——辅助生产成本——机修车间　　7 447.56
　　　　　　　　　　　　　　——供电车间　　198.24
　贷：生产成本——辅助生产成本——机修车间　　198.24
　　　　　　　　　　　　　　　——供电车间　　7 447.56

②对外分配结果的账务处理如下：

借：生产成本——基本生产成本——铸造车间（A产品）　　24 633
　　　　　　　　　　　　　　——铸造车间（B产品）　　10 557
　　　　　　　　　　　　　　——机械加工车间（A产品）　　11 260.80
　　　　　　　　　　　　　　——机械加工车间（B产品）　　2 815.20
　　　　　　　　　　　　　　——装配车间（A产品）　　4 222.80
　　　　　　　　　　　　　　——装配车间（B产品）　　2 815.20
　制造费用——铸造车间　　12 132.62
　　　　　——机械加工车间　　26 793.02
　　　　　——装配车间　　22 679.85
　管理费用　　54 978.51
　贷：生产成本——辅助生产成本——机修车间　　56 033.32
　　　　　　　　　　　　　　　——供电车间　　116 854.68

采用交互分配法分配辅助生产费用时，由于各辅助生产车间相互提供的产品或劳务进行了交互分配，与直接分配法相比，提高了分配结果的正确性。但由于在分配费用时要计算交互分配和对外分配两个分配率，进行两次分配，增加了分配计算的工作量。交互分配法通常适用辅助生产车间之间相互提供劳务较多的企业。

【想一想2-9】交互分配法分配辅助生产费用时，交互分配后辅助生产费用如何计算？

【练一练2-11】某工业企业下设供水、供电两个辅助生产车间，采用交互分配法进行辅助生产费用的分配。2023年4月，供水车间交互分配前的实际生产费用为90 000元，分配后应负担供电车间的电费为27 000元；供水总量为500 000吨（其中供电车间耗用50 000吨，基本生产车间耗用350 000吨，行政管理部门耗用100 000吨）。供水车间2023年4月对辅助生产车间以外的受益单位分配辅助生产成本为（　　）元。

A.81 000　　B.108 000　　C.105 300　　D.180 000

（三）代数分配法

代数分配法是运用代数中解联立方程式原理，求出辅助生产单位劳务或产品的成本，再按各个受益对象耗用劳务或产品数量分配辅助生产费用的一种分配方法。其基本计算步骤如下：

第一步：设辅助生产单位成本为未知数，并根据辅助生产车间之间交互服务关系建立方程组，解方程组，计算出各种产品或劳务的单位成本。

第二步：用辅助生产单位成本乘以各受益部门的耗用量，求出各受益部门应负担的辅助生产费用。

【例2-19】沿用【例2-16】资料。本月机修车间辅助生产费用为48 784元，供电车间辅助生产费用为124 104元。

要求：采用代数分配法分配辅助生产费用。

解析：

（1）设机修车间单位成本为x元，供电车间单位成本为y元，联立方程组。

$$\begin{cases} 147\,652x = 48\,784 + 6\,360y \\ 105\,984y = 124\,104 + 600x \end{cases}$$

解得：$x = 0.3764$，$y = 1.1731$

（2）分配辅助生产费用。

①分配机修车间费用：

供电车间负担的机修费用 = 600 × 0.3764 = 225.84（元）

铸造车间负担的机修费用 = 24 800 × 0.3764 = 9 334.72（元）

机械加工车间负担的机修费用 = 60 200 × 0.3764 = 22 659.28（元）

装配车间负担的机修费用 = 52 052 × 0.3764 = 19 592.37（元）

厂部负担的机修费用 = 48 784 + 7 460.92 − 225.84 − 9 334.72 − 22 659.28 − 19 592.37
= 4 432.71（元）

②分配供电车间费用：

机修车间负担供电电费 = 6 360 × 1.1731 = 7 460.92（元）

铸造车间生产产品负担的电费 = 30 000 × 1.1731 = 35 193（元）

铸造车间负担的电费 = 2 288 × 1.1731 = 2 684.05（元）

机械加工车间生产产品负担的电费 = 12 000 × 1.1731 = 14 077.20（元）

机械加工车间负担的电费 = 3 288 × 1.1731 = 3 857.15（元）

装配车间生产产品负担的电费 = 6 000 × 1.1731 = 7 038.60（元）

装配车间负担的电费 = 2 428 × 1.1731 = 2 848.29（元）

厂部负担的电费 = 124 104 + 225.84 − 7 460.92 − 35 193 − 2 684.05 − 14 077.20 − 3 857.15 − 7 038.60 − 2 848.29 = 51 170.63（元）

（3）根据上述计算结果，编制辅助生产费用分配表和动力费用分配表（见表2-21和表2-22）。

表2-21　　辅助生产费用分配表（代数分配法）

2023年6月30日　　金额单位：元

项目		机修车间		供电车间		合计
		数量/小时	金额	数量/度	金额	
待分配的费用			48 784		124 104	172 888
单位成本			0.3764		1.1731	
辅助生产成本	机修车间			6 360	7 460.92	7 460.92
	供电车间	600	225.84			225.84
铸造车间	A/B产品			30 000	35 193	35 193
	制造费用	24 800	9 334.72	2 288	2 684.05	12 018.77
机械加工车间	A/B产品			12 000	14 077.20	14 077.20
	制造费用	60 200	22 659.28	3 288	3 857.15	26 516.43
装配车间	A/B产品			6 000	7 038.60	7 038.60
	制造费用	52 052	19 592.37	2 428	2 848.29	22 440.66
管理部门		10 000	4 432.71	43 620	51 170.63	55 603.34
合计			56 244.92		124 329.84	180 574.76

表2-22　　动力费用分配表

2023年6月30日　　金额单位：元

项目		定额工时	分配率	动力费用分配额
铸造车间	A产品	7 000	3.5193	24 635.10
	B产品	3 000		10 557.90
	小计	10 000		35 193
机械加工车间	A产品	12 000	0.9385	11 262
	B产品	3 000		2 815.20
	小计	15 000		14 077.20
装配车间	A产品	9 000	0.4692	4 222.80
	B产品	6 000		2 815.80
	小计	15 000		7 038.60
合计		40 000		56 308.80

在表2-21中，机修车间已分配费用56 244.92元，供电车间已分配费用124 329.84元，与各自应分配的费用是一致的，即机修车间应分配费用为48 784 + 7 460.92 = 56 244.92（元），供电车间应分配费用为124 104 + 225.84 = 124 329.84（元）。

（4）根据辅助生产费用分配表，编制会计分录如下：

借：生产成本——辅助生产成本——机修车间　7 460.92
　　　　　　　　　　　　　　——供电车间　225.84
　　　　　　——基本生产成本——铸造车间（A产品）　24 635.10
　　　　　　　　　　　　　　——铸造车间（B产品）　10 557.90
　　　　　　　　　　　　　　——机械加工车间（A产品）　11 262
　　　　　　　　　　　　　　——机械加工车间（B产品）　2 815.20
　　　　　　　　　　　　　　——装配车间（A产品）　4 222.80
　　　　　　　　　　　　　　——装配车间（B产品）　2 815.80
　　制造费用——铸造车间　12 018.77
　　　　　　——机械加工车间　26 516.43
　　　　　　——装配车间　22 440.66
　　管理费用　55 603.34
　　贷：生产成本——辅助生产成本——机修车间　56 244.92
　　　　　　　　　　　　　　　　——供电车间　124 329.84

代数分配法是一种运用数学方法分配辅助生产费用的方法，计算的结果准确，但计算过程比较复杂。代数分配法通常适用于实现会计信息化的企业。

（四）计划成本分配法

微课

计划成本法

计划成本分配法是指根据辅助生产车间提供劳务的计划单位成本和各受益单位耗用的劳务量分配辅助生产成本的一种分配方法。其分配过程也是分两次分配：第一次分配，是按劳务的计划单位成本分配辅助生产车间为各受益单位（包括其他辅助生产车间）提供劳务的费用；第二次分配，是将辅助生产车间实际发生的费用（包括按计划成本分配转入的费用在内）与按计划成本分配出去的费用差额，即成本差异，分配给辅助生产车间以外的受益单位。其计算步骤及公式如下：

1. 按计划成本分配辅助生产费用

某受益对象应负担的费用（含辅助生产部门）= 该受益对象的受益数量 × 计划单位成本

2. 计算辅助生产实际成本

某辅助生产车间实际成本 = 该辅助生产车间发生的费用 + 按计划成本分配转入费用

3. 计算辅助生产成本差异

辅助生产成本差异 = 某辅助生产车间实际成本 − 该辅助生产车间按计划成本分配的费用

辅助生产成本差异的处理有两种方法：一是追加分配；二是直接计入管理费用。

当辅助生产成本差异较大时，可将辅助生产成本差异进行再次分配，采用直接分配法，将差异在辅助生产车间以外的受益对象之间进行分配。在实际工作中，为简化核算手续，辅助生产成本差异可全部计入当月的管理费用。

【例2-20】沿用【例2-16】的资料。机修车间辅助生产费用为48 784元，供电车间辅助生产费用为124 104元。假设机修车间计划成本为0.38元/小时，供电车间计划成本为1.18元/度。

要求：采用计划成本分配法分配辅助生产费用。

解析：（1）计算辅助生产车间计划成本分配结果。

①分配机修车间费用。

供电车间负担的机修费用 = 600 × 0.38 = 228（元）

铸造车间负担的机修费用 = 24 800 × 0.38 = 9 424（元）

机械加工车间负担的机修费用 = 60 200 × 0.38 = 22 876（元）

装配车间负担的机修费用 = 52 052 × 0.38 = 19 779.76（元）

厂部负担的机修费用 = 10 000 × 0.38 = 3 800（元）

机修车间按计划成本分配总额为56 107.76元。

②分配供电车间费用。

机修车间负担的电费 = 6 360 × 1.18 = 7 504.80（元）

铸造车间生产产品负担的电费 = 30 000 × 1.18 = 35 400（元）

铸造车间负担的电费 = 2 288 × 1.18 = 2 699.84（元）

机械加工车间生产产品负担的电费 = 12 000 × 1.18 = 14 160（元）

机械加工车间负担的电费 = 3 288 × 1.18 = 3 879.84（元）

装配车间生产产品负担的电费 = 6 000 × 1.18 = 7 080（元）

装配车间负担的电费 = 2 428 × 1.18 = 2 865.04（元）

厂部负担的电费 = 43 620 × 1.18 = 51 471.60（元）

供电车间按计划成本分配总额为125 061.12元。

（2）计算辅助生产车间实际成本。

机修车间实际成本 = 48 784 + 7 504.80 = 56 288.80（元）

供电车间实际成本 = 124 104 + 228 = 124 332（元）

（3）计算计划成本差异。

机修车间差异 = 56 288.80 − 56 107.76 = 181.04（元）

供电车间差异 = 124 332 − 125 061.12 = −729.12（元）

（4）编制辅助生产费用分配表和动力费用分配表（见表2-23和表2-24）。

表2-23　辅助生产费用分配表（计划成本分配法）

2023年6月30日　金额单位：元

项目	机修车间		供电车间		合计
	数量/小时	金额	数量/度	金额	
待分配辅助生产费用		48 784		124 104	172 888
劳务供应数量	147 652		105 984		
计划单位成本		0.38		1.18	

续表

项目		机修车间		供电车间		合计
		数量/小时	金额	数量/度	金额	
辅助生产成本	机修车间			6 360	7 504.80	7 504.80
	供电车间	600	228			228
铸造车间	生产A/B产品			30 000	35 400	35 400
	制造费用	24 800	9 424	2 288	2 699.84	12 123.84
机械加工车间	生产A/B产品			12 000	14 160	14 160
	制造费用	60 200	22 876	3 288	3 879.84	26 755.84
装配车间	生产A/B产品			6 000	7 080	7 080
	制造费用	52 052	19 779.76	2 428	2 865.04	22 644.80
管理部门		10 000	3 800	43 620	51 471.60	55 271.60
辅助生产计划成本分配合计			56 107.76		125 061.12	181 168.88
辅助生产实际成本			56 288.80		124 332	180 620.80
辅助生产成本差异			181.04		−729.12	−548.08

表2-24　动力费用分配表

2023年6月30日　　金额单位：元

项目		定额工时	分配率	费用分配金额
铸造车间	A产品	7 000	3.54	24 780
	B产品	3 000		10 620
	小计	10 000		35 400
机械加工车间	A产品	12 000	0.944	11 328
	B产品	3 000		2 832
	小计	15 000		14 160
装配车间	A产品	9 000	0.472	4 248
	B产品	6 000		2 832
	小计	15 000		7 080

（5）根据辅助生产费用分配表，编制会计分录如下：

①按计划成本分配。

借：生产成本——辅助生产成本——机修车间　7 504.80
　　　　　　　　　　　　　——供电车间　228
　　　　　——基本生产成本——铸造车间（A产品）　24 780
　　　　　　　　　　　　　——铸造车间（B产品）　10 620
　　　　　　　　　　　　　——机械加工车间（A产品）　11 328
　　　　　　　　　　　　　——机械加工车间（B产品）　2 832
　　　　　　　　　　　　　——装配车间（A产品）　4 248
　　　　　　　　　　　　　——装配车间（B产品）　2 832
　　制造费用——铸造车间　12 123.84
　　　　　——机械加工车间　26 755.84
　　　　　——装配车间　22 644.80
　　管理费用　55 271.60
　　贷：生产成本——辅助生产成本——机修车间　56 107.76
　　　　　　　　　　　　　　　——供电车间　125 061.12

②差异结转。

借：管理费用　548.08
　　贷：生产成本——辅助生产成本——机修车间　181.04
　　　　　　　　　　　　　　　——供电车间　729.12

计划成本分配法的优点是能简化计算工作，便于分析考核辅助生产计划的执行情况；缺点是若计划制订不合理，则成本差异较大；通常适用于计划单位成本比较准确的企业。

【练一练2-12】计划成本法下，在分配辅助生产费用时，按计划成本分配转出的费用与辅助生产的实际成本的差异额，一般应记入（　　）账户。

A.“制造费用”　　B.“生产成本”　　C.“管理费用”　　D.“财务费用”

任务六　制造费用的归集与分配

制造费用是企业各生产单位（分厂或车间）为生产产品而发生的应计入产品成本，但没有专设成本项目的各项间接费用。生产车间的制造费用分配时只能分配给本车间生产的产品或提供的劳务，不得分配给本车间以外的对象。

一、制造费用的归集

【例2-21】某机械制造厂设有铸造、机械加工和装配三个基本生产车间，顺序加工生产A、B产品。2023年6月基本生产车间发生的制造费用见表2-25。

表2-25 基本生产车间制造费用

2023年6月 单位：元

项目	铸造车间	机械加工车间	装配车间
低值易耗品	1 400	988	1 980
职工薪酬	4 902	4 560	3 516.90
水费	1 071.45	785.73	571.44
折旧	17 640	41 900	27 000
辅助生产车间分配的成本	5 983.12	13 194.68	11 165.43

要求：

（1）根据上述资料编制各车间制造费用的会计分录。

（2）登记“制造费用”明细账，归集制造费用。

解析：（1）制造费用归集会计分录如下：

转1 借：制造费用——铸造车间 1 400
——机械加工车间 988
——装配车间 1 980
贷：周转材料——低值易耗品 4 368

转2 借：制造费用——铸造车间 4 902
——机械加工车间 4 560
——装配车间 3 516.90
贷：应付职工薪酬 12 978.90

转3 借：制造费用——铸造车间 1 071.45
——机械加工车间 785.73
——装配车间 571.44
贷：应付账款 2 428.62

转4 借：制造费用——铸造车间 17 640
——机械加工车间 41 900
——装配车间 27 000
贷：累计折旧 86 540

转5 借：制造费用——铸造车间 5 983.12
——机械加工车间 13 194.68
——装配车间 11 165.43
贷：生产成本——辅助生产成本 30 343.23

（2）登记“制造费用”明细账（见表2-26、表2-27和表2-28），归集制造费用。

表2-26　“制造费用”明细账

车间名称：铸造车间　　单位：元

2023年		凭证号数	摘要	费用项目					
月	日			低值易耗品	应付职工薪酬	水费	折旧	辅助生产成本	合计
6	30	转1	领用劳动工具	1 400					
6	30	转2	分配人工费用		4 902				
6	30	转3	分配水费			1 071.45			
6	30	转4	计提折旧				17 640		
6	30	转5	辅助生产转入					5 983.12	
6	30	转6	分配制造费用						30 996.57

注：转6是根据分配制造费用会计分录登记的明细账。

表2-27　“制造费用”明细账

车间名称：机械加工车间　　单位：元

2023年		凭证号数	摘要	费用项目					
月	日			低值易耗品	应付职工薪酬	水费	折旧	辅助生产成本	合计
6	30	转1	领用劳动工具	988					
6	30	转2	分配人工费用		4 560				
6	30	转3	分配水费			785.73			
6	30	转4	计提折旧				41 900		
6	30	转5	辅助生产转入					13 194.68	
6	30	转6	分配制造费用						61 428.41

注：转6是根据分配制造费用会计分录登记的明细账。

表2-28　“制造费用”明细账

车间名称：装配车间　　单位：元

2023年		凭证号数	摘要	费用项目					
月	日			低值易耗品	应付职工薪酬	水费	折旧	辅助生产成本	合计
6	30	转1	领用劳动工具	1 980					
6	30	转2	分配人工费用		3 516.90				
6	30	转3	分配水费			571.44			
6	30	转4	计提折旧				27 000		
6	30	转5	辅助生产转入					11 165.43	
6	30	转6	分配制造费用						44 233.77

注：转6是根据分配制造费用会计分录登记的明细账。

二、制造费用的分配

企业归集的制造费用，还要合理地分配到产品成本中去。分配的原则是：当基本生产车间只生产一种产品时，制造费用是直接费用，应直接计入该种产品生产成本；在生产多种产品时，制造费用是间接费用，应采用适当的分配方法，分配计入各种产品的成本。制造费用的分配方法有以下三种：

（一）生产工人工时比例分配法

生产工人工时比例分配法是指按照各种产品所用生产工人工时的比例分配制造费用的一种方法。生产工时可以是各种产品实际耗用的生产工时（实用工时），也可以是定额工时。其计算公式如下：

$$制造费用分配率 = \frac{某生产车间的制造费用}{该生产车间各种产品生产工时总数}$$

$$某种产品应负担的制造费用 = 该产品的生产工时数 \times 制造费用分配率$$

【例2-22】某机械厂生产A、B两种产品，2023年12月末归集各车间制造费用如下：铸造车间30 996.57元，机械加工车间61 428.41元，装配车间44 233.77元。各产品在每个车间的生产工人工时如下：铸造车间A产品3 500工时，B产品1 500工时；机械加工车间A产品6 000工时，B产品1 500工时；装配车间A产品4 500工时，B产品3 000工时。

要求：按生产工人工时比例分配法分配制造费用。

解析：

（1）制造费用分配过程如下：

铸造车间制造费用分配率 = 30 996.57 ÷（3 500 + 1 500）= 6.1993

A产品负担的制造费用 = 3 500 × 6.1993 = 21 697.55（元）

B产品负担的制造费用 = 30 996.57−21 697.55 = 9 299.02（元）

机械加工车间制造费用分配率 = 61 428.41 ÷（6 000 + 1 500）= 8.1905

A产品负担的制造费用 = 6 000 × 8.1905 = 49 143（元）

B产品负担的制造费用 = 61 428.41−49 143 = 12 285.41（元）

装配车间制造费用分配率 = 44 233.77 ÷（4 500 + 3 000）= 5.8978

A产品负担的制造费用 = 4 500 × 5.8978 = 26 540.10（元）

B产品负担的制造费用 = 44 233.77−26 540.10 = 17 693.67（元）

（2）根据制造费用分配结果，编制制造费用分配表（见表2-29）。

表2-29

制造费用分配表

2023年12月

金额单位：元

车间	产品名称	生产工人工时	分配率	分配金额
铸造车间	A产品	3 500	6.1993	21 697.55
	B产品	1 500		9 299.02
	合计	5 000		30 996.57

续表

车间	产品名称	生产工人工时	分配率	分配金额
机械加工车间	A产品	6 000	8.1905	49 143
	B产品	1 500		12 285.41
	合计	7 500		61 428.41
装配车间	A产品	4 500	5.8978	26 540.10
	B产品	3 000		17 693.67
	合计	7 500		44 233.77

（3）根据制造费用分配表，编制会计分录。

借：生产成本——基本生产成本——铸造车间（A产品）　21 697.55
　　　　　　　　　　　　　——铸造车间（B产品）　9 299.02
　贷：制造费用——铸造车间　30 996.57

借：生产成本——基本生产成本——机械加工车间（A产品）　49 143
　　　　　　　　　　　　　——机械加工车间（B产品）　12 285.41
　贷：制造费用——机械加工车间　61 428.41

借：生产成本——基本生产成本——装配车间（A产品）　26 540.10
　　　　　　　　　　　　　——装配车间（B产品）　17 693.67
　贷：制造费用——装配车间　44 233.77

按生产工时比例分配制造费用，能将劳动生产效率与产品负担的制造费用结合起来，使分配结果比较合理。在实际工作中，也可按照各种产品生产时所用的机器工时作为分配标准进行制造费用的分配。

【练一练2-13】某生产车间生产甲、乙两种产品，该车间共发生制造费用330 000元，生产甲产品的工时为5 000小时，生产乙产品的工时为6 000小时。若按工时比例分配制造费用，甲产品负担的制造费用为（　　）元。

A.136 364　　B.150 000　　C.163 636　　D.180 000

（二）生产工人工资比例分配法

生产工人工资比例分配法是指以各种产品的生产工人工资比例分配制造费用的一种方法。其计算公式如下：

$$制造费用分配率=\frac{某生产车间的制造费用}{该生产车间各种产品生产工人工资总额}$$

某种产品应负担的制造费用＝该产品的生产工人工资×制造费用分配率

由于在工资费用分配表中可直接得到生产工人工资的资料，所以该种分配方法核算工作很简便。但这种方法只适用于机械化程度大致相同的产品之间的制造费用分配，否则会影响费用分配的合理性。

微课

制造费用的分配

（三）按年度计划分配率分配法

按年度计划分配率分配法是指不论各月实际发生的制造费用是多少，每月各种产品的制造费用都按年度计划确定的计划分配率分配的一种方法。其计算公式如下：

$$年度计划分配率=\frac{年度计划的制造费用总额}{该生产车间各种产品年度计划产量的定额工时总和}$$

某种产品某月应负担的制造费用＝该产品某月实际产量的定额工时×年度计划分配率

【例2-23】某公司第一基本生产车间全年计划的制造费用为400 000元，全年各种产品的计划产量为：甲产品2 500件，乙产品1 000件。单件产品工时定额为：甲产品6小时，乙产品5小时。本月实际产量为：甲产品200件，乙产品80件；本月实际发生制造费用为33 000元，“制造费用”账户本月期初余额为借方1 000元。

要求：按年度计划分配率分配法分配制造费用。

解析：

甲产品年度计划产量的定额工时＝2 500×6＝15 000（小时）

乙产品年度计划产量的定额工时＝1 000×5＝5 000（小时）

年度计划分配率＝400 000÷（15 000＋5 000）＝20

本月甲产品实际产量的定额工时＝200×6＝1 200（小时）

本月乙产品实际产量的定额工时＝80×5＝400（小时）

本月甲产品应分配的制造费用＝1 200×20＝24 000（元）

本月乙产品应分配的制造费用＝400×20＝8 000（元）

“制造费用”账户的期末余额为借方2 000元。

全年制造费用的实际发生额与计划分配额的差额，通常应在年末调整计入12月份的产品成本。实际发生额大于计划发生额时，借记“生产成本——基本生产成本”账户，贷记“制造费用”账户；实际发生额小于计划分配额时，则用红字冲减。

【例2-24】沿用【例2-23】的资料。假定本年度实际发生制造费用408 360元，至年末累计已分配制造费用415 000元（其中甲产品已分配311 250元，乙产品已分配103 750元）。年末，“制造费用”账户有贷方余额6 640元，应按已分配比例调整冲回。

要求：对“制造费用”账户的差额进行调整。

解析：甲产品应调减的制造费用＝6 640×311 250÷415 000＝4 980（元）

乙产品应调减的制造费用＝6 640×103 750÷415 000＝1 660（元）

调整分录如下：

借：生产成本——基本生产成本——甲产品　　4 980

　　　　　　　　　　　　　　——乙产品　　1 660

　贷：制造费用　　6 640

【练一练2-14】某工业企业只有一个车间，全年制造费用计划为90 000元。全年各种产品的计划产量为：甲产品1 000件，乙产品900件。单件产品的工时定额为：甲产品3小时，乙产品4小时。2023年12月实际产量为：甲产品200件，乙产品160件。该月实际制造费用为7 000元。该企业制造费用年度计划分配率为（　　）。

A.8 B.10.8 C.12.12 D.13.64

采用按年度计划分配率分配制造费用，核算工作简便，尤其适用于季节性生产企业。但是，采用这种分配方法，必须有较高的计划工作水平，否则年度制造费用的计划数脱离实际数的差异太大，就会影响成本核算的正确性。

任务七 生产损失的归集与分配

一、生产损失的概念

生产损失是指企业在产品生产过程中因生产组织不合理、工人技术等问题，使企业不能正常生产产品所发生的人力、物力、财力上的损失。包括产品生产过程中发生的正常损耗、产生的边角废料、不符合产品质量标准的废品损失、因各种原因停工而造成的损失等。生产过程中发生的正常损耗及边角废料，在产品成本计算时已经进行了考虑。因此，真正属于成本核算中的生产损失主要指的是废品损失和停工损失。

二、废品和废品损失的概念

废品是指不符合规定的技术标准，不能按照原定用途使用，或者需要加工修理才能使用的在产品、半成品或产成品。废品包括生产过程中发现的不合格的在产品、入库时发现的不合格的半成品或完工产品，但不包括可以降价销售的次品、合格品入库后因保管不善发生损坏变质的产品、产品销售时发现的废品、实行“三包”（包退、包修、包换）的企业在产品出售后发现的废品等所发生的一切损失。

废品按其修复的技术可行性和修复的经济合理性，分为可修复废品和不可修复废品。可修复废品是指技术上可以修复而且所花费的修复费用在经济上合算的废品。不可修复废品是指技术上不可修复或者虽可修复但所花费的修复费用在经济上不合算的废品。

废品损失是指在产品生产过程中因产品质量不符合规定的技术标准而发生的报废损失和修复费用。

三、废品损失的归集与分配

废品损失的归集与分配，应根据废品损失计算单和分配表等有关凭证，通过“废品损失”账户进行。该账户的借方归集不可修复废品的生产成本和可修复废品的修复费用；贷方登记回收废品的残料价值和应收的赔款以及月末分配转出的废品净损失；该账户期末一般无余额。通常情况下废品损失全部由本期完工产品负担，月末在产品不负担废品损失。“废品损失”账户应按车间分别设置明细账，产品“基本生产成本”明细账内应单设“废品损失”成本项目，以反映产品成本中的废品损失。

（一）不可修复废品损失的归集与分配

归集与分配不可修复废品损失，首先要计算截至产品报废时已经发生的废品成本。其计算公式如下：

废品成本＝废品负担的直接材料＋废品负担的直接人工＋废品负担的制造费用

确定废品成本后，减去废品的残料价值即为不可修复废品损失。不可修复废品损失减去应向过失人收取的赔偿款，即为不可修复废品净损失。不可修复废品在没发现前是和合格品一起投产的，两者的生产费用也是归集在一起的，因此，计算不可修复废品损失，就是要将归集在一起的生产费用在合格品与废品之间采用适当的方法进行分配。其计算公式如下：

$$直接材料分配率=\frac{某产品的直接材料费用总额}{合格品产量+废品产量}$$

$$废品负担的直接材料=直接材料分配率\times 废品产量$$

$$直接人工(或制造费用)分配率=\frac{某产品的直接人工(或制造费用)总额}{合格品生产工时+废品生产工时}$$

$$废品负担的直接人工(或制造费用)=直接人工(或制造费用)分配率\times 废品生产工时$$

【提示】约当产量是指折合成相当于完工产品的数量，折合时可根据完工程度（投料程度、加工程度）进行折算。

【例2-25】某企业的基本生产车间生产甲产品500件，该产品原材料在生产开始时一次投入。经检验合格品为490件，其生产总工时是490小时。在生产过程中发现有不可修复废品10件，其生产总工时是5小时。本月生产甲产品的产品生产费用如下：直接材料200 000元、直接人工49 500元、制造费用29 700元，合计279 200元。废品残料作价650元入库。

要求：计算不可修复废品损失，并编制有关会计分录。

解析：不可修复废品损失计算表见表2-30。

表2-30　　不可修复废品损失计算表　　金额单位：元

项目	产量/件	直接材料	直接人工	制造费用	成本合计
产品生产费用	500	200 000	49 500	29 700	279 200
分配率		400	100	60	
废品成本	10	4 000	500	300	4 800
残料收回		650			650
废品损失		3 350	500	300	4 150

会计主管：××　　复核：××　　制单：××

根据不可修复废品损失计算表，编制会计分录如下：

借：废品损失——甲产品　　4 800
　　贷：生产成本——基本生产成本——甲产品　　4 800
借：原材料　　650
　　贷：废品损失——甲产品　　650
借：生产成本——基本生产成本——甲产品　　4 150
　　贷：废品损失——甲产品　　4 150

（二）可修复废品损失的归集与分配

可修复废品损失是指废品在返修过程中所发生的各种修复费用，包括修复废品发生的直接材料费用、直接人工费用和制造费用等。废品返修前发生的生产费用不是废品损失，经修复后的产品成本由废品返修前发生的生产费用和修复费用构成。如果有废品残值或应收的赔偿款，应冲减可修复废品的损失。

在单独核算废品损失的生产企业，应设“废品损失”账户，产品成本项目中可增设“废品损失”成本项目，对发生的修复费用，根据原始凭证及有关费用分配表，编制会计分录如下：

（1）发生各种修复费用时：

借：废品损失——××产品

　贷：原材料、应付职工薪酬、制造费用等

（2）应由责任人赔偿或收回废品残值时：

借：原材料（残值入库）

　其他应收款（责任人赔偿）

　贷：废品损失——××产品

（3）结转可修复废品净损失时：

借：生产成本——基本生产成本——××产品

　贷：废品损失——××产品

若对发生的废品损失不单独设置“废品损失”账户进行核算，则在“生产成本——基本生产成本”账户中不设“废品损失”成本项目。对发生的可修复废品损失先记入“制造费用”账户的借方，连同其他制造费用在各产品中进行分配。如果有废品残值或应收的赔偿款，冲减产品生产成本，记入“生产成本——基本生产成本”账户的贷方。

【例2-26】海星企业单独核算废品损失，根据甲产品的废品返修通知单，甲产品发生的返修费用如下：直接材料1 612.77元、直接人工617.25元、制造费用400.87元，总计损失2 630.89元；残值收入701.71元，应由责任人赔偿73元。其会计处理如下：

借：废品损失——甲产品	2 630.89	
贷：原材料		1 612.77
应付职工薪酬		617.25
制造费用		400.87
借：原材料	701.71	
其他应收款	73	
贷：废品损失——甲产品		774.71
借：生产成本——基本生产成本——甲产品	1 856.18	
贷：废品损失——甲产品		1 856.18

【想一想2-10】可修复废品损失与不可修复废品损失的核算一样吗？

【练一练2-15】可修复废品的废品损失是指（　　）。

A.返修前发生的原材料费用

B.返修前发生的制造费用

C.返修后发生的修理费用

D.返修前发生的生产费用加上返修后发生的修理费用

四、停工损失的归集与分配

停工损失是指企业生产部门因停电、待料、机器故障或进行大修、发生非常灾害或事故以及计划减产而停止正常生产所造成的损失，主要包括停工期间耗用的燃料及动力、人工费用和制造费用等。企业发生停工，由生产车间将停工范围、起止时间、停工原因、过失方等情况在停工单中加以记录，送财会部门审核后，作为归集停工损失的原始依据。

停工损失的归集与分配，是通过“停工损失”账户进行的。该账户借方登记归集停工期间发生的应计入停工损失的各项费用，贷方登记分配结转的停工损失，月末一般无余额。该账户应按车间设置明细账并在账内按成本项目设置专栏进行明细分类核算。产品“基本生产成本”明细账内应单设“停工损失”成本项目，以反映产品成本中包含的停工损失。

由于停工损失产生的原因不同，其分配结转的方法也不同。月末应分别根据停工的不同原因，将停工损失从该账户的贷方转销。由过失单位、过失人员造成的停工损失或应由保险公司赔偿的损失，转入“其他应收款”账户的借方；属于自然灾害等原因引起的非正常停工损失，转入“营业外支出”账户的借方；对于其他原因造成的损失，如季节性、固定资产修理期间的停工损失则应计入产品成本，转入“生产成本——基本生产成本”账户的借方。如果停工的车间生产多种产品，则应采用适当的分配方法，分配计入各种产品成本。具体账务处理如下：

（1）发生停工时：

借：停工损失——××车间

　　贷：应付职工薪酬、制造费用、累计折旧等

（2）分配结转停工损失时：

借：生产成本——基本生产成本——××产品（计入产品成本部分）

　　其他应收款（过失方或保险公司支付赔偿款）

　　营业外支出（非正常损失）

　　贷：停工损失——××车间

【例2-27】某企业冲压车间由于设备故障修理停工4天，停工期间应支付工人薪酬4 000元、应负担制造费用880元。机械加工车间由于外部供电线路原因停工5天，停工期间应支付工人薪酬6 000元、应负担制造费用1 000元。

要求：根据上述资料编制会计分录。

解析：编制会计分录如下：

借：停工损失——冲压车间	4 880	
——机械加工车间	7 000	
贷：应付职工薪酬——工资		10 000
制造费用——冲压车间		880
——机械加工车间		1 000

【练一练2-16】在下列各项中，不属于停工损失的是（　　）。

A.停工期间的工资费用　　B.电力中断造成的停工损失

C.机器设备出现故障的停工损失　　D.季节性停工发生的费用

思政园地

2023年4月，某市财政局派出检查组对市属某国有钢铁厂的会计工作进行检查。检查中了解到以下情况：（1）2022年3月，新厂长刘某上任后，将其朋友的女儿小林调入该厂会计科任出纳，兼管成本档案保管工作，小林不具备从事会计工作的专业能力。（2）2022年4月，会计张某申请调离该厂，该厂人事部门在其没有办理会计工作交接手续的情况下，即为其办理调动手续。（3）2021年1月，该厂档案科会同会计科编制成本档案销毁清册，经厂长签字后，按规定进行了监销。经查实，销毁的成本档案中有一些是保管期满但未结清的债权债务原始凭证。

要求：请指出上述情况中哪些行为不符合法律规定，并说明理由。

拓展阅读

项目小结

本项目着重介绍了费用的横向归集分配，通过本项目学习，应当把握的要点是：

（1）材料、燃料及动力费用的归集与分配

发生材料、燃料及动力等各项要素费用时，对于直接用于产品生产、构成产品实体的材料、燃料及动力，一般分产品领用的，应根据领退料凭证直接计入相应产品成本的“直接材料”项目。对于不能分产品领用的，需要采用适当的分配方法，分配计入各有关产品成本的“直接材料”成本项目。在消耗定额比较准确的情况下，原材料、燃料也可按照产品的材料定额消耗量比例或材料定额费用比例进行分配。

（2）职工薪酬的归集与分配

职工薪酬是指企业为获得职工提供的服务或解除劳动关系而给予的各种形式的报酬或补偿。职工薪酬计入产品成本的方法，因工资计算形式不同而有所区别。在计时工资形式下，如果生产部门只生产一种产品，生产工人的工资直接记入“生产成本——基本生产成本”账户的“直接人工”成本项目；如果生产两种及两种以上的产品，则生产工人的工资按适当的标准分配记入“生产成本——基本生产成本”账户的“直接人工”成本项目。在计件工资形式下，生产工人工资直接记入“生产成本——基本生产成本”账户的“直接人工”成本项目。

（3）辅助生产费用的归集与分配

辅助生产费用的归集是通过“辅助生产成本”总账及明细账进行，月末按照一定的方法分配。辅助生产费用的分配方法很多，通常采用直接分配法、交互分配法、计划成本分配法和代数分配法等。

（4）制造费用的归集与分配

制造费用应通过制造费用总账及明细账进行归集，月末按照一定的方法分配。制造费用分配方法很多，通常采用生产工人工时比例分配法、生产工人工资比例分配法和年度计划分配率分配法等。

（5）生产损失的归集与分配

生产损失包括废品损失和停工损失：

① 废品损失是指产品生产过程中因产品质量不符合规定的技术标准而发生的报废损失和修复费用。废品损失可单独设置“废品损失”账户核算，也可以不单独核算废品损失，只是在回收废品的残料和应收赔款时冲减“生产成本——基本生产成本”账户。废品损失的归集与分配包括可修复废品损失和不可修复废品损失。不可修复废品损失的生产成本，可按废品所耗实际费用计算，也可按废品所耗定额费用计算。对于可修复废品，只核算返修时发生的各种修复费用，废品回收的残料和应收的赔款，应从“废品损失”账户贷方分别转入“原材料”和“其他应收款”账户的借方。

② 停工损失是生产车间或车间内某个班组在停工期间发生的各项费用，包括停工期间发生的原材料费用、人工费用和制造费用等。应由过失单位或保险公司负担的赔款，应从停工损失中扣除。停工损失可单独设置“停工损失”账户核算，也可以不单独核算，将停工期间发生的属于停工损失的各种费用，直接记入“制造费用”和“营业外支出”等账户。

项目技能训练

一、单项选择题（每题只有一个正确答案，请将正确答案填在括号内）

1. 在企业未设置“燃料及动力”成本项目的情况下，生产车间发生的直接用于产品生产的动力费用，应借记的账户是（　　）。

A. 管理费用　　B. 基本生产成本　　C. 销售费用　　D. 制造费用

2. 下列各项不能计入产品成本的费用是（　　）。

A. 燃料及动力　　B. 车间、分厂管理人员工资及福利费

C. 生产工人工资及福利费　　D. 利息费用

3. 产品成本中的“直接人工”成本项目不包括（　　）。

A. 直接参加生产的工人薪酬　　B. 按生产工人薪酬计提的福利费

C. 直接参加生产的工人计件薪酬　　D. 生产车间管理人员的薪酬

4. 某工人加工产品100件，验收时合格品90件、废品10件。废品中料废品6件、工废品4件。计件单位为5元，则应付计件工资为（　　）元。

A. 500　　B. 480　　C. 470　　D. 450

5. 甲、乙两种产品共同耗用的燃料费用为3 000元，该费用按燃料定额消耗量比例分配。甲、乙两种产品的定额消耗量分别为100千克和150千克，则据此计算的燃料费用分配率为（　　）。

A.12　　B.20　　C.30　　D.60

6.下列各项通过“制造费用”账户核算的是（　　）。

A.车间管理人员的工资和福利费　　B.厂房的折旧费

C.机物料消耗　　D.季节性和修理期间的停工损失

7.采用交互分配法，某辅助生产车间对外分配的费用总额是（　　）。

A.交互分配前的费用

B.交互分配前的费用加上交互分配转入的费用

C.交互分配前的费用减去交互分配转入的费用

D.交互分配前的费用加上交互分配转入的费用，再减去交互分配转出的费用

8.辅助生产费用直接分配法的特点是将辅助生产费用（　　）。

A.直接分配给受益的车间、部门

B.直接分配给辅助生产以外的各受益车间、部门

C.直接记入“辅助生产成本”账户

D.直接分配给受益多的车间、部门

9.基本生产车间管理人员的职工薪酬，记入（　　）账户的借方。

A.“生产成本”　　B.“制造费用”

C.“应付职工薪酬”　　D.“管理费用”

10.为了简化辅助生产费用的分配，在采用计划成本分配法的情况下，辅助生产成本差异一般全部记入（　　）账户。

A.“管理费用”　　B.“制造费用”

C.“营业外支出”　　D.“基本生产成本”

11.下列各项中，不计入废品损失的是（　　）。

A.不可修复废品的生产成本　　B.可修复废品的生产成本

C.用于修复废品的人工费用　　D.用于修复废品的材料费用

12.某企业2023年6月发生的费用如下：计提厂房折旧50万元，发生车间管理人员工资及福利费55万元，支付车间水电费25万元。则该企业当期计入制造费用总额为（　　）万元。

A.50　　B.105　　C.75　　D.130

13.某企业生产甲、乙、丙三种产品。10月份三种产品的投入量分别为500件、500件和375件，三种产品的消耗定额分别为4千克、6千克和8千克。甲、乙、丙三种产品本月共耗原材料10 000千克，材料单位为每千克5.20元，材料费用共计52 000元。按材料定额消耗量比例法计算三种产品应负担的材料费用分配率为（　　）。

A.4　　B.6.5　　C.8.5　　D.10

14.几种产品共同耗用的原材料费用，属于间接费用，应采用的分配方法是（　　）。

A.计划成本分配法　　B.生产工人工时比例分配法

C.材料定额费用比例分配法　　D.生产工人代数分配法

15.某企业只有一个车间，全年制造费用计划为90 000元。全年各种产品的计划产量为：甲产品1 000件，乙产品900件。单件产品的工时定额为：甲产品3小时，乙产品

4小时。2023年6月实际产量为：甲产品200件，乙产品160件。该月实际制造费用为7 000元。该企业制造费用年度计划分配率为（　　）。

A.8　　B.10.8　　C.12.12　　D.13.64

16.某厂辅助生产的供气车间待分配费用9 840元，提供给辅助生产发电车间5 810吨，基本生产车间38 000吨，行政管理部门5 560吨，共计49 370吨。采用直接分配法，其费用分配率为（　　）。

A.0.23　　B.0.2　　C.0.22　　D.0.94

17.某企业“生产成本”账户的期初余额为95万元，本期为生产产品发生直接材料费用80万元，直接人工费用65万元，制造费用23万元，企业行政管理费用10万元，本期结转完工产品成本75万元。假定该企业只生产一种产品，则期末“生产成本”账户的余额为（　　）万元。

A.368　　B.273　　C.198　　D.188

18.季节性生产企业特别适合的分配制造费用的分配方法是（　　）。

A.生产工时比例分配法　　B.生产工人工资比例分配法

C.机器工时比例分配法　　D.按年度计划分配法

19.企业预提短期借款利息时，应记入（　　）账户的借方。

A.“财务费用”　　B.“应付利息”

C.“管理费用”　　D.“制造费用”

20.下列各项中，应作为“废品损失”核算的是（　　）。

A.生产过程中可修复废品的修复费用

B.生产过程中可修复废品的生产成本

C.产品出售后，“三包”期间的修理费用

D.因出售商品不合格而发生的降价损失

二、多项选择题（每题有两个或两个以上正确答案，请将正确答案填在括号内）

1.生产经营过程中领用的材料，若按照用途进行归类，则生产产品耗用、生产车间耗用、企业行政管理部门耗用的部分，应分别记入（　　）账户。

A.“生产成本”　　B.“制造费用”　　C.“管理费用”　　D.“销售费用”

2.材料费用的分配标准有（　　）。

A.材料定额消耗量　　B.材料定额费用

C.产品体积　　D.产品工时定额

3.计入产品成本的各种职工薪酬，按其用途应分别借记（　　）账户。

A.“销售费用”　　B.“生产成本”

C.“制造费用”　　D.“管理费用”

4.下列各项中，属于辅助生产费用分配方法的有（　　）。

A.直接分配法　　B.交互分配法

C.计划分配法　　D.代数分配法

5.辅助生产费用中交互分配法中的分配是指（　　）。

A.辅助生产费用在各辅助生产车间之间的分配

B.辅助生产费用在各基本生产车间之间的分配
C.辅助生产费用在辅助生产车间以外的各受益单位之间进行的分配
D.辅助生产费用在辅助生产车间与基本生产车间之间的分配
6.下列各项中，不应计入产品生产成本的有（　　）。
A.直接人工　　B.管理费用
C.财务费用　　D.制造费用
7.按年度计划分配率法分配制造费用，“制造费用”账户月末（　　）。
A.可能无余额　　B.可能有借方余额
C.可能有贷方余额　　D.一定有余额
8.制造费用分配常用的方法有（　　）。
A.生产工人工资比例法　　B.机器工时比例法
C.生产工人工时比例法　　D.年度计划分配率法
9.废品损失不包括（　　）。
A.在生产过程中发生的和入库后发现的不可修复废品的生产成本
B.可修复废品的修复费用，扣除回收的废品残料价值和应收赔款以后的损失
C.经质量检验部门鉴定不需要返修、可以降价出售的不合格品
D.产品入库后由于保管不善等原因而损坏变质的产品和实行“三包”企业在产品出售后发现的废品
10.下列各项关于辅助生产成本的分配表述正确的有（　　）。
A.交互分配法下根据各辅助生产车间相互提供的产品或劳务的数量和交互分配率，在各辅助生产车间之间进行一次交互分配
B.计划分配法下辅助生产车间生产的产品或提供的劳务按照计划单位成本计算、分配
C.直接分配法下直接将辅助生产车间发生的费用分配给辅助生产车间以外的各个受益单位或产品
D.直接分配法下直接将辅助生产车间发生的费用分配给包含辅助生产车间在内的各个受益单位或产品
11.废品损失应该包括（　　）。
A.不可修复废品的报废损失　　B.可修复废品的修复费用
C.不合格品的降价损失　　D.产品保管不善的损坏变质损失
12.不可修复废品的成本，可以按（　　）。
A.废品所耗用的实际费用计算　　B.废品所耗用定额费用计算
C.废品售价计算　　D.废品残值计算
13.可修复废品的修复费用应该包括（　　）。
A.修复废品的材料费用　　B.修复废品的工资费用
C.修复废品的动力费用　　D.修复废品的销售费用
14.计算不可修复废品的净损失应包括（　　）。
A.不可修复废品的成本　　B.废品的残值

C.废品的应收赔款　　　　　　　　　　D.废品的材料费

15.“废品损失”账户的借方应反映的项目有（　　）。

A.可修复废品成本　　　　　　　　　　B.不可修复废品成本

C.可修复废品的工资费用　　　　　　　D.可修复废品的动力费用

三、判断题（正确的在括号内打“√”，错误的打“×”）

（　　）1.产品成本是由各种费用构成的，因此企业发生的费用就是产品的成本。

（　　）2.几种产品生产共同耗用的、构成产品实体的原材料费用，可以直接计入各种产品成本。

（　　）3.企业所有人员的职工薪酬都应计入产品成本。

（　　）4.在计件工资的情况下，如果是生产多种产品，则生产人员的工资应采用一定的分配标准分配后再计入各种产品“基本生产成本”明细账的“直接人工”项目。

（　　）5.在采用计时工资的形式下，只生产一种产品，生产人员的工资及福利费直接计入该种产品成本。

（　　）6.可修复废品是指经过修复可以使用，而且在经济上合算的废品。

（　　）7.废品损失是指废品的报废损失，即不可修复废品的生产成本扣除回收材料、废料价值后的净损失。

（　　）8.所有生产车间发生的各种制造费用，一律通过“制造费用”账户核算。

（　　）9.计划成本分配法分配辅助生产费用，不计算辅助生产成本差异。

（　　）10.采用直接分配法时，费用分配率计算公式的分子是待分配的辅助生产费用，分母是该辅助生产提供的劳务总量。

（　　）11.基本生产车间生产产品领用的材料，应直接记入各成本计算对象的产品成本明细账。

（　　）12.在辅助生产车间的制造费用不通过“制造费用”账户核算的情况下，辅助生产车间发生的各项生产费用均可直接记入“辅助生产成本”账户。

（　　）13.采用计划成本分配法分配辅助生产费用，不必在辅助生产车间之间进行交互分配。

（　　）14.采用代数分配法分配辅助生产费用时，应用代数中解联立方程的原理，直接分配各受益车间、部门应负担的费用，无须计算辅助生产产品或劳务的单位成本。

（　　）15.辅助生产车间发生的费用，都应于月末借记“基本生产成本”等账户，贷记“辅助生产成本”账户。

四、业务题

1.某企业2023年7月生产甲、乙两种产品。甲产品直接耗用A材料，乙产品直接耗用B材料，甲、乙两种产品共同耗用C材料。有关资料如下：甲产品的实际产量为600件，单位产品消耗C材料定额为10千克；乙产品的实际产量为500件，单位产品消耗C材料定额为8千克。

要求：

（1）根据领料单等凭证（见表2-31至表2-35），汇总材料费用并计算甲、乙两种产品共同耗用的C材料费用。

表2-31　领料单

单位：一车间　2023年7月1日　发料仓库：第一仓库

货号	品名	单位	数量	单价/元	金额/元	备注
0001	A	千克	8	30 000	240 000	生产甲产品

批料：王宁　保管员：刘华　记账：刘强　领料主管：赵红　领料人：张林

表2-32　领料单

单位：一车间　2023年7月5日　发料仓库：第一仓库

货号	品名	单位	数量	单价/元	金额/元	备注
0002	B	千克	10	3 000	30 000	生产乙产品

批料：王宁　保管员：刘华　记账：刘强　领料主管：赵红　领料人：张林

表2-33　领料单

单位：一车间　2023年7月12日　发料仓库：第一仓库

货号	品名	单位	数量	单价/元	金额/元	备注
0003	C	千克	10	2 000	20 000	甲、乙两种产品共同耗用

批料：王宁　保管员：刘华　记账：刘强　领料主管：赵红　领料人：张林

表2-34　领料单

单位：运输车间　2023年7月15日　发料仓库：第一仓库

货号	品名	单位	数量	单价/元	金额/元	备注
0001	A	千克	1.2	30 000	36 000	修理耗用

批料：王宁　保管员：刘华　记账：刘强　领料主管：赵红　领料人：张林

表2-35　领料单

单位：一车间　2023年7月20日　发料仓库：第一仓库

货号	品名	单位	数量	单价/元	金额/元	备注
0004	D	千克	20	600	12 000	修理耗用

批料：王宁　保管员：刘华　记账：刘强　领料主管：赵红　领料人：张林

（2）编制领料汇总表。

（3）编制材料费用分配表。

（4）根据材料费用分配表编制会计分录。

2.某公司2023年6月耗用外购电力25 500度，每度电1.8元。本月各部门耗电情况见表2-36。基本生产车间甲、乙产品共同耗电按生产工时比例分配，其中甲、乙产品的生产工时分别为22 000小时、18 000小时。

表2-36 各部门耗电情况

2023年6月 单位：度

耗电单位		单独耗电	共同耗电
基本生产车间	甲产品		18 000
	乙产品		
	车间照明	500	
供电车间		1 000	
供气车间		4 000	
行政管理部门		2 000	

要求：编制公司2023年6月外购电力费用分配表，并编制会计分录。

3.某企业基本生产车间生产甲、乙、丙三种产品，2023年12月发生生产工人计时工资共计58 000元。甲产品完工1 000件，乙产品完工400件，丙产品完工450件。单件产品工时定额：甲产品1小时，乙产品2.5小时，丙产品2小时。

要求：计算分配甲、乙、丙三种产品应分配的工资费用，并编制工资费用分配表。

4.远大铸造厂2023年1月发生其他费用情况如下：

（1）计提本月折旧费用。各单位固定资产折旧计算表见表2-37。

表2-37 固定资产折旧计算表

2023年1月 单位：元

使用单位	上月已提折旧额	上月增加的固定资产应计提的折旧额	上月减少的固定资产应计提的折旧额	本月应计提的折旧额
基本生产车间	4 200	600		4 800
机修车间	3 200	500	200	3 500
行政管理部门	2 300		400	1 900
销售部门	1 200			1 200
合计	10 900	1 100	600	11 400

（2）支票存根如图2-1所示，电费结算凭证明细表见表2-38，增值税专用发票如图2-2所示。

清江市工商银行
转账支票存根
025678

附加信息

出票日期：2023.1.28

收款人：清江市电业局供电科	
金　额：11 028.80元	
用　途：支付电费	
备　注：	

会计主管：　　记账：
复核：　　出纳：

图2-1　支票存根

表2-38

电费结算凭证明细表

2023年1月28日　　单位：元

户号	集缴号	项目	金额
317	079	电费	11 028.80

1100081140　　清江增值税专用发票　　№001432608

（印章：全国统一发票监制章 国家税务总局 清江市税务局）

开票日期：2023年1月28日

购买方	名称：远大铸造厂 纳税人识别号：64738002823123548B 地址、电话：清江市文清路8号 82345672 开户行及账号：工行文清分理处2130435				密码区	（略）	
货物或应税劳务、服务名称	规格型号	单位	数量	单价	金额	税率	税额
*供电*电费					9 760	13%	1 268.8
合计					¥9 760		¥1 268.8
价税合计（大写）	⊗壹万壹仟零贰拾捌元捌角整				（小写）¥11 028.80		
销售方	名称：清江市电业局 纳税人识别号：07654457124248862G 地址、电话：清江市清江中路11号 85302819 开户行及账号：工行清江中路支行 2879643521				备注	（印章：清江市电业局 07654457124248862G 发票专用章）	

第三联：发票联　购买方记账凭证

收款人：张红　　复核：李丽　　开票人：王芳　　销售方：（章）

图2-2　增值税专用发票

（3）一月份电力消耗情况的原始凭证见表2-39。本月基本生产车间灰铁件、球铁件、铸铁件三种产品，产量分别为1 000件、1 500件和900件，单位产品工时定额分别为1.5小时、1.2小时和1小时。

表2-39　　一月份电力消耗情况

车间或部门	电量/度
基本生产车间：生产耗用	5 796
一般耗用	1 624
辅助生产车间	3 760
厂部管理部门	1 020
合计	12 200

复核：申海　　　　　　　　制表：张全

注：基本生产车间生产耗用的电力按定额生产工时分配。

（4）根据各车间、各部门财产价值计算该厂2023年财产保险费如下：基本生产车间6 240元，辅助生产车间1 680元，厂部管理部门3 720元。支付全年财产保险费原始凭证如图2-3所示。

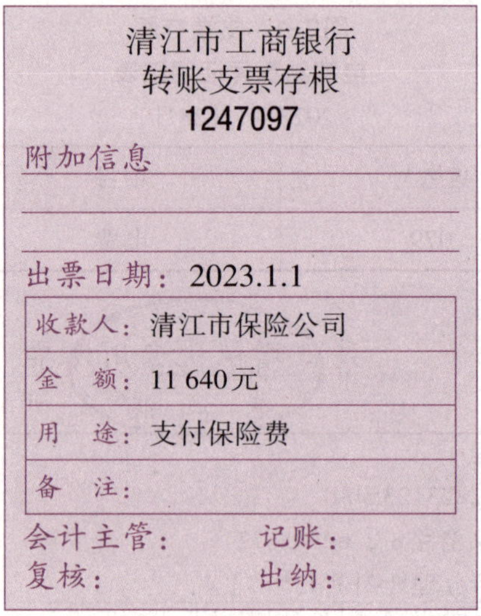
清江市工商银行
转账支票存根
1247097
附加信息
出票日期：2023.1.1
收款人：清江市保险公司
金　额：11 640元
用　途：支付保险费
备　注：
会计主管：　　记账：
复核：　　出纳：

图2-3　转账支票存根

要求：根据上述资料编制折旧费用分配表、外购电力费用分配表、其他费用分配表及其相关的会计分录。

5. 远大铸造厂为生产产品设置了机修车间和运输车间两个辅助生产车间。2023年1月辅助生产车间发生的费用见表2-40至表2-46。辅助生产车间提供劳务的计划单位成本如下：机修车间每小时8.5元；运输车间每吨公里1.5元。

表2-40　　发出材料汇总表

发料单位：原材料库　　　　2023年1月　　　　单位：元

领用单位	薄板	中板	其他钢铁	合计
机修车间	30 100	162 500	105 400	298 000
运输车间	5 250	750	4 800	10 800
合计	35 350	163 250	110 200	308 800

审核：李红　　　　　　　　制表：于楠

表2-41　发出材料汇总表

发料单位：辅助材料库　2023年1月　单位：元

领用单位	化工	机械	机械零件	保护品	合计
机修车间	5 720	18 320	980	7 460	32 480
运输车间	104 000	4 000	27 000	11 000	146 000
合计	109 720	22 320	27 980	18 460	178 480

审核：张干　制表：丁一

表2-42　工资及福利费汇总表

编制单位：财务部　2023年1月　单位：元

人员类别	机修车间			运输车间			合计
	工资	福利费	小计	工资	福利费	小计	
生产工人	80 000	11 200	91 200	68 000	9 520	77 520	168 720
管理人员	25 000	3 500	28 500	18 000	2 520	20 520	49 020
合计	105 000	14 700	119 700	86 000	12 040	98 040	217 740

审核：张月　制表：李明

表2-43　折旧费用汇总表

编制单位：财务部　2023年1月　单位：元

部门	原值	折旧额
机修车间	24 340 000	142 000
运输车间	15 000 000	125 000
合计	39 340 000	267 000

审核：张月　制表：金鑫

表2-44　其他费用汇总表

编制单位：财务部　2023年1月　单位：元

项目	机修车间	运输车间	合计
办公费	2 450	1 980	4 430
水电费	5 800	2 800	8 600
差旅费	1 750	20 700	22 450
劳动保护费	9 200	6 140	15 340
其他	620	1 540	2 160
合计	19 820	33 160	52 980

审核：张月　制表：关锋

表2-45 辅助生产车间提供劳务明细表

编制单位：机修车间 2023年1月 单位：小时

部门	提供劳务数量
运输车间	2 000
基本生产车间	47 500
管理部门	17 500
销售部门	3 000
合计	70 000

审核：李凡 制表：王轩

表2-46 辅助生产车间提供劳务明细表

编制单位：运输车间 2023年1月 单位：吨公里

部门	提供劳务数量
机修车间	5 000
基本生产车间	180 000
管理部门	15 000
销售部门	100 000
合计	300 000

审核：申海 制表：张全

要求：

（1）分别按直接分配法、交互分配法和计划成本分配法进行辅助生产费用的分配；

（2）编制辅助生产费用分配表；

（3）编制辅助生产费用分配会计分录。

6.某企业基本生产第一车间生产甲、乙、丙三种产品，2023年9月该车间共发生制造费用24 000元，甲、乙、丙三种产品所耗用生产工人实际生产工时和机器工时见表2-47。

表2-47 生产工人实际生产工时和机器工时

产品名称	生产工人工时	机器工时
甲产品	3 400	2 100
乙产品	2 700	2 400
丙产品	1 900	3 000
合计	8 000	7 500

要求：

（1）采用生产工人工时比例法分配制造费用。

（2）根据分配结果编制相应的会计分录。

7.2023年9月某企业基本生产车间生产甲产品，本月完工120件，经检验发现其中3件为不可修复废品。甲产品“生产成本”明细账上所列示的合格品和废品的生产费用为：直接材料30 000元、直接人工12 000元、制造费用7 350元，合计49 350元。原材料在生产开始时一次投入，直接材料费用按产品数量比例分配，其他费用按生产工时比例分配。甲产品生产工时3 000小时，其中合格品2 955小时、废品45小时。废品回收的材料价值160元，应由责任人赔偿75元。

要求：

（1）根据资料编制废品损失计算表。

（2）根据废品损失计算表编制会计分录。

项目三

生产费用在完工产品与在产品之间的分配

学习目标

知识目标

1. 了解在产品和完工产品的含义
2. 理解生产费用在完工产品与在产品之间分配的基本原理
3. 掌握生产费用在完工产品与在产品之间分配方法的特点、适用范围和计算方法等

能力目标

1. 能进行在产品清查的核算
2. 能采用适当的分配方法进行完工产品与在产品成本的计算
3. 能正确编制产品成本计算单，进行完工产品成本结转的账务处理

素养目标

1. 通过回顾会计产生和发展历史，引导学生树立民族自信心，了解中国会计文化的渊源和精髓，实现对优秀会计文化的传承
2. 通过案例分析讨论，引导学生充分认识到在成本核算工作过程中应该严格按照企业会计准则开展工作，理解会计诚信的重要意义，遵守会计职业道德

思维导图

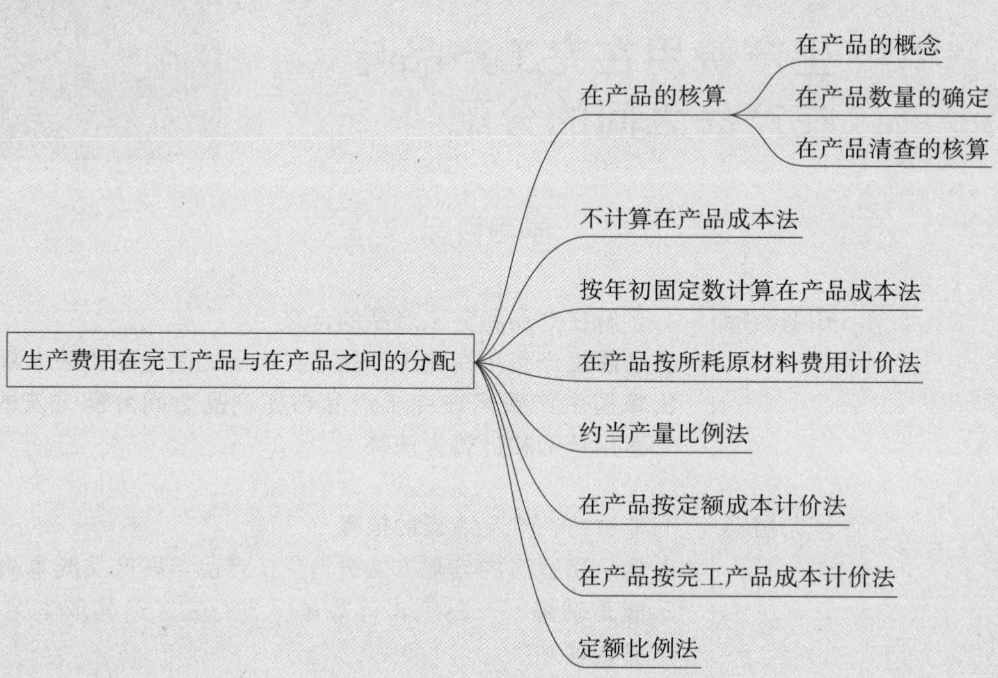
生产费用在完工产品与在产品之间的分配
在产品的核算
在产品的概念
在产品数量的确定
在产品清查的核算
不计算在产品成本法
按年初固定数计算在产品成本法
在产品按所耗原材料费用计价法
约当产量比例法
在产品按定额成本计价法
在产品按完工产品成本计价法
定额比例法

案例导入

华兴电器厂生产的甲产品需要经过构件加工、装配和油漆三个工序才能完成。材料在各道工序开始时一次投入，2023年6月本月完工产品有2 000件，各工序月末在产品数量分别为：第一道工序200件，第二道工序400件，第三道工序600件。各道工序核定的工时定额分别为8小时、6小时和4小时。月末将直接材料费用、直接人工费用和制造费用在完工产品与在产品之间分配时，会计李力将直接材料费用按照完工产品数量2 000件和在产品数量1 200件进行了平均分配，即：单位完工产品和在产品负担的材料费用一样多；直接人工费用和制造费用按照完工产品和在产品的工时比例分配。主管会计王梅在审核时告诉李力：各项费用的分配不能简单地按完工产品与在产品的数量比例或工时比例分配，而是要测算各工序在产品完工程度，将月末在产品数量折算为相当于完工产品的数量即约当产量，然后再按完工产品数量和约当产量比例来分配费用。

提出问题：

（1）什么是在产品？如何进行在产品清查的核算？

（2）生产费用如何在完工产品和在产品之间进行分配？有哪些方法？

带着这些问题，让我们开始本项目的学习。

任务一　在产品的核算

企业在生产过程中发生的各种要素费用经过归集与分配后，应计入本月各种产品的生产费用都已经记入了“生产成本——基本生产成本”账户及其所属明细账中。如果产品全部完工，没有月末在产品，则该账户归集的生产费用就是该产品本月完工产品成本；如果产品全部未完工，都是在产品，则该账户归集的生产费用都是月末在产品成本；如果产品在月末有部分完工、部分未完工的情况，则需要将该账户归集的生产费用在本月完工产品与月末在产品之间进行分配。

月初在产品成本、本月生产费用、本月完工产品成本和月末在产品成本之间的关系，可用下列公式表示：

月初在产品成本 + 本月生产费用 = 本月完工产品成本 + 月末在产品成本

由上式可知，等式左边的生产费用之和应在本月完工产品与月末在产品之间进行分配。分配的方法一般有两类：一类是先确定月末在产品成本，然后再计算完工产品成本；另一类是将生产费用之和在本月完工产品与月末在产品之间按一定的比例进行分配，同时计算完工产品成本和月末在产品成本。无论采用哪类分配方法，都必须正确进行在产品数量核算。

一、在产品的概念

在产品是指企业已经投入生产，但尚未最后完工，不能作为商品销售的产品。在产品有广义和狭义之分，广义的在产品是就整个企业而言的，它是指产品生产从投料开始，到最终制成产成品验收入库前的一切产品，包括正在车间加工中的在产品、已经完成一个或几个生产步骤但仍需继续加工的半成品、尚未验收入库的产成品和正在返修或等待返修的废品等。狭义的在产品是就某一生产车间或生产步骤来说的，它仅指某生产车间或生产步骤正在加工的产品。该车间或生产步骤已完工的半成品不包括在内。应该指出，在成本核算中，广义的在产品和狭义的在产品都会涉及，要根据不同的核算需要来确定。

【想一想3-1】某服装厂的经营范围是设计、加工各种职业装、工装，如工作服、汽修服、保洁服、连体服、校服、保安服、美容服、护士服以及各种棉大衣等，同时该厂直销全棉帆布、涤棉帆布、涤卡等面料。月末核算在产品数量时，刚来厂里实习的会计小李分不清以下产品是否为在产品：（1）正在第一生产车间加工中的校服500件；（2）库存等待销售的涤棉帆布200匹；（3）库存等待下一生产环节领用的涤卡150匹；（4）已经加工完毕但尚未验收入库的校服2 000件。

请问：（1）上述4批产品是完工产品还是在产品？根据在产品的含义分析回答。（2）从分配完工产品和月末在产品应负担产品成本费用的角度看，你认为哪些是月末在产品？

二、在产品数量的确定

确定在产品数量是正确计算在产品成本的基础。在产品数量的核算应与其他存货的数量核算一样，一方面要做好在产品收发结存的日常核算工作，另一方面要做好在产品的清查工作。这样，既可以从账面上随时掌握在产品的动态，又可查明在产品的实存数量。这不仅对正确计算产品成本，加强生产资金的管理，保护企业财产的安全完整有着重要的意义，而且对于掌握生产进度，加强生产管理也有着重要意义。

车间在产品收发结存的日常核算，可以通过“在产品收发结存账”进行实物数量核算。在实际工作中这种账簿也叫“在产品台账”或“在产品记录卡”，属于辅助性质的备查账簿。该账簿应分车间并按照在产品名称设置，以便反映车间各种在产品的收入、发出和结存的数量。在产品在各车间或车间内部的转移，应认真做好计量验收工作，并根据有关领用凭证、在产品内部转移凭证、在产品检验凭证和产品入库单等原始凭证逐笔登记“在产品收发结存账”。其基本格式见表3-1。

三、在产品清查的核算

为了加强在产品的管理，正确计算在产品成本，企业应当定期进行在产品的清查，做到账实相符。

在产品的清查一般于月末结账前进行，并采用实地盘点法。盘点的结果，应填制

表3-1　　在产品收发结存账

车间名称：二车间　　产品名称：甲产品　　单位：件

2023年		摘要	收入		发出			结存	
月	日		凭证号数	数量	凭证号数	合格品	废品	完工	未完工
6	1	上月结存							3
	9	上步转入	602	20					23
	15	完工转出			610	9	1	2	11
	⋮								
	30	合　计		60		55	1	3	4

“在产品盘存表”，并与“在产品收发结存账”核对。如有不符，还应填制“在产品盘盈盘亏报告表”，并说明在产品的账面数、实存数、盘盈盘亏数以及盈亏的原因和处理意见等。对于报废和毁损的在产品，还要登记残值。财会部门应认真审核，并按规定程序报请有关部门审批后，进行在产品盘盈、盘亏和毁损的账务处理。

在产品的盘盈、盘亏及毁损，应通过“待处理财产损溢——待处理流动资产损溢”账户核算。在产品发生盘盈原因不明时，先做待处理财产损溢处理，待批准后，再将在产品盘盈冲减管理费用；在产品发生盘亏及毁损时，应分别按不同原因转销。

（一）在产品盘盈的账务处理

1.发生盘盈时

借：生产成本——基本生产成本——××产品

　　贷：待处理财产损溢——待处理流动资产损溢

2.批准后予以转销时

借：待处理财产损溢——待处理流动资产损溢

　　贷：管理费用

（二）在产品盘亏及毁损的账务处理

1.发生盘亏及毁损时

借：待处理财产损溢——待处理流动资产损溢

　　贷：生产成本——基本生产成本——××产品

2.批准后予以转销时

借：原材料（毁损在产品收回残值）

　　其他应收款（应收过失人或保险公司的赔偿款）

　　营业外支出（非常损失的净损失）

　　管理费用（无法收回的损失）

　　贷：待处理财产损溢——待处理流动资产损溢

应注意的是，如果在产品发生非正常损失，其应负担的增值税进项税额也应转出，借记“待处理财产损溢”账户，贷记“应交税费——应交增值税（进项税额转出）”账户。

【例3-1】2024年1月31日某工厂基本生产车间在产品清查结果如下：A产品的在产品盘盈5件，单位成本100元/件；B产品的在产品毁损10件，单位成本15元/件，由过失人王力赔款70元，其余计入管理费用。

要求：对该工厂在产品清查结果进行账务处理。

解析：（1）发生盘盈时：

借：生产成本——基本生产成本——A产品	500	
贷：待处理财产损溢——待处理流动资产损溢		500

批准后予以转销时：

借：待处理财产损溢——待处理流动资产损溢	500	
贷：管理费用		500

（2）发生盘亏及毁损时：

借：待处理财产损溢——待处理流动资产损溢	150	
贷：生产成本——基本生产成本——B产品		150

批准后予以转销时：

借：其他应收款——王力	70	
管理费用	80	
贷：待处理财产损溢——待处理流动资产损溢		150

任务二　生产费用在完工产品与在产品之间的分配

生产费用在完工产品与在产品之间的分配是成本计算工作中一个重要而比较复杂的问题，企业应该根据在产品数量的多少、各月在产品数量变化的大小、各项费用比重的大小及定额管理基础的好坏等具体条件，选择合理而又较简便的分配方法。成本核算实务中常用的分配方法有以下7种：不计算在产品成本法、按年初固定数计算在产品成本法、在产品按所耗原材料费用计价法、约当产量比例法、在产品按定额成本计价法、在产品按完工产品成本计价法和定额比例法。

一、不计算在产品成本法

不计算在产品成本法是指月末在产品不计算成本，本期归集的生产费用全部由本期完工产品负担的一种方法。这种方法适用于各月月末在产品数量很少的产品。因为各月月末在产品数量很少，是否计算其成本对完工产品成本影响很小，所以，可以将月末在产品成本忽略不计。如采掘、发电企业，在产品数量很少，月末在产品就可以不计算成本。

采用这种方法确定在产品成本，本月完工产品成本就是本月该产品所归集的生产费用。其计算公式如下：

本月完工产品成本 = 本月发生的生产费用

【例3–2】宏达工厂生产A产品，因为A产品生产周期较短，月末在产品数量很少，所以生产费用的分配采用不计算在产品成本法。本月A产品成本计算单登记的生产费用总额为400 000元，其中直接材料230 000元、直接人工100 000元、制造费用70 000元。本月完工入库A产品5 000件，在产品4件。

要求：根据本月发生的产品成本资料，计算A产品完工产品总成本和单位成本。

解析：本月完工产品总成本 = 230 000 + 100 000 + 70 000 = 400 000（元）

本月完工产品单位成本 = 400 000 ÷ 5 000 = 80（元/件）

二、按年初固定数计算在产品成本法

按年初固定数计算在产品成本法是指年内各月月末在产品成本固定不变，都按年初在产品成本计算的一种方法。也就是每年只在年末根据实地盘点法计算12月的月末在产品成本，在次年1至11月，不论在产品数量是否发生变化，都固定以上年12月的月末在产品成本作为各月月末在产品成本。它适用于各月末之间在产品数量变化不大的产品。例如，炼铁厂、化工厂、炼油厂等有固定容器或管道装置的在产品，数量都较均衡，均属于这种情况。采用这种方法确定在产品成本，则每月发生的生产费用就是该月完工产品的成本。其计算公式如下：

本月完工产品成本 = 本月发生的生产费用

月末在产品成本 = 年初在产品成本

在这种方法下，每到年末，企业应根据实际盘点的产品数量，具体计算12月的月末在产品成本，并将计算出的年末在产品成本作为下一年度各月固定的在产品成本，以免相隔时间过长，在产品成本与实际出入太大，影响产品成本计算的正确性。

【想一想3–2】不计算在产品成本法与按年初固定数计算在产品成本法有何不同？

【例3–3】A产品有关的生产成本资料见表3–2，月末完工产品8 000件，在产品1 000件，在产品在各月之间变动不大。按年初固定数计算在产品成本法计算月末在产品成本见表3–2。

表3–2　“基本生产成本”明细账

产品名称：A产品　　单位：元

摘要	直接材料	直接人工	制造费用	合计
月初在产品成本	2 800	1 200	800	4 800
本月生产费用	16 400	6 000	4 000	26 400
生产费用合计	19 200	7 200	4 800	31 200
本月完工产品成本	16 400	6 000	4 000	26 400
月末在产品成本	2 800	1 200	800	4 800

三、在产品按所耗原材料费用计价法

在产品按所耗原材料费用计价法是指月末在产品成本只计算其所消耗的直接材料

费用，而直接人工费用与制造费用全部由本月完工产品负担的一种方法。它适用于月末在产品数量较多且变化较大，原材料费用在产品成本中所占比重较大的产品。由于产品成本中原材料费用比重大，不计算在产品应负担的直接人工费用与制造费用，对完工产品成本影响不大。因此，为了简化计算，在产品可以不计算直接人工费用及制造费用。如纺织、造纸和酿酒等企业的产品，直接材料费用比重较大，都可以采用这种分配方法。

不同产品在生产时其原材料的投入方式、投料时间不同，因此计算月末在产品所耗用的原材料费用的方法也不同。以原材料在生产开始时一次投入为例，其计算公式如下：

$$\text{直接材料费用分配率} = \frac{\text{直接材料费用总额}}{\text{完工产品数量} + \text{月末在产品数量}}$$

$$\text{完工产品直接材料费用} = \text{完工产品数量} \times \text{直接材料费用分配率}$$

$$\text{月末在产品直接材料费用} = \text{月末在产品数量} \times \text{直接材料费用分配率}$$

$$\text{本月完工产品成本} = \text{完工产品直接材料费用} + \text{直接人工费用} + \text{制造费用}$$

$$\text{月末在产品成本} = \text{月末在产品直接材料费用}$$

【例3-4】某企业A产品月初在产品成本20 000元，本期直接材料费用70 000元，生产工人工资8 000元，制造费用6 000元。本期完工产品2 000件，月末在产品400件。原材料费用在产品成本中占较大比重，而且是生产开始时一次投入的。

要求：采用在产品按所耗原材料费用计价法计算完工产品和月末在产品成本。

解析：由于原材料于生产开始时一次投入，所以一件完工产品与一件在产品消耗的原材料费用相同，直接材料费用可以按完工产品和月末在产品的数量比例分配。

根据以上资料，完工产品与在产品成本计算如下：

直接材料费用分配率 =（20 000 + 70 000）÷（2 000 + 400）= 37.50

完工产品直接材料费用 = 2 000 × 37.50 = 75 000（元）

月末在产品直接材料费用 = 400 × 37.50 = 15 000（元）

完工产品成本 = 75 000 + 8 000 + 6 000 = 89 000（元）

月末在产品成本 = 15 000元

根据上述计算结果编制的产品成本计算单见表3-3。

表3-3 产品成本计算单

产品名称：A产品 单位：元

摘要	直接材料	直接人工	制造费用	合计
月初在产品成本	20 000			20 000
本月生产费用	70 000	8 000	6 000	84 000
生产费用合计	90 000	8 000	6 000	104 000
本月完工产品成本	75 000	8 000	6 000	89 000
月末在产品成本	15 000			15 000

【想一想 3-3】在产品按所耗原材料费用计价法计算的月末在产品成本为什么只有直接材料项目的成本?

四、约当产量比例法

(一) 约当产量比例法的概念及适用范围

约当产量是指月末实际结存的在产品数量按其完工程度折算为相当于完工产品的产量。约当产量比例法是将期初在产品成本与本期发生的生产费用之和，按完工产品产量与月末在产品约当产量的比例进行分配，以计算完工产品成本和月末在产品成本的一种方法。它适用于月末在产品数量较多且变化较大，产品成本中直接材料、直接人工及制造费用的比重相差不大的产品。因此，在这种方法下，为了反映产品成本构成情况，必须具体全面地计算完工产品和月末在产品所应负担的各成本项目的费用。

【想一想 3-4】为什么按约当产量比例法计算产品成本要按成本项目分别进行计算?

(二) 约当产量比例法的成本计算程序

按约当产量比例法计算完工产品成本和月末在产品成本的步骤如下:

第一步，计算月末在产品约当产量:

月末在产品约当产量 = 月末在产品实际数量 × 在产品完工程度（或投料程度）

第二步，计算费用分配率:

$$某项目费用分配率 = \frac{该项目费用总额}{完工产品产量 + 月末在产品约当产量}$$

第三步，计算完工产品成本和月末在产品成本:

完工产品应分配的某项目费用 = 完工产品产量 × 该项目费用分配率

月末在产品应分配的某项目费用 = 月末在产品约当产量 × 该项目费用分配率

(三) 在产品约当产量的计算

按约当产量比例法分配生产费用，关键在于月末在产品约当产量的计算。计算约当产量，关键在于确定在产品完工程度或投料程度。由于在产品的投料程度不一定与其完工程度同步，在产品完工程度与投料程度的计算方法也就不同，因此按约当产量比例法分配生产费用时，要分别按成本项目计算月末在产品约当产量。

1. 直接材料项目在产品约当产量的计算

按约当产量比例法分配直接材料费用时，在产品约当产量的确定取决于产品的投料程度，而投料程度与企业生产产品时材料的投入方式有关。产品生产过程中，材料投入方式通常有三种：一是生产开始时一次投入全部所需材料；二是分工序在每道工序开始时一次投入该工序所需的全部材料；三是生产过程中分工序陆续投入所需材料。由于投料方式不同，在产品投料程度的计算方法也不相同。

（1）如果原材料在生产开始时一次投入，则单位在产品和单位完工产品所耗原材料数量相同，因而在产品的投料程度为100%。这样无论在产品的完工程度如何，在分配原材料费用时，直接按完工产品和在产品数量比例分配。

月末在产品约当产量 = 月末在产品实际数量

（2）如果原材料在生产过程中分工序陆续投入，则月末在产品的投料程度按下列公式计算：

$$某工序在产品投料程度=\frac{\text{以前各道工序累计材料消耗定额}+\text{本工序材料消耗定额}\times 50\%}{\text{单位产品材料消耗定额}}$$

（3）如果原材料分工序投入，并在每道工序开始时一次投入，则月末在产品的投料程度按下列公式计算：

$$某工序在产品投料程度=\frac{\text{以前各道工序累计材料消耗定额}+\text{本工序材料消耗定额}}{\text{单位产品材料消耗定额}}$$

上述公式中的材料消耗可以是实际数也可以是定额数。

【例3-5】某企业生产的甲产品必须经过三道工序加工才能完成。甲产品单位原材料消耗定额为250千克，各道工序投料定额分别为150千克、75千克和25千克。2023年6月末盘点确定的在产品数量为700件，各道工序分别为180件、260件和260件。

要求：按约当产量比例法计算月末在产品约当产量。

解析：（1）如果原材料分别在各道工序开始时一次投入，月末在产品约当产量计算见表3-4。

表3-4 甲产品月末在产品约当产量计算表

2023年6月

项目	第一道工序	第二道工序	第三道工序	合计
产品投料定额/千克	150	75	25	250
月末在产品数量/件	180	260	260	700
各工序累计投料程度	60%	90%	100%	—
月末在产品约当产量/件	108	234	260	602

（2）如果原材料在生产过程中分工序陆续投入，月末在产品约当产量计算见表3-5。

表3-5 甲产品月末在产品约当产量计算表

2023年6月

项目	第一道工序	第二道工序	第三道工序	合计
产品投料定额/千克	150	75	25	250
月末在产品数量/件	180	260	260	700
各工序累计投料程度	30%	75%	95%	—
月末在产品约当产量/件	54	195	247	496

2.加工费用项目在产品约当产量的计算

在分配除直接材料费用以外的直接人工费用、燃料及动力费用、制造费用等加工费用时，在产品约当产量的确定取决于其完工程度。因为月末在产品耗用的这些加工费用与其完工程度是成正比例关系的，产品完工程度越高，耗费的加工费用就越多。完工程度可按各道工序分别计算，也可不分工序按一个平均完工程度来确定。

（1）分工序计算在产品完工程度

分工序计算在产品完工程度是根据各道工序在产品的累计已耗工时占完工产品应耗工时的比例，来确定各道工序在产品完工程度的一种方法。其计算公式如下：

$$\text{某工序在产品完工程度}=\frac{\text{以前各道工序累计工时定额}+\text{本工序工时定额}\times 50\%}{\text{单位产品工时定额}}$$

在上述公式中，本工序的工时定额之所以乘以50%，是因为该工序中各件在产品的完工程度不同，为了简化完工程度的计算工作，都按平均完工50%计算。而在产品从上一道工序转入下一道工序时，其上一道工序已经完工，因而前面各道工序的工时定额应按100%计算。

【例3–6】企业生产的甲产品工时定额为60小时。完成生产要经过三道工序，各道工序工时定额分别为12小时、24小时和24小时。2023年6月末盘点确定的在产品数量为700件，各道工序分别为180件、260件和260件。

要求：计算各道工序完工程度及约当产量。

解析：（1）各道工序的在产品完工程度为：

第一道工序完工程度 =（12 × 50%）÷ 60 × 100% = 10%

第二道工序完工程度 =（12 + 24 × 50%）÷ 60 × 100% = 40%

第三道工序完工程度 =（12 + 24 + 24 × 50%）÷ 60 × 100% = 80%

（2）各道工序月末在产品的约当产量为：

第一道工序约当产量 = 180 × 10% = 18（件）

第二道工序约当产量 = 260 × 40% = 104（件）

第三道工序约当产量 = 260 × 80% = 208（件）

（2）不分工序平均计算在产品完工程度

不分工序平均计算在产品完工程度是指在产品一律按一个平均完工程度（一般为50%）作为各工序在产品完工程度的一种方法。这种方法适用于各道工序在产品数量和单位产品在各道工序的加工量都相差不多的情况，因为在这种情况下，后面各道工序在产品多加工的程度可以抵补前面各道工序少加工的程度，为了简化核算，全部在产品的完工程度按50%平均计算。

【例3–7】沿用【例3–6】的资料。假定企业2023年6月，在生产甲产品的三道工序中，各道工序在产品的完工程度均为50%。

要求：计算在产品约当产量。

解析：在产品约当产量 =（180 + 260 + 260）× 50% = 350（件）

从此例可以看出，不分工序平均计算在产品完工程度，不能用于各工序在产品数量和单位产品在各工序的加工量相差较大的产品，否则，计算的在产品约当产量与实际相差太大。

（四）约当产量比例法的综合运用

在产品的完工程度和约当产量计算出来后，就可以将生产费用在完工产品和月末在产品之间进行分配。现举例说明约当产量比例法的综合运用。

【例3-8】某企业生产甲产品，需要经过三道工序加工制成。2023年6月有关生产费用资料见表3-6。

表3-6 甲产品生产费用情况表

2023年6月 单位：元

项目	直接材料	直接人工	制造费用	合计
月初在产品成本	30 000	10 000	12 000	52 000
本月发生生产费用	80 000	25 000	30 000	135 000
本月生产费用合计	110 000	35 000	42 000	187 000

本月完工产品数量为1 000件，月末在产品数量为400件，各道工序在产品结存数量及定额资料见表3-7。

表3-7 在产品结存数量及定额资料

2023年6月

工序	在产品数量/件	材料消耗定额/千克	工时定额/小时
第一道工序	100	60	40
第二道工序	200	60	30
第三道工序	100	80	30
合计	400	200	100

要求：按照下列两种原材料投入方式，采用约当产量比例法分别计算完工产品与月末在产品的成本。(1) 原材料在每道工序开始时一次投入；(2) 原材料在每道工序陆续投入。

解析：(1) 原材料在每道工序开始时一次投入。

①计算月末在产品约当产量（见表3-8）。

表3-8 在产品约当产量

2023年6月

工序	在产品数量/件	材料消耗定额/千克	工时定额/小时	直接材料约当产量/件		加工费用约当产量/件	
				投料程度	约当产量	完工程度	约当产量
第一道工序	100	60	40	30%	30	20%	20
第二道工序	200	60	30	60%	120	55%	110
第三道工序	100	80	30	100%	100	85%	85
合计	400	200	100		250		215

②按约当产量比例法计算完工产品与月末在产品的成本（见表3-9）。

表3-9　　产品成本计算单

产品名称：甲产品　　2023年6月　　金额单位：元

项目	直接材料	直接人工	制造费用	合计
月初在产品成本	30 000	10 000	12 000	52 000
本月发生生产费用	80 000	25 000	30 000	135 000
本月生产费用合计	110 000	35 000	42 000	187 000
月末在产品约当产量/件	250	215	215	—
完工产品产量/件	1 000	1 000	1 000	—
约当产量合计/件	1 250	1 215	1 215	—
分配率	88	28.81	34.57	—
完工产品成本	88 000	28 810	34 570	151 380
月末在产品成本	22 000	6 190	7 430	35 620

（2）原材料在每道工序陆续投入。

①计算月末在产品约当产量（见表3-10）。

表3-10　　在产品约当产量

2023年6月

工序	在产品数量/件	材料消耗定额/千克	工时定额/小时	直接材料约当产量/件		加工费用约当产量/件	
				投料程度	约当产量	完工程度	约当产量
第一道工序	100	60	40	15%	15	20%	20
第二道工序	200	60	30	45%	90	55%	110
第三道工序	100	80	30	80%	80	85%	85
合计	400	200	100		185		215

②按约当产量比例法计算完工产品与月末在产品的成本，见表3-11。

表3-11　　产品成本计算单

产品名称：甲产品　　2023年6月　　金额单位：元

项目	直接材料	直接人工	制造费用	合计
月初在产品成本	30 000	10 000	12 000	52 000
本月发生生产费用	80 000	25 000	30 000	135 000
本月生产费用合计	110 000	35 000	42 000	187 000
月末在产品约当产量/件	185	215	215	—
完工产品/件	1 000	1 000	1 000	—
约当产量合计/件	1 185	1 215	1 215	—
分配率	92.83	28.81	34.57	—
完工产品成本	92 830	28 810	34 570	156 210
月末在产品成本	17 170	6 190	7 430	30 790

【练一练3-1】A产品单位工时定额为20小时，经过两道工序加工完成，第一道工序的工时定额为5小时，第二道工序的工时定额为15小时。假设本月末第一道工序有在产品15件，平均完工程度为60%；第二道工序有在产品25件，平均完工程度为40%。则分配直接人工费用时，在产品约当产量为（ ）件。

A.16 B.19 C.20 D.21

五、在产品按定额成本计价法

在产品按定额成本计价法是指月末在产品成本根据月末在产品数量和单位定额成本计算，然后将月末在产品成本从本月生产费用（如果有月初在产品，则包括月初在产品成本）中扣除，以求得完工产品成本的一种方法。

在产品按定额成本计价法适用于各项消耗定额或费用定额比较准确、稳定，各月末在产品数量变化不大的产品。如果产品各项定额准确，月初和月末单位在产品实际费用脱离定额的差异就不会大；各月末在产品数量变化不大，月初在产品费用总额脱离月末在产品定额费用的总额差异也就不大。所以，月末在产品成本不计算成本差异，对完工产品成本影响不大。另外，如果消耗定额不稳定，那么在修改消耗定额时，月末在产品成本按新的定额计算，所发生的新旧定额的差额就由完工产品负担，从而不利于完工产品成本的分析和考核。因此，采用这种方法要求消耗定额比较稳定，不宜经常修改。其计算公式如下：

月末在产品直接材料费用＝在产品数量×单位在产品材料费用定额

月末在产品直接人工费用＝在产品数量×单位在产品人工费用定额
＝在产品的定额工时×单位工时人工费用定额

月末在产品制造费用＝在产品数量×单位在产品制造费用定额
＝在产品的定额工时×单位工时制造费用定额

完工产品成本＝月初在产品定额成本＋本月生产费用－月末在产品定额成本

【例3-9】某企业乙产品生产分两道工序制成，原材料在各道工序开始时一次投入，各道工序在产品的平均加工程度为50%。在产品的有关资料如下：

费用定额：直接材料250元/件，直接人工1元/小时，制造费用1.2元/小时。工时定额：第一道工序44小时，第二道工序24小时。月末在产品：第一道工序110件，第二道工序90件。各成本项目月初在产品和本月生产费用合计：直接材料74 000元，直接人工20 800元，制造费用32 200元。

要求：采用在产品按定额成本计价法计算产品成本。

解析：月末在产品定额成本的计算见表3-12。

表3-12 月末在产品定额成本的计算 金额单位：元

工序	在产品数量/件	直接材料	定额工时/小时	直接人工	制造费用	定额成本合计
第一道工序	110	27 500	2 420	2 420	2 904	32 824
第二道工序	90	22 500	5 040	5 040	6 048	33 588
合计	200	50 000	7 460	7 460	8 952	66 412

编制产品成本计算单见表3-13，计算本月完工产品和月末在产品成本。

表3-13 产品成本计算单

产品名称：乙产品 单位：元

摘要	直接材料	直接人工	制造费用	合计
生产费用合计	74 000	20 800	32 200	127 000
月末在产品成本	50 000	7 460	8 952	66 412
本月完工产品成本	24 000	13 340	23 248	60 588

【练一练3-2】在产品按定额成本计算时，其实际成本脱离定额成本的差异（　　）。

A.全部由当期完工产品成本负担　　B.全部由月末在产品成本负担

C.在完工产品与月末在产品之间分配　　D.结转至“管理费用”账户

六、在产品按完工产品成本计价法

在产品按完工产品成本计价法是指在产品视同完工产品分配生产费用的一种方法。它适用于在产品已接近完工，只是尚未包装或已经完工但尚未验收入库的产品。因为在这种情况下，在产品已基本加工完毕或已加工完毕，为简化产品成本计算工作，可以将在产品视同完工产品，按两者数量比例分配各项生产费用。

【例3-10】某工厂生产A产品，2023年6月的月初在产品成本和本月发生的生产费用累计数如下：直接材料费用25 600元，直接人工费用5 600元，制造费用6 400元。本月完工产品600件；月末在产品200件，该产品已经接近完工。

要求：采用在产品按完工产品成本计价法分配计算本月完工产品和月末在产品成本。

解析：产品成本计算单见表3-14。

表3-14 产品成本计算单

产品名称：A产品　　2023年6月　　金额单位：元

摘要	直接材料	直接人工	制造费用	合计
生产费用合计	25 600	5 600	6 400	37 600
本月完工产品数量/件	600	600	600	600
月末在产品数量/件	200	200	200	200
分配率	32	7	8	—
本月完工产品成本	19 200	4 200	4 800	28 200
月末在产品成本	6 400	1 400	1 600	9 400

【练一练3-3】采用在产品按完工产品成本计价法分配计算完工产品和月末在产品成本，必须具备的条件是（　　）。

A.在产品已接近完工　　B.原材料在生产开始时一次投入

C.在产品原材料费用比重大　　D.各项消耗定额比较准确

七、定额比例法

定额比例法是指按照完工产品和月末在产品的定额消耗量或定额费用的比例来分配生产费用，计算完工产品成本和月末在产品成本的一种方法。分配时应分别按各成本项目进行，其中：直接材料费用按原材料定额消耗量或原材料定额费用比例分配，其他成本项目按定额工时比例分配。这种方法适用于各项消耗定额或费用定额比较准确、稳定，且各月末在产品数量变动较大的产品。它克服了在产品按定额成本计价法中将在产品实际成本与定额成本之间的差额全部计入完工产品成本，可能造成完工产品成本计算不够准确的问题。定额比例法计算公式如下：

（一）直接材料费用分配

$$\text{直接材料费用分配率}=\frac{\text{月初在产品直接材料费用}+\text{本月发生直接材料费用}}{\text{完工产品材料定额费用（或定额消耗量）}+\text{月末在产品材料定额费用（或定额消耗量）}}$$

$$\text{完工产品直接材料费用}=\text{完工产品材料定额费用（或定额消耗量）}\times\text{直接材料费用分配率}$$

$$\text{月末在产品直接材料费用}=\text{月末在产品材料定额费用（或定额消耗量）}\times\text{直接材料费用分配率}$$

或

$$\text{月末在产品直接材料费用}=\text{月初在产品直接材料费用}+\text{本月发生直接材料费用}-\text{完工产品直接材料费用}$$

（二）直接人工费用分配

$$\text{直接人工费用分配率}=\frac{\text{月初在产品直接人工费用}+\text{本月发生直接人工费用}}{\text{完工产品定额工时}+\text{月末在产品定额工时}}$$

$$\text{完工产品直接人工费用}=\text{完工产品定额工时}\times\text{直接人工费用分配率}$$

$$\text{月末在产品直接人工费用}=\text{月末在产品定额工时}\times\text{直接人工费用分配率}$$

或

$$\text{月末在产品直接人工费用}=\text{月初在产品直接人工费用}+\text{本月发生直接人工费用}-\text{完工产品直接人工费用}$$

（三）制造费用分配

$$\text{制造费用分配率}=\frac{\text{月初在产品制造费用}+\text{本月发生制造费用}}{\text{完工产品定额工时}+\text{月末在产品定额工时}}$$

$$\text{完工产品制造费用}=\text{完工产品定额工时}\times\text{制造费用分配率}$$

$$\text{月末在产品制造费用} = \text{月末在产品定额工时} \times \text{制造费用分配率}$$

或

$$\frac{\text{月末在产品}}{\text{制造费用}} = \frac{\text{月初在产品}}{\text{制造费用}} + \frac{\text{本月发生}}{\text{制造费用}} - \frac{\text{完工产品}}{\text{制造费用}}$$

【例 3-11】天达制造厂生产甲产品。本月完工产品 3 500 件，直接材料费用定额 8 元，工时定额 3 小时。月末在产品 700 件，直接材料费用定额 6 元，工时定额 1 小时。生产甲产品发生的费用资料见表 3-15。

表3-15　生产甲产品发生的费用资料　单位：元

摘要	直接材料	直接人工	制造费用	合计
月初在产品成本	4 000	1 600	3 000	8 600
本月发生生产费用	24 000	8 000	12 000	44 000
本月生产费用合计	28 000	9 600	15 000	52 600

要求：采用定额比例法分配本月产品成本。

解析：根据以上资料，采用定额比例法计算本月完工产品成本和月末在产品成本的结果见表 3-16。

表3-16　完工产品与月末在产品费用分配表　金额单位：元

成本项目	月初在产品成本	本月生产费用	生产费用合计	分配率	本月完工产品		月末在产品	
					定额费用	实际成本	定额费用	实际成本
	1	2	3 = 1 + 2	4 = 3 ÷ (5 + 7)	5	6 = 4 × 5	7	8 = 4 × 7
直接材料	4 000	24 000	28 000	0.8696	28 000	24 348.80	4 200	3 651.20
直接人工	1 600	8 000	9 600	0.8571	10 500	8 999.55	700	600.45
制造费用	3 000	12 000	15 000	1.3393	10 500	14 062.65	700	937.35
合计	8 600	44 000	52 600	—	—	47 411	—	5 189

在表 3-16 中，完工产品定额费用或工时和月末在产品定额费用或工时计算如下：

完工产品直接材料定额费用 = 8 × 3 500 = 28 000（元）

月末在产品直接材料定额费用 = 6 × 700 = 4 200（元）

完工产品直接人工（制造费用）定额工时 = 3 × 3 500 = 10 500（小时）

月末在产品直接人工（制造费用）定额工时 = 1 × 700 = 700（小时）

需要说明的是，在实务中，产品生产费用在完工产品与月末在产品之间的分配可以通过编制“产品成本计算单”完成，其基本格式与上述分配表基本相同，见表 3-17。

表3-17 产品成本计算单

产品名称：甲产品 完工产品：3 500件 在产品：700件 金额单位：元

摘要	直接材料	直接人工	制造费用	合计
月初在产品成本	4 000	1 600	3 000	8 600
本月发生生产费用	24 000	8 000	12 000	44 000
本月生产费用合计	28 000	9 600	15 000	52 600
完工产品定额	28 000	10 500	10 500	—
月末在产品定额	4 200	700	700	—
分配率	0.8696	0.8571	1.3393	—
完工产品成本	24 348.80	8 999.55	14 062.65	47 411
月末在产品成本	3 651.20	600.45	937.35	5 189

【练一练3-4】某企业定额管理基础比较好，能够制定比较准确、稳定的消耗定额，且各月末在产品数量变化较大的产品，应采用（ ）。

A.在产品按定额成本计价法 B.约当产量比例法

C.定额比例法 D.不计算在产品成本法

【想一想3-5】在产品按定额成本计价法与定额比例法计算的月末在产品成本一样吗？

任务三 完工产品成本的结转

工业企业的完工产品，包括完工产成品、自制材料、工具和模具等。完工产品经检验合格入库后，应将其成本从“生产成本——基本生产成本”的贷方分别转入各有关科目的借方。

对于完工验收入库的产成品或自制半成品，无论采用何种方法计算产品成本，在计算出本期完工产品的总成本和单位成本后，都要根据各种“产品成本计算单”汇总编制“产成品成本汇总表”，结合“产品入库单”，编制如下会计分录：

借：库存商品（自制半成品）

　　贷：生产成本——基本生产成本

完工验收入库的自制材料、工具、模具等，按其成本应分别转入“原材料”和“周转材料”等账户的借方，贷记“生产成本——基本生产成本”账户。

月末结转完工产品成本后，“生产成本——基本生产成本”账户的月末余额就是月末在产品的成本。

【例3-12】大龙家电有限公司2023年6月“产成品成本汇总表”见表3-18。

表3-18　　　　　　　　　　产成品成本汇总表

单位名称：大龙家电有限公司　　　　　　2023年6月　　　　　　　　　　金额单位：元

应借科目	产成品名称	产量/件	成本	直接材料	直接人工	制造费用	成本合计
库存商品	高压锅	540	总成本	97 230	5 602	25 723	128 555
			单位成本	180.06	10.37	47.64	238.07
	果汁机	800	总成本	87 120	7 680	25 600	120 400
			单位成本	108.90	9.60	32.00	150.50
总成本合计		—	—	184 350	13 282	51 323	248 955

要求：编制结转完工产品成本的会计分录。

解析：根据“产成品成本汇总表”编制会计分录如下：

借：库存商品——高压锅　　128 555

　　　　　　——果汁机　　120 400

　贷：生产成本——基本生产成本——高压锅　　128 555

　　　　　　　　　　　　　　　——果汁机　　120 400

思政园地

华山电器制造公司是一家拥有80名职工的小型企业，主要生产消毒柜。王青是刚刚分配到该公司财务部的成本核算人员。自从他接手成本核算工作后，觉得公司成本核算工作比较粗糙，成本核算的基础工作也不健全，不能满足企业成本管理的要求。于是，他根据在学校学习的知识，仔细规划了成本核算方案。其中将产品的成本项目设置为四个，分别为“直接材料”“燃料和动力”“直接人工”“制造费用”。其中“直接材料”成本项目设计为多栏式明细分类账，分为“原材料”“主要材料”“燃料”“辅助材料”等小栏目，详细反映其消耗情况，为考核所有材料消耗提供资料。但由于辅助材料所占的比例非常小，决定不按照实际成本而按照计划成本计价。

要求：请评价一下王青的做法是否正确，并简要说明理由。

拓展阅读

项目小结

通过本项目学习，应当把握的要点是：

（1）不计算在产品成本法是指月末在产品不计算成本，本期归集的生产费用全部由本期完工产品负担的一种方法。适用于月末在产品数量很少，是否计算其成本对完工产品成本影响很小的产品。

（2）按年初固定数计算在产品成本法是指年内各月月末在产品成本固定不变，都按年初在产品成本计算的一种方法。也就是每年只在年末根据实地盘点法计算12月的月末在产品成本，在次年1至11月，不论在产品数量是否发生变化，都固定以上年12月的月末在产品成本作为各月月末在产品成本。它适用于各月末之间在产品数量变化不大的产品。

（3）在产品按所耗原材料费用计价法是指月末在产品成本只计算其所消耗的直接材料费用，而直接人工费用与制造费用全部由本月完工产品负担的一种方法。它适用于各月末在产品数量较多且变化较大，原材料费用在产品成本中所占比重较大的产品。

（4）约当产量比例法是指生产费用按完工产品产量与月末在产品约当产量的比例进行分配，以计算完工产品成本和月末在产品成本的一种方法。按约当产量比例法分配生产费用，关键在于月末在产品约当产量的计算。所谓约当产量，是指将月末在产品数量按其投料程度或完工程度折算为相当于完工产品的数量。由于原材料的投料程度不一定与产品的完工程度同步，在产品完工程度与投料程度的计算方法也就不同，因此，按约当产量比例法计算产品成本时，要将直接材料费用与其他项目费用分别加以计算，全面地计算完工产品成本和月末在产品所应负担的各成本项目的费用。它适用于月末在产品数量较多且变化较大，产品成本中直接材料、直接人工及制造费用的比重相差不大的产品。

（5）在产品按定额成本计价法是指月末在产品成本根据月末在产品数量和单位定额成本计算，然后将其从本月该产品的全部生产费用（如果有月初在产品，包括月初在产品成本）中扣除，以求得完工产品成本的一种方法。这种方法适用于各项消耗定额或费用定额比较准确、稳定，各月末在产品数量变化不大的产品。

（6）在产品按完工产品成本计价法是指在产品视同完工产品分配生产费用的一种方法。它适用于在产品已接近完工，只是尚未包装或已经完工但尚未验收入库的产品。因为在这种情况下，在产品已基本加工完毕或已加工完毕，为简化产品成本计算工作，可以将在产品视同完工产品，按两者数量比例分配各项生产费用。

（7）定额比例法是指生产费用按完工产品和月末在产品的定额消耗量或定额费用的比例进行分配，计算完工产品成本和月末在产品成本的一种方法。分配时应分别按各成本项目进行，其中：直接材料费用按原材料定额消耗量或原材料定额费用比例分配，其他成本项目按定额工时比例分配。这种方法适用于各项消耗定额或费用定额比较准确、稳定，且各月末在产品数量变动较大的产品。

项目技能训练

一、单项选择题（每题只有一个正确答案，请将正确答案填在括号内）

1.采用不计算在产品成本法的适用范围是（　　）。

A.月末无在产品　　　　B.月末在产品数量很少

C.月末在产品数量较多　　D.月末在产品数量均衡

2.A产品要经历三道工序完成，各道工序的投料比例分别为50%、35%和15%，材料在生产开始时一次投入，则第二道工序在产品的投料比例是（　　）。

A.100%　　B.50%　　C.85%　　D.35%

3.A产品要经历三道工序完成，各道工序的投料比例分别为50%、35%和15%，材料在每道工序生产开始时一次投入，则第二道工序在产品的投料比例是（　　）。

A.100%　　B.50%　　C.85%　　D.35%

4.A产品要经历三道工序完成，各道工序的定额工时分别为30小时、10小时和10小时，则第二道工序的在产品完工程度是（　　）。

A.50%　　B.70%　　C.80%　　D.90%

5.B产品要经历三道工序完成，各道工序在产品的完工程度分别为30%、65%和85%，若该产品的定额工时为50小时，则第三道工序的定额工时为（　　）小时。

A.10　　B.15　　C.20　　D.25

6.甲产品要经历三道工序完成，各道工序月末在产品数量分别为100件、120件和150件，各道工序在产品的完工程度分别为30%、60%和80%，则月末在产品的约当产量为（　　）件。

A.370　　B.185　　C.200　　D.222

7.狭义的在产品包括（　　）。

A.本单位正在加工的在制品

B.本生产步骤正在加工的在制品

C.本生产单位已完工交出的自制半成品

D.本生产步骤已完工交出的自制半成品

8.按约当产量比例法计算在产品成本时，影响在产品成本准确性的关键因素是（　　）。

A.在产品的数量　　B.在产品的完工程度

C.完工产品的数量　　D.废品的数量

9.某种产品的各项定额准确、稳定，且各月末在产品数量变化不大，为了简化成本计算工作，其生产费用在完工产品与月末在产品之间进行分配应采用（　　）。

A.在产品按定额成本计价法　　B.按年初固定数计算在产品成本法

C.定额比例法　　D.约当产量比例法

10.各月末在产品数量较大，各月在产品数量变化也较大，但原材料费用在成本中所占比重较大的产品，其在产品成本的计算，可采用（　　）。

A.按年初固定数计算在产品成本法　　B.在产品按所耗原材料费用计价法

C.约当产量比例法　　D.在产品按定额成本计价法

11.通过对在产品成本的计算，从而计算出完工产品的生产成本，然后将其转入（　　）账户。

A.“库存商品”　　B.“原材料”

C.“生产成本”　　D.“主营业务成本”

12.各项消耗定额或费用比较准确、稳定，而且各月末在产品数量变化不大的产品，其月末在产品成本的计算方法可采用（　　）。

A.在产品按定额成本计价法　　B.在产品按完工产品成本计价法

C.在产品按约当产量比例法　　D.在产品按所耗原材料费用计价法

13.月末在产品成本采用定额成本计价法计算时，其实际成本与定额成本之间的差异应计入（　　）。

A.在产品成本　　B.营业外支出

C.完工产品成本　　D.期间费用

14.原材料在每道工序开始时一次投料的情况下，分配原材料费用的在产品完工率，等于原材料的（　　）与完工产品消耗定额的比率。

A.所在工序消耗定额　　B.所在工序累计消耗定额

C.所在工序累计消耗定额的50%　　D.所在工序消耗定额的50%

15.产品所耗原材料在生产开始时一次投入，其完工产品与月末在产品的原材料费用，应按完工产品和月末在产品的下列比例分配计算的是（　　）。

A.所耗原材料数量　　B.在产品约当产量

C.在产品数量的50%　　D.完工产品与在产品数量

16.某产品在产品数量较小，或者数量虽大但各月之间在产品数量变化不大，月初、月末在产品成本的差额对完工产品成本的影响不大，为了简化核算工作可采用（　　）。

A.不计算在产品成本法　　B.在产品按所耗原材料费用计算计价法

C.按年初固定数计算在产品成本法　　D.定额比例法

17.假设某企业某产品工时定额为40小时，经两道工序完成，各道工序的工时定额分别为30小时和10小时，则第二道工序的完工程度为（　　）。

A.37.5%　　B.50%　　C.87.5%　　D.90%

18.计算月末在产品约当产量的依据是（　　）。

A.月末在产品数量　　B.本月完工产品数量

C.月末在产品数量和完工程度　　D.月末在产品定额成本和定额工时

19.（　　）的确认是正确计算在产品成本的基础。

A.在产品价格　　B.在产品数量

C.在产品成本　　D.完工产品数量

20.月末在产品数量比较稳定、定额资料完整的企业，在产品成本通常按（　　）计算。

A.定额成本　　B.定额比例　　C.生产工时比例　　D.计划成本

二、多项选择题（每题有两个或两个以上正确答案，请将正确答案填在括号内）

1.确定生产费用在完工产品与在产品之间的分配方法时，应考虑的具体条件有（　　）。

A.在产品数量多少　　B.定额基础的好坏

C.各项成本比重的大小　　D.各月在产品的数量变化的大小

2.生产费用在完工产品和在产品之间分配表述正确的有（　　）。

A.月末在产品数量较多，且各月变化不大的产品，可以采用按年初固定数计算在产品成本法

B.直接材料所占比重较大且在生产开始时一次全部投入的产品，可以采用在产品按所耗原材料费用计价法

C.月末在产品数量很少的产品，可以采用不计算在产品成本法

D.各项消耗定额准确、稳定，各月末在产品数量变动较大的产品，可以采用定额比例法

3.下列各项的表述正确的有（　　）。

A.月初在产品费用＋本月生产费用＝本月完工产品成本＋月末在产品成本

B.月初在产品费用＋本月生产费用－本月完工产品成本＝月末在产品成本

C.月初在产品费用＋本月生产费用－月末在产品成本＝本月完工产品成本

D.以上都正确

4.完工产品和在产品之间分配费用的方法有（　　）。

A.约当产量比例法　　B.定额比例法

C.不计算在产品成本法　　D.交互分配法

5.广义在产品包括（　　）。

A.正在各车间加工中的在产品

B.已经完成一个或几个生产步骤，但还需继续加工的自制半成品

C.对外销售的自制半成品

D.已完工但尚未验收入库的产成品

6.在产品的约当产量是根据在产品完工程度确定的，测定在产品完工程度的方法有（　　）。

A.定额工时　　B.按50%平均计算各工序完工程度

C.分工序分别计算完工程度　　D.按定额比例法计算

7.计算本月完工产品成本时，依据的成本资料主要有（　　）。

A.月初在产品成本　　B.本月发生的生产费用

C.月末在产品成本　　D.上月完工产品成本

8.按年初固定数计算在产品成本法，适用于（　　）。

A.各月在产品数量较少的产品

B.各月在产品数量较多的产品

C.各月末在产品数量变化较多的产品

D.各月末在产品数量较多，且各月数量比较均衡的产品

9.按约当产量比例法计算月末在产品成本，在产品约当产量应按（　　）计算。

A.投料程度　　B.完工程度

C.预计废品率　　D.产品入库程度

10.材料投入方式主要有（　　）。

A.材料在生产开始时一次投入　　B.材料在生产过程中陆续投入

C.材料在生产过程中分阶段批量投入　D.材料在供应过程中分别投入

11.计算在产品约当产量时，要考虑的因素有（　　）。

A.原材料投料方式　B.月末各工序的在产品数量

C.在产品完工程度　D.完工产品数量

12.下列完工产品成本与在产品成本的分配方法中，某种产品本月发生的生产费用就是本月完工产品成本的方法有（　）。

A.不计算在产品成本法　B.按年初固定数计算在产品成本法

C.原材料扣除法　D.约当产量比例法

13.某企业的甲产品10月份发生的生产费用是20万元，甲产品10月份的完工产品成本也是20万元，则下列各项分析中正确的有（　）。

A.甲产品的月末在产品数量可能很少

B.甲产品的在产品数量可能很多，但各月之间的在产品数量变动不大

C.甲产品的原材料费用在产品成本中所占比重很大，而且原材料在生产开始时一次投入

D.甲产品可能月末在产品数量很多

14.甲产品单位工时定额是50小时，其中：第一道工序为30小时，第二道工序为20小时。月末第二道工序在产品为200件，下列说法中正确的有（　）。

A.如果原材料是在生产开始时一次投入，则分配直接材料费用时，月末第二道工序在产品的约当产量为200件

B.第一道工序月末在产品的完工程度为30%

C.第二道工序月末在产品的完工程度为50%

D.分配直接人工费用时，月末第二道工序在产品的约当产量为160件

15.某产品由三道工序加工而成，原材料在每道工序中陆续投入，各道工序的材料消耗定额分别为70千克、30千克和50千克。用约当产量比例法分配原材料费用时，下列各项正确的有（　　）。

A.第一道工序的完工程度为23.33%　B.第二道工序的完工程度为56.67%

C.第三道工序的完工程度为100%　D.第三道工序的完工程度为83.33%

三、判断题（正确的在括号内打“√”，错误的打“×”）

（　　）1.为了简化核算工作，在产品成本可以只计算原材料费用。

（　　）2.在产品按定额成本计价法是指按照完工产品和月末在产品定额比例计算产品成本的一种方法。

（　　）3.生产费用都需要经过完工产品与月末在产品之间的分配，才能计算出完工产品的成本。

（　　）4.为了反映完工产品成本构成情况，分配生产费用时，应按成本项目分别进行分配。

（　　）5.采用定额比例法将生产费用在完工产品与月末在产品之间进行分配时，直接材料项目一般以原材料定额消耗量作为分配标准。

（　　）6. 在产品数量的日常核算，可以通过设置“在产品收发结存账”来进行。

（　　）7. 在产品按其完工程度折算为完工产品的产量称为约当产量。

（　　）8. 广义在产品包括正在各车间加工中的在产品和已经完成一个或多个生产步骤的加工，但尚未最终完工仍需继续加工的自制半成品。

（　　）9. 采用按年初固定数计算在产品成本法时，年内各月的月末在产品成本都按年初在产品成本计算，固定不变。

（　　）10. 原材料在生产过程中分次投入时，应当根据该工序在产品累计已投入的材料费用占完工产品应投入的材料费用的比重来计算在产品的投料程度。

（　　）11. 约当产量比例法适用于月末在产品数量多，各月末在产品数量变化较大，其原材料费用在成本中所占比重较大的产品。

（　　）12. 约当产量比例法下，完工产品与月末在产品的各项加工费用均不能按照它们的数量比例来分配计算，应按约当产量比例分配计算。

（　　）13. 采用定额比例法和定额成本计价法计算在产品成本，其计算结果应当是一致的。

（　　）14. 约当产量比例法下，当各道工序的在产品数量和在产品加工量比较均衡时，各项目在产品的完工程度可按50%平均计算。

（　　）15. 用约当产量比例法将生产费用在完工产品与月末在产品之间进行分配时，计算月末在产品约当产量时，直接材料项目投料程度计算方法与加工费用项目完工程度的计算方法是相同的。

四、业务题

1. 某企业生产A产品，各月末在产品的数量较少，不计算在产品成本。2023年6月发生的生产费用如下：直接材料费用7 200元，燃料及动力费用2 400元，直接人工1 800元，制造费用800元。本月完工产品400件，月末在产品2件。

要求：计算A产品完工产品的总成本和单位成本，编制“产品成本计算单”并填入表3-19中。

表3-19　　产品成本计算单

产品名称：A产品　　2023年6月　　单位：元

摘要	直接材料	燃料及动力	直接人工	制造费用	合计
本月生产费用					
本月完工产品成本					
完工产品单位成本					

2. 某企业生产甲产品，月末在产品的数量较多，且各月末在产品数量变化不大，采用按年初固定数计算在产品成本法。在产品年初成本如下：直接材料3 600元，燃料及动力2 400元，直接人工1 400元，制造费用1 200元。2023年6月生产费用如下：直接材料7 600元，燃料及动力6 400元，直接人工3 800元，制造费用2 020元。本月完工产品200件，月末在产品100件。

要求：计算本月甲产品完工产品的总成本和单位成本，编制“产品成本计算单”并填入表3-20中。

表3-20 产品成本计算单

产品名称：甲产品 2023年6月 单位：元

摘要	直接材料	燃料及动力	直接人工	制造费用	合计
月初在产品成本					
本月生产费用					
生产费用累计					
本月完工产品成本					
月末在产品成本					

3. 某企业生产乙产品，直接材料在生产开始时一次投入。该产品直接材料在产品成本中所占比重较大，完工产品与在产品之间的费用分配采用在产品按所耗原材料费用计价法。乙产品月初在产品直接材料（即月初在产品成本）为40 000元。2023年6月发生直接材料210 000元，直接人工8 000元，制造费用2 000元，完工产品750件，月末在产品250件。

要求：采用在产品按所耗原材料费用计价法计算乙产品成本，编制“产品成本计算单”并填入表3-21中。

表3-21 产品成本计算单

产品名称：乙产品 2023年6月 金额单位：元

项目	直接材料	直接人工	制造费用	合计
月初在产品成本				
本月生产费用				
生产费用合计				
完工产品数量/件				
月末在产品数量/件				
分配率				
本月完工产品成本				
月末在产品成本				

4. 某企业生产A产品，本月完工产品产量为400件，月末在产品80件，加工程度为50%。A产品所耗原材料于生产开始时一次投入。2023年6月生产费用资料见表3-22。

表3-22　生产费用资料

2023年6月　　单位：元

项目	直接材料	直接人工	制造费用	合计
月初在产品成本	757.60	142	139	1 038.60
本月生产费用	8 522.40	2 058	3 381	13 961.40
生产费用合计	9 280	2 200	3 520	15 000

要求：采用约当产量比例法计算完工产品和月末在产品成本，编制“产品成本计算单”并填入表3-23中。

表3-23　产品成本计算单

产品名称：A产品　　2023年6月　　金额单位：元

项目	直接材料	直接人工	制造费用	合计
月初在产品成本				
本月生产费用				
生产费用合计				
月末在产品约当产量/件				
完工产品数量/件				
约当总产量/件				
分配率				
完工产品成本				
月末在产品成本				

5.某企业生产甲产品，经过三道工序加工，原材料随生产进度陆续投入，且是在每道工序开始时一次投入的，2023年6月各道工序的有关资料见表3-24。

表3-24　在产品数量及定额资料

工序	第一道工序	第二道工序	第三道工序	合计
直接材料定额/元	280	168	112	560
工时定额/小时	80	160	60	300
在产品数量/台	60	70	30	160

要求：

（1）根据表3-24资料，计算各道工序在产品的投料程度、完工程度以及约当产量，并填入表3-25和表3-26中。

表3-25　　投料程度、约当产量计算表

工序	各道工序直接材料定额/元	投料程度	在产品数量/台	在产品约当产量/台
第一道工序				
第二道工序				
第三道工序				
合计				

表3-26　　完工程度、约当产量计算表

工序	各道工序工时定额/元	完工程度	在产品数量/台	在产品约当产量/台
第一道工序				
第二道工序				
第三道工序				
合计				

（2）甲产品本月完工产品200台，月初在产品与本月生产费用见表3-27，编制“产品成本计算单”并填入表3-27中。

表3-27　　产品成本计算单　　金额单位：元

摘要	直接材料	燃料及动力	直接人工	制造费用	合计
月初在产品与本月生产费用合计	90 060	13 600	19 040	8 160	130 860
完工产品数量/台					
在产品数量/台					
合计/台					
分配率					
完工产品成本					
月末在产品成本					

6.某厂生产甲、乙、丙三种产品，丙产品无期初在产品。相关资料如下：

（1）甲、乙两种产品2023年8月的期初在产品成本资料见表3-28。

表3-28　　期初在产品成本资料

2023年8月　　单位：元

产品名称	直接材料	燃料及动力	直接人工	制造费用	合计
甲产品	70 908	1 640	2 592	8 184	83 324
乙产品	30 540	2 270	4 768	9 536	47 114

（2）甲、乙、丙三种产品2023年8月发生的生产费用见表3-29。

表3-29 本月发生各项生产费用资料

2023年8月 单位：元

项目	甲产品	乙产品	丙产品
原材料费用	554 092	369 460	453 600
燃料费用	9 850	12 250	14 360
动力费用	3 960	3 080	1 760
工资及福利费用	33 008	12 616	21 313
制造费用	30 800	22 464	18 000
合计	631 710	419 870	509 033

（3）本月甲产品完工3 500件，月末在产品1 500件，月末在产品完工程度为80%；本月乙产品完工4 000件，月末在产品2 000件，月末在产品完工程度为60%；本月丙产品完工4 600件，全部生产完工，月末无在产品。甲产品所耗原材料在生产开始时一次投入，丙产品和乙产品所耗的原材料随着加工进度陆续投入。

要求：按约当产量比例法计算完工产品成本和月末在产品成本，填入表3-30、表3-31和表3-32中，并编制产品入库的会计分录。

表3-30 产品成本计算单

产品名称：甲产品 2023年8月 金额单位：元

成本项目	直接材料	燃料及动力	直接人工	制造费用	合计
月初在产品成本					
本月生产费用					
生产费用合计					
在产品约当产量/件					
完工产品产量/件					
分配率					
完工产品成本					
月末在产品成本					

表3-31 产品成本计算单

产品名称：乙产品 2023年8月 金额单位：元

成本项目	直接材料	燃料及动力	直接人工	制造费用	合计
月初在产品成本					
本月生产费用					

续表

成本项目	直接材料	燃料及动力	直接人工	制造费用	合计
生产费用合计					
在产品约当产量/件					
完工产品产量/件					
分配率					
完工产品成本					
月末在产品成本					

表3-32 产品成本计算单

产品名称：丙产品 2023年8月 金额单位：元

成本项目	直接材料	燃料及动力	直接人工	制造费用	合计
本月生产费用					
生产费用合计					
完工产品产量/件					
完工产品成本					
单位成本					

7.某厂生产的D产品月初在产品成本和本月发生的生产费用见表3-33，D产品本月完工1 000件，月末在产品400件，其中第一道工序150件、第二道工序140件、第三道工序110件。单位在产品直接材料定额成本为第一道工序600元，第二道工序700元，第三道工序800元。D产品单位工时定额90小时，其中第一道工序20小时、第二道工序50小时、第三道工序20小时。月末在产品在各道工序的完工程度为50%。D产品定额工时人工费用分配率为3，定额工时制造费用分配率为2。

要求：采用在产品按定额成本计价法计算月末完工产品与在产品的成本，编制“产品成本计算单”并填入表3-33中。

表3-33 产品成本计算单

产品名称：D产品 2023年8月 单位：元

成本项目	直接材料	直接人工	制造费用	合计
月初在产品成本	103 296	25 584	15 350	144 230
本月生产费用	929 664	294 216	176 530	1 400 410
生产费用合计				
完工产品成本				
月末在产品成本				

8.某厂大量生产的E产品是定型产品，有比较健全的定额资料和定额管理制度。2023年12月E产品完工1 000件，产品直接材料费用定额为800元，工时消耗定额为90小时。月末盘点停留在各道生产工序的在产品为400件，其中：第一道工序为150件，在产品直接材料费用定额为600元，工时消耗定额为10小时；第二道工序为140件，在产品直接材料费用定额为700元，工时消耗定额为45小时；第三道工序为110件，在产品直接材料费用定额为800元，工时消耗定额为80小时。

要求：采用定额比例法计算月末在产品和本月完工产品成本，编制“产品成本计算单”并填入表3-34中。

表3-34　产品成本计算单

产品名称：E产品　2023年12月　金额单位：元

成本项目	直接材料	直接人工	制造费用	合计
月初在产品成本	103 296	25 584	15 350	144 230
本月生产费用	929 664	294 216	176 530	1 400 410
生产费用合计				
完工产品定额				
月末在产品定额				
费用分配率				
完工产品成本				
月末在产品成本				

9.某车间生产A产品，2023年12月完工产品600件，月末在产品100件，原材料于生产开始时一次投入，月末在产品的完工程度均为50%，完工产品单位定额耗用量为15千克，定额工时为10小时。本月共发生生产费用如下：直接材料21 000元，直接人工11 700元，制造费用10 400元。

要求：采用定额比例法计算完工产品成本和在产品成本，编制“产品成本计算单”并填入表3-35中。

表3-35　产品成本计算单

产品名称：A产品　2023年12月　金额单位：元

成本项目	直接材料	直接人工	制造费用	合计
生产费用合计				
完工产品定额				
月末在产品定额				
费用分配率				
完工产品成本				
月末在产品成本				

项目四

产品成本计算的基本方法

学习目标

知识目标

1. 了解企业生产类型的划分
2. 理解生产特点和管理要求对成本计算方法的影响
3. 掌握各种成本计算基本方法的特点、适用范围、成本计算程序

能力目标

1. 能根据生产特点和管理要求选择适当的成本计算方法
2. 能熟练运用品种法、分批法、分步法进行成本计算

素养目标

1. 回顾成本核算流程，引导学生理解会计信息的生成机制，进行爱岗、敬业、法治、诚信的教育，培养学生遵守会计职业道德和职业规范，增强学生的责任担当意识
2. 通过品种法、分批法、分步法技能训练，培养学生工匠精神，提高学生对成本核算工作的感性认识，树立未来从业的信心和决心

思维导图

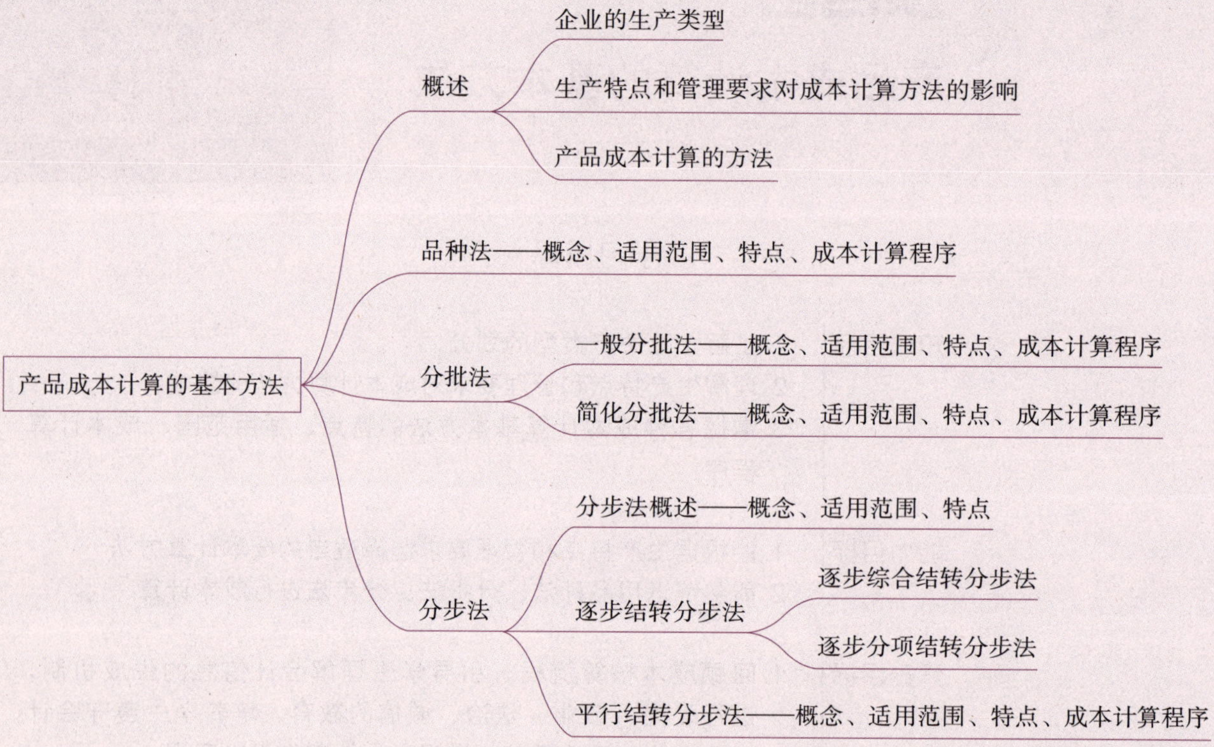
产品成本计算的基本方法
概述
企业的生产类型
生产特点和管理要求对成本计算方法的影响
产品成本计算的方法
品种法——概念、适用范围、特点、成本计算程序
分批法
一般分批法——概念、适用范围、特点、成本计算程序
简化分批法——概念、适用范围、特点、成本计算程序
分步法
分步法概述——概念、适用范围、特点
逐步结转分步法
逐步综合结转分步法
逐步分项结转分步法
平行结转分步法——概念、适用范围、特点、成本计算程序

案例导入

温泉造纸公司是一个多步骤生产企业，大量大批生产各种纸制品，公司主要产品有打印纸、新闻纸和包装纸。公司设有制浆、漂洗、制纸三个基本生产车间，另外设有供电、供水两个辅助生产车间。生产工艺流程如下：制浆车间将原材料（麦草）经备料、蒸煮、苛化、盘磨、成浆等工序制成麦草浆，全部供应给漂洗车间进行漂洗处理，再由制纸车间制成最终产品——打印纸、新闻纸和包装纸。制浆车间产生的浆渣将作为废物进行处理销售。成本核算员小李认为该公司是典型的多步骤生产，因此应采用分步法进行产品成本计算。

提出问题：

（1）企业的生产类型有哪些？

（2）生产特点和管理要求对成本计算方法有哪些影响？

（3）产品成本计算的基本方法有哪些？

（4）各种成本计算基本方法的特点是什么？适用范围和成本计算程序有何不同？

带着这些问题，让我们开始本项目的学习。

任务一 产品成本计算方法概述

制造业企业生产的产品不同，其生产类型、生产组织方式和生产工艺过程各不相同，对成本计算的要求也不尽相同。企业应根据生产的特点和管理的要求，选择适当的成本计算方法，正确计算产品成本。

一、企业的生产类型

企业的生产类型可以按产品生产的工艺过程特点和产品生产的组织特点进行划分。

（一）按产品生产的工艺过程特点划分

工业企业的生产，按产品生产工艺过程的特点，可分为单步骤生产和多步骤生产。

1. 单步骤生产

单步骤生产又称简单生产，是指生产工艺过程不能间断（不能或不需要划分几个生产步骤），不能分散在不同工作地点进行的产品生产。例如，发电、采掘、供水、供气、铸造等企业的生产。单步骤生产工艺技术简单，生产周期短，生产一般由一个分厂或一个车间整体进行，而不能由几个分厂或车间协作进行。

2. 多步骤生产

多步骤生产又称复杂生产，是指生产工艺过程可以间断，由若干个步骤组成的生产，可以在不同地点、不同时间进行的产品生产。例如，纺织、钢铁、机械、服装等企业的生产。多步骤生产工艺技术复杂，生产周期长，生产可以由一个分厂或一个车间单独进行，也可以由几个分厂或车间协作进行。

多步骤生产可以按产品的加工方式不同，分为连续式多步骤生产和装配式多步骤生产。连续式多步骤生产是指从原材料投入到产成品完工，要顺序经过若干个生产步骤的连续加工，前一步骤完工的半成品需要继续由下一个步骤进行加工，直到最后步骤才能生产出产成品。例如，钢铁企业要经过炼铁、炼钢、轧钢等步骤，才能生产出钢材。装配式多步骤生产又称为平行式生产，是指先将原材料分别在各个加工车间平行加工为零件、部件，再将零件、部件装配成产品的生产。例如，机床、飞机、汽车制造等企业的生产。

【相关知识】生产工艺过程，即一般说的生产工艺流程，是指产品生产从原材料投入到产品完工的整个生产加工过程，它以生产过程是否可以间断为基本特征。

（二）按产品生产的组织特点划分

工业企业的生产，按照生产的组织特点，可以分为大量生产、成批生产和单件生产三类。

1. 大量生产

大量生产是指连续不断地重复品种相同产品的生产。例如，化肥、面粉、采掘等企业的生产。其主要特点是：产品的品种较少，各种产品的产量较大，且生产比较稳定。

2. 成批生产

成批生产是指按照事先规定的产品批别和数量进行的生产。例如，服装、机械加工等企业的生产。其主要特点是：产品品种较多、产量较大、有一定的重复性、专业化程度较高。成批生产按照批量的大小，又可分为大批生产和小批生产。大批生产的产品数量多，往往在几个月内不断重复生产相同的产品，其特点与大量生产类似，如服装、食品等企业；小批生产的产品数量较少，每批产品同时投产，往往也可以同时完工，其特点与单件生产类似，如机械加工企业。

3. 单件生产

单件生产是指根据订货单位的要求，生产个别的、性质特殊的产品。例如，重型机器制造和船舶工业等。其主要特点是：产品的品种多，产量少，一般不重复生产。

【总结】单步骤生产和连续式多步骤生产的生产组织大多为大量生产，装配式多步骤生产的生产组织，根据产品数量的多少，可采用大量生产、成批生产和单件生产。工业企业的生产类型如图4-1所示。

- 企业的生产类型
  - 按产品生产的工艺过程特点划分
    - 单步骤生产（简单生产）
    - 多步骤生产（复杂生产）
      - 连续式多步骤生产
      - 装配式多步骤生产
  - 按产品生产的组织特点划分
    - 大量生产
    - 成批生产
      - 大批生产
      - 小批生产
    - 单件生产

图4-1 工业企业的生产类型

【相关知识】生产组织是指为了确保生产顺利所进行的各种人力、设备、材料等生产资源的配置。企业应根据产品生产的重复程度和专业化程度，确定适当的生产组织方式。一般生产类型越接近大量大批生产，越可以采用高效率的专用设备和工艺设备及先进的流水线生产组织形式。

二、生产特点和管理要求对成本计算方法的影响

生产特点和管理要求对成本计算方法的影响，主要表现在三个方面，即成本计算对象、成本计算期及生产费用在完工产品与在产品之间的分配，其中成本计算对象是决定成本计算方法的主要因素。

（一）对成本计算对象的影响

成本计算对象，是指企业为了计算产品成本而确定的归集和分配生产费用的各个对象，即成本费用的承担者。企业在进行成本核算时，首先要确定成本计算对象。

大量大批单步骤生产，由于生产工艺过程不能间断，不能或不需要划分为几个生产步骤来计算产品成本，管理上需要掌握各种产品的成本信息，所以只能以产品品种作为成本计算对象。

大量大批多步骤生产，由于生产工艺过程由若干个可以间断的、分散在不同地点进行的生产步骤组成，为了计算各个生产步骤的产品成本，不仅可以把产品的品种作为成本计算对象，同时也可以把生产步骤作为成本计算对象。在连续式多步骤大量或大批生产下，生产工艺过程可以划分为若干个步骤，而且每一个步骤都有自制半成品，管理上需要掌握各步骤的半成品成本信息，以生产步骤作为成本计算对象；在装配式多步骤成批或单件生产下，生产车间按照产品的批次或订单组织生产，管理上要求掌握各批次产品的成本，所以要以产品的批次作为成本计算对象。

单件小批生产，产品批量小，每批产品同时投产，同时完工，因而可以按批次来计算产品成本，以产品的批次作为成本计算对象。

【想一想4-1】企业在进行成本核算时，为什么首先要确定成本计算对象？

（二）对成本计算期的影响

成本计算期是指每隔多长时间计算一次成本。生产特点对成本计算期的影响，主要是由企业的生产组织方式决定的。单件小批生产，产品批量小，一般在某批产品或某件产品完工以后计算产品成本，成本计算期与生产周期一致，与会计报告期不一致。大量大批生产，每月都有完工产品，需要按月计算完工产品成本，成本计算期与会计报告期一致，与生产周期不一致。需要指出的是，不管成本计算期与会计报告期是否一致，企业均要按月归集本月发生的生产费用。

（三）对生产费用在完工产品与在产品之间分配的影响

大量大批单步骤的生产，由于生产不能间断，生产周期短，月末一般没有在产品或在产品数量很少，可以不计算在产品的成本，生产费用不必在完工产品和在产品之间进行分配。

大量大批多步骤的生产，由于生产不间断地进行，经常有在产品，就需要采用适当的方法，将生产费用在完工产品与在产品之间进行分配。

单件小批生产，每批或每件产品完工前，产品“生产成本”明细账所归集的生产费用是月末在产品的成本。完工后，产品“生产成本”明细账所归集的生产费用就是完工

产品的成本，因而生产费用不需要在完工产品与在产品之间进行分配。

三、产品成本计算的方法

通过上述分析可知，生产特点和管理要求不同，企业选择的产品成本计算方法也不同。产品成本计算就是将生产过程中发生的生产费用，按照不同的成本计算对象进行归集，借以确定各成本计算对象的总成本和单位成本的过程。成本计算对象是区分产品成本计算方法的主要标志。

（一）产品成本计算的基本方法

企业因产品生产类型的特点和管理要求的不同，产品成本计算对象一般分为产品品种、产品批次和产品生产步骤三种，因而产品成本计算的基本方法也就有品种法、分批法和分步法三种。

品种法是指以产品品种为成本计算对象，归集生产费用，计算产品成本的一种方法。分批法是指以产品批别为成本计算对象，归集生产费用，计算产品成本的一种方法。分步法是指以产品品种及所经过的各生产步骤为成本计算对象，归集生产费用，计算产品成本的一种方法。

这三种产品成本计算的基本方法的适用范围及特点见表4-1。

表4-1　　产品成本计算的基本方法

基本方法	适用范围	成本计算对象	成本计算期	生产费用在完工产品与在产品成本之间的分配
品种法	大量大批的单步骤生产以及管理上不要求按照生产步骤计算产品成本的多步骤生产，如发电、供水、采掘等企业	产品品种	定期按月计算产品成本，成本计算期与会计报告期一致	单步骤生产一般不需要分配，多步骤生产需要将生产费用在完工产品和在产品之间进行分配
分批法	单件小批生产，如造船、重型机械、精密仪器等企业	产品批次	不定期计算产品成本，成本计算期与产品生产周期一致，与会计报告期不一致	一般不需要将生产费用在完工产品和在产品之间进行分配
分步法	大量大批的多步骤生产，如冶金、纺织、机械制造等企业	产品生产步骤	定期按月计算产品成本，成本计算期与会计报告期一致	需要分步计算成本，并将生产费用在各步骤的完工产品和在产品之间进行分配

【练一练4-1】甲制药厂正在试制生产某流感疫苗。为了核算疫苗的试制生产成本，该企业最适合选择的成本计算方法是（　　）。

A.品种法　　B.分步法

C.分批法　　D.品种法与分步法相结合

（二）产品成本计算的辅助方法

在实际工作中，由于产品生产情况复杂多样，企业管理要求和水平不同，为了简化成本计算工作或较好地利用管理条件，还需采用一些其他的成本计算方法，如分类法、定额法等。

1. 分类法

分类法是为了适应一些企业产品品种规格繁多，成本核算工作量繁重的情况而设计的一种简化成本计算方法。它的基本特点是：以产品类别为成本计算对象，将生产费用先按产品的类别进行归集，计算各类产品成本，然后再按照一定的分配标准在类内各种产品之间分配，来计算各种产品的成本。主要适用于产品的品种规格多，但各种产品的结构、所用原材料、生产工艺过程都基本相同的企业。

2. 定额法

定额法是在定额管理基础较好的企业，为了加强生产费用和产品成本的定额管理，加强成本控制而采用的一种成本计算方法。它的基本特点是：以产品的定额成本为基础，加上或减去脱离定额差异以及定额变动差异来计算产品的实际成本。适用于管理制度比较健全、定额管理基础工作较好、产品生产定型和消耗定额合理且稳定的企业。

【提示】分类法和定额法从成本计算的角度来说，不是必不可少的，因而是成本计算的辅助方法，这些辅助方法不能单独使用，必须与成本计算的基本方法结合使用。

此外，近年来不少企业还借鉴运用了西方发达国家成本计算的方法，如变动成本法、标准成本法和作业成本法等。

无论采用何种计算方法，最终都必须计算出各种产品的实际总成本和单位成本。按照产品的品种计算成本，是成本计算和成本管理工作的基本要求，因此，品种法是产品成本计算方法中最基本的方法。

【想一想 4–2】大量大批多步骤生产但管理上不要求分步骤计算产品成本的企业采用什么成本计算方法？

任务二　产品成本计算的品种法

一、品种法的概念及适用范围

产品成本计算的品种法，也称简单法，它是以产品品种作为成本计算对象、归集生产费用、计算产品成本的一种方法。品种法是产品成本计算方法中最基本的方法，其他方法都是以品种法为基础。

微课

产品成本计算的品种法

品种法主要适用于下列生产企业：

（1）大量大批单步骤的生产。如发电、采掘、供水等企业，它们都不需要分批、分步计算产品成本，可以用品种法计算产品成本。

（2）在大量大批多步骤生产中，如果企业或生产车间规模较小，或者车间是封闭式的（即按产品设立的车间，从投料到产品生产的全部过程都在一个车间内进行），或者生产是按流水线组织的，管理上不要求提供各步骤的成本资料时，也可以用品种法计算产品成本。如糖果厂、小砖瓦厂、小水泥厂、小瓷器厂、造纸厂等。

（3）企业内部的供水、供电等辅助生产车间，提供给各车间及管理部门使用的水、电的劳务成本，也可用品种法计算劳务成本。

【练一练4-2】品种法是按（　　）计算产品成本的一种方法。

A.产品品种　　B.产品批次　　C.产品生产步骤　　D.产品类别

二、品种法的特点

（一）以产品的品种作为成本计算对象

品种法是指以产品的品种作为成本计算对象，并据以设置“基本生产成本”明细账，来归集生产费用，计算产品成本的一种方法。如果企业只生产一种产品，则产品发生的各项费用都属于直接费用，直接计入“基本生产成本”明细账，不存在生产费用在各成本计算对象之间分配的问题。如果企业生产多种产品，就需要按产品品种开设“基本生产成本”明细账。对于发生的生产费用，若能分清是哪种产品耗用的，则应直接计入各产品“基本生产成本”明细账的有关成本项目；若不能分清是哪种产品耗用或各种产品共同耗用的，则要采用适当的方法，分配计入各产品“基本生产成本”明细账的有关成本项目。

（二）成本计算期与会计报告期一致

采用品种法进行成本计算的企业，往往是大量大批重复生产的企业，其生产是连续不断进行的，不可能在产品完工时就计算出产品成本，只能定期在月末计算当月的完工产品成本，因此其成本计算期与会计报告期一致，而与生产周期不一致。

（三）在多步骤生产中，生产费用需要在完工产品和期末在产品之间进行分配

在单步骤生产中，产品单一，生产周期短，生产过程不能间断，一般没有在产品，“基本生产成本”明细账中归属的生产费用就是本期完工产品的总成本，生产费用不需要在完工产品与月末在产品之间分配。

在多步骤生产中，如果不需要分步骤计算产品生产成本，生产过程可以间断，不断投入，不断产出，月末一般有在产品，而且在产品数量较大，这就需要将“基本生产成本”明细账中归集的生产费用，按照一定的分配方法，在完工产品与月末在产品之间进行分配，从而计算出完工产品成本和月末在产品成本。

【练一练4-3】品种法的成本计算对象是（　　）。

A.产品品种　　　　　　　　B.产品批次

C.产品生产步骤　　　　　　D.产品类别

三、品种法的成本计算程序

品种法是产品成本计算方法中最基本的一种方法，它的计算过程体现着产品成本计算的一般程序，也体现着产品成本计算的基本原理。运用品种法计算产品成本时，其成本计算程序如下：

（1）按照产品品种开设“基本生产成本”明细账，账内按成本项目设置专栏。如果某产品有月初在产品成本，还应在“基本生产成本”明细账中登记该产品的月初在产品成本。除开设“基本生产成本”明细账以外，还应开设其他与成本计算相关的明细账，

如“辅助生产成本”“制造费用”“销售费用”“管理费用”等有关成本费用明细账。

（2）根据各项生产费用发生的原始凭证编制要素费用分配表，分配各项要素费用，并登记“基本生产成本”“辅助生产成本”“制造费用”等有关成本费用明细账。

（3）根据“辅助生产成本”明细账记录，按辅助生产车间提供的劳务量，采用适当的方法，编制辅助生产费用分配表，分配辅助生产费用，并登记有关成本费用明细账。

（4）根据基本生产车间“制造费用”明细账记录，编制制造费用分配表，采用适当的方法，将制造费用在本车间生产的各种产品之间进行分配，并登记有关成本费用明细账。

（5）根据“基本生产成本”明细账所归集的全部生产费用，编制“产品成本计算表”，采用适当的方法，将生产费用在完工产品与在产品之间进行分配，计算各种产品的完工产品成本和月末在产品成本，并编制“完工产品成本汇总表”，结转完工产品成本。

品种法的成本计算程序如图4-2所示。

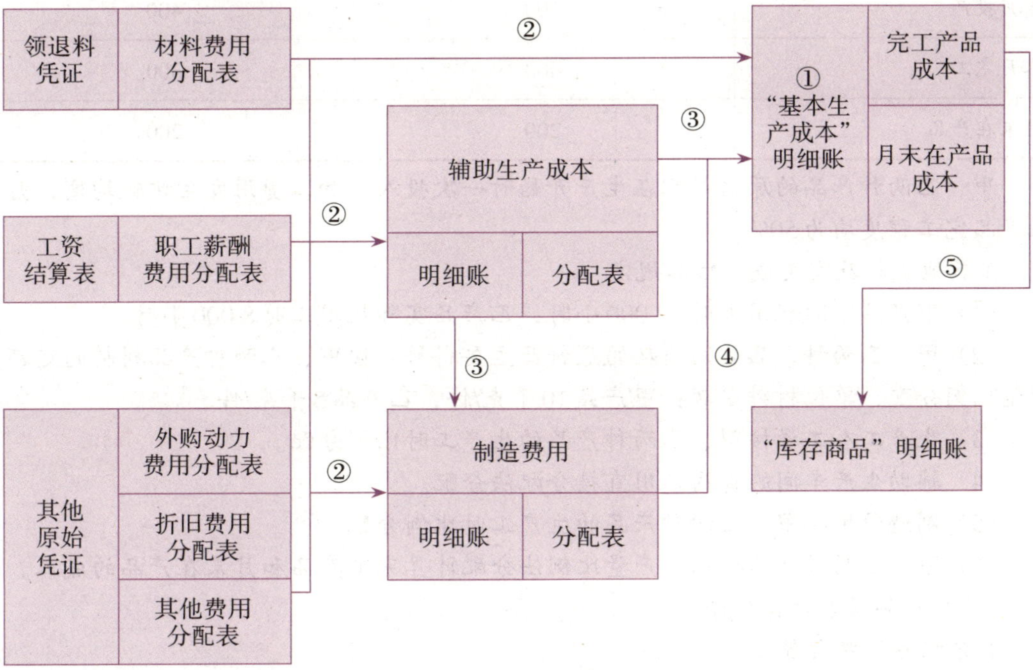

图4-2　品种法的成本计算程序

四、品种法的成本计算举例

【例4-1】某厂单步骤大量生产甲、乙两种产品，该厂设有一个基本生产车间，机修和供电两个辅助生产车间，为全厂提供服务。根据该厂的生产特点和管理要求，采用品种法计算产品成本。该厂“生产成本”账户设置“基本生产成本”和“辅助生产成本”两个明细账，“基本生产成本”明细账按甲、乙两种产品设置，“辅助生产成本”明细账按供电车间和机修车间设置。辅助生产车间不单独核算制造费用，发生的各项费用直接记入“辅助生产成本”账户。

（一）该厂2023年6月份有关成本计算资料

1.月初在产品成本（见表4-2）

表4-2 月初在产品成本 单位：元

产品名称	直接材料	直接人工	制造费用	合计
甲产品	32 000	5 280	5 868	43 148
乙产品	25 000	5 520	5 912	36 432

2.本月产量资料（见表4-3）

表4-3 产量资料 单位：件

项目	甲产品	乙产品
期初在产品	100	100
本月投产	500	400
本月完工	400	300
月末在产品	200	200

甲、乙两种产品的原材料都在生产开始时一次投入，加工费用发生比较均衡，月末在产品完工程度均为50%。

3.其他资料及有关成本核算规定

（1）甲产品实际耗用工时12 000小时，乙产品实际耗用工时8 000小时。

（2）甲、乙两种产品共同消耗的原料及主要材料，按甲、乙两种产品材料的定额耗用量比例分配，单位材料定额：甲产品10千克/件，乙产品5千克/件。

（3）生产工人工资按甲、乙两种产品的生产工时比例分配。

（4）辅助生产车间的费用采用直接分配法分配。

（5）制造费用按甲、乙两种产品的生产工时比例分配。

（6）甲、乙两种产品按约当产量比例法分配计算完工产品和月末在产品的成本。

（二）产品成本计算程序

1.分配各项要素费用

根据各项生产费用发生的原始凭证和有关资料，编制各项要素费用分配表，分配各项要素费用。

（1）分配材料费用。本月发出材料汇总表见表4-4，根据发出材料汇总表编制甲、乙两种产品共同耗用材料分配表和材料费用分配表（见表4-5和表4-6），其中甲、乙两种产品共同耗用的原料及主要材料14 000元，按甲、乙两种产品的材料定额耗用量比例分配。

$$材料费用分配率 = \frac{14\,000}{7\,000} = 2$$

甲产品应分配的材料费用 = 5 000 × 2 = 10 000（元）

乙产品应分配的材料费用 = 2 000 × 2 = 4 000（元）

表4-4　　发出材料汇总表

2023年6月30日　　单位：元

领料部门和用途	原料及主要材料	辅助材料	其他材料	合计
基本生产车间				
甲产品耗用	140 000	10 000		150 000
乙产品耗用	20 000	16 000		36 000
甲、乙两种产品共同耗用	14 000			14 000
基本生产车间一般耗用			12 000	12 000
供电车间耗用			10 000	10 000
机修车间耗用			15 000	15 000
厂部管理部门耗用			20 000	20 000
合计	174 000	26 000	57 000	257 000

表4-5　　甲、乙两种产品共同耗用材料分配表

2023年6月30日　　金额单位：元

产品名称	材料定额耗用量	分配率	金额
甲产品	5 000		10 000
乙产品	2 000		4 000
合计	7 000	2	14 000

表4-6　　材料费用分配表

2023年6月30日　　单位：元

应借科目			原料及主要材料	辅助材料	其他材料	合计
会计科目	明细科目	成本项目（费用项目）				
基本生产成本	甲产品	直接材料	150 000	10 000		160 000
	乙产品	直接材料	24 000	16 000		40 000
	小计		174 000	26 000		200 000
辅助生产成本	供电车间	机物料消耗			10 000	10 000
	机修车间	机物料消耗			15 000	15 000
	小计					25 000
制造费用	基本生产车间	机物料消耗			12 000	12 000
管理费用		机物料消耗			20 000	20 000
合计			174 000	26 000	57 000	257 000

根据材料费用分配表，编制会计分录如下：

借：生产成本——基本生产成本——甲产品　　160 000
　　　　　　　　　　　　　　——乙产品　　40 000
　　　　　　——辅助生产成本——供电车间　　10 000
　　　　　　　　　　　　　　——机修车间　　15 000
　　制造费用——基本生产车间　　12 000
　　管理费用　　20 000
　　贷：原材料——原料及主要材料　　174 000
　　　　　　　——辅助材料　　26 000
　　　　　　　——其他材料　　57 000

（2）分配职工薪酬费用。根据本月职工薪酬费用汇总表（见表4-7）编制职工薪酬费用分配表（见表4-8）。其中基本生产车间生产工人的工资按甲、乙两种产品的实际生产工时比例分配。

表4-7　　职工薪酬费用汇总表　　单位：元

部门及人员	工资总额
基本生产车间生产工人	91 200
基本生产车间管理人员	22 800
供电车间人员	11 400
机修车间人员	17 100
厂部管理人员	39 900
合计	182 400

表4-8　　职工薪酬费用分配表

2023年6月30日　　金额单位：元

应借科目				工资		
会计科目		明细科目	成本项目（费用项目）	分配标准	分配率	分配金额
生产成本	基本生产成本	甲产品	直接人工	12 000		54 720
		乙产品	直接人工	8 000		36 480
		小计		20 000	4.56	91 200
	辅助生产成本	供电车间	职工薪酬			11 400
		机修车间	职工薪酬			17 100
		小计				28 500
制造费用			职工薪酬			22 800
管理费用			职工薪酬			39 900
合计						182 400

$$生产工人工资分配率 = \frac{91\ 200}{12\ 000 + 8\ 000} = 4.56$$

甲产品应分配的工资费用 = 12 000 × 4.56 = 54 720（元）

乙产品应分配的工资费用 = 8 000 × 4.56 = 36 480（元）

根据职工薪酬费用分配表，编制会计分录如下：

借：生产成本——基本生产成本——甲产品　　54 720
　　　　　　　　　　　　　　——乙产品　　36 480
　　　　　　——辅助生产成本——供电车间　　11 400
　　　　　　　　　　　　　　——机修车间　　17 100
　　制造费用　　22 800
　　管理费用　　39 900
　　贷：应付职工薪酬——工资　　182 400

（3）分配折旧费用。本月应计提折旧费用59 320元。其中：基本生产车间40 000元，供电车间6 000元，机修车间3 320元，厂部管理部门10 000元。编制折旧费用分配表见表4-9。

表4-9　**折旧费用分配表**

2023年6月30日　　单位：元

应借科目				合计
会计科目		明细科目	成本项目（费用项目）	
生产成本	辅助生产成本	供电车间	折旧费	6 000
		机修车间	折旧费	3 320
		小计		9 320
制造费用			折旧费	40 000
管理费用			折旧费	10 000
合计				59 320

根据折旧费用分配表，编制会计分录如下：

借：生产成本——辅助生产成本——供电车间　　6 000
　　　　　　　　　　　　　　——机修车间　　3 320
　　制造费用——基本生产车间　　40 000
　　管理费用——折旧费　　10 000
　　贷：累计折旧　　59 320

（4）分配其他费用。本月以银行存款支付的其他费用如下：

①基本生产车间办公费750元，劳动保护费800元，修理费2 000元，水电费1 600元。

②供电车间办公费600元，劳动保护费100元，修理费100元，水电费200元。

③机修车间办公费80元，劳动保护费100元，修理费100元，水电费300元。

④厂部管理部门办公费400元，差旅费2 000元，修理费200元，水电费1 000元。

根据其他费用支付情况编制其他费用分配表（见表4-10）。

表4-10 其他费用分配表

2023年6月30日

单位：元

应借科目				合计
会计科目		明细科目	成本项目（费用项目）	
生产成本	辅助生产成本	供电车间	其他费用	1 000
		机修车间	其他费用	580
			小计	1 580
制造费用		基本生产车间	办公费	750
			劳动保护费	800
			修理费	2 000
			水电费	1 600
			小计	5 150
管理费用			办公费	400
			差旅费	2 000
			修理费	200
			水电费	1 000
			小计	3 600
合计				10 330

根据其他费用分配表，编制会计分录如下：

借：生产成本——辅助生产成本——供电车间　1 000

　　　　　　　　　　　　　——机修车间　580

　　制造费用　5 150

　　管理费用——其他费用　3 600

　　贷：银行存款　10 330

2.根据各项要素费用分配表，登记有关明细账簿

（1）登记“生产成本——辅助生产成本”明细账见表4-11和表4-12。

（2）登记“制造费用”明细账见表4-13，“生产成本——基本生产成本”明细账见表4-14和表4-15。

表4-11　　“生产成本——辅助生产成本”明细账

车间名称：供电车间　　单位：元

2023年		凭证号数	摘要	材料费用	职工薪酬	折旧费	其他费用	合计
月	日							
6	30	略	根据材料费用分配表	10 000				10 000
6	30	略	根据职工薪酬费用分配表		11 400			11 400
6	30	略	根据折旧费用分配表			6 000		6 000
6	30	略	根据其他费用分配表				1 000	1 000
6	30	略	本月发生额合计	10 000	11 400	6 000	1 000	28 400
6	30	略	分配本月辅助生产成本	10 000	11 400	6 000	1 000	28 400

表4-12　　“生产成本——辅助生产成本”明细账

车间名称：机修车间　　单位：元

2023年		凭证号数	摘要	材料费用	职工薪酬	折旧费	其他费用	合计
月	日							
6	30	略	根据材料费用分配表	15 000				15 000
6	30	略	根据职工薪酬费用分配表		17 100			17 100
6	30	略	根据折旧费用分配表			3 320		3 320
6	30	略	根据其他费用分配表				580	580
6	30	略	本月发生额合计	15 000	17 100	3 320	580	36 000
6	30	略	分配本月辅助生产成本	15 000	17 100	3 320	580	36 000

表4-13　　“制造费用”明细账

车间名称：基本生产车间　　单位：元

2023年		凭证号数	摘要	材料费用	职工薪酬	折旧费	修理费	水电费	劳动保护费	办公费	合计
月	日										
6	30	略	根据材料费用分配表	12 000							12 000
6	30	略	根据职工薪酬费用分配表		22 800						22 800
6	30	略	根据折旧费用分配表			40 000					40 000
6	30	略	根据其他费用分配表				2 000	1 600	800	750	5 150
6	30	略	根据辅助生产费用分配表				24 000	710			24 710
6	30	略	本月发生额合计	12 000	22 800	40 000	26 000	2 310	800	750	104 660
6	30	略	分配本月制造费用	12 000	22 800	40 000	26 000	2 310	800	750	104 660

表4-14 “生产成本——基本生产成本”明细账

产品名称：甲产品 单位：元

2023年		凭证号数	摘要	直接材料	直接人工	制造费用	合 计
月	日						
6	1	略	月初在产品成本	32 000	5 280	5 868	43 148
6	30	略	根据材料费用分配表	160 000			160 000
6	30	略	根据职工薪酬费用分配表		54 720		54 720
6	30	略	根据辅助生产费用分配表			15 336	15 336
6	30	略	根据制造费用分配表			62 796	62 796
6	30	略	生产费用合计	192 000	60 000	84 000	336 000
6	30	略	结转完工产品总成本	128 000	48 000	67 200	243 200
6	30	略	月末在产品成本	64 000	12 000	16 800	92 800

表4-15 “生产成本——基本生产成本”明细账

产品名称：乙产品 单位：元

2023年		凭证号数	摘要	直接材料	直接人工	制造费用	合计
月	日						
6	1	略	月初在产品成本	25 000	5 520	5 912	36 432
6	30	略	根据材料费用分配表	40 000			40 000
6	30	略	根据职工薪酬费用分配表		36 480		36 480
6	30	略	辅助生产费用分配表转入			10 224	10 224
6	30	略	制造费用分配表转入			41 864	41 864
6	30	略	生产费用合计	65 000	42 000	58 000	165 000
6	30	略	结转完工产品总成本	39 000	31 500	43 500	114 000
6	30	略	月末在产品成本	26 000	10 500	14 500	51 000

（3）登记“管理费用”明细账（见表4-16）。

3.分配辅助生产费用，并登记有关明细账

本月辅助生产车间劳务供应量汇总表见表4-17，采用直接分配法分配辅助生产费用。

表4-16　　　　“管理费用”明细账　　　　单位：元

2023年		凭证号数	摘要	机物料消耗	职工薪酬	折旧费	办公费	差旅费	修理费	水电费	合计
月	日										
6	30	略	根据材料费用分配表	20 000							20 000
6	30	略	根据工资费用分配表		39 900						39 900
6	30	略	根据折旧费用分配表			10 000					10 000
6	30	略	根据其他费用分配表				400	2 000	200	1 000	3 600
6	30	略	辅助生产费用分配表						12 000	2 130	14 130
6	30	略	本月发生额合计	20 000	39 900	10 000	400	2 000	12 200	3 130	87 630
6	30	略	结转本月管理费用	20 000	39 900	10 000	400	2 000	12 200	3 130	87 630

表4-17　　　　辅助生产车间劳务供应量汇总表

2023年6月

受益部门	供电数量/度数	修理工作量/工时
供电车间		500
机修车间	1 000	
基本生产车间管理部门	1 000	2 000
基本生产车间产品生产	36 000	
厂部管理部门	3 000	1 000
合计	41 000	3 500

（1）本月供电车间费用总额28 400元，机修车间费用总额36 000元，编制辅助生产费用分配表（见表4-18）。

表4-18　　　　辅助生产费用分配表（直接分配法）

2023年6月30日　　　　金额单位：元

项目	供电车间		机修车间		合计
	度数	金额	工时	金额	
待分配费用		28 400		36 000	64 400
劳务供应总量	41 000		3 500		
其中：辅助生产以外劳务量	40 000		3 000		
费用分配率		0.71		12	
受益对象					
基本生产车间产品生产	36 000	25 560			25 560
基本生产车间管理部门	1 000	710	2 000	24 000	24 710
厂部管理部门	3 000	2 130	1 000	12 000	14 130
合计	41 000	28 400	3 500	36 000	64 400

$$供电车间电费分配率=\frac{28\ 400}{41\ 000-1\ 000}=0.71$$

基本生产车间产品生产应分配电费 = 36 000 × 0.71 = 25 560（元）

基本生产车间管理部门应分配电费 = 1 000 × 0.71 = 710（元）

厂部管理部门应分配电费 = 3 000 × 0.71 = 2 130（元）

$$机修车间修理费分配率=\frac{36\ 000}{3\ 500-500}=12$$

基本生产车间管理部门应分配修理费 = 2 000 × 12 = 24 000（元）

厂部管理部门应分配修理费 = 1 000 × 12 = 12 000（元）

（2）基本生产车间生产甲、乙两种产品，因此，基本生产车间产品用电总额25 560元需要在甲、乙两种产品之间按生产工时比例分配，并记入“生产成本——基本生产成本”明细账的制造费用项目中。甲产品实际耗用工时12 000小时，乙产品实际耗用工时8 000小时，分配结果见表4-19。

表4-19 产品用电分配表

2023年6月30日 金额单位：元

产品名称	生产工时/小时	分配率	分配金额
甲产品	12 000		15 336
乙产品	8 000		10 224
合 计	20 000	1.278	25 560

$$甲、乙产品生产电费分配率=\frac{25\ 560}{12\ 000+8\ 000}=1.278$$

甲产品分配电费 = 12 000 × 1.278 = 15 336（元）

乙产品分配电费 = 8 000 × 1.278 = 10 224（元）

根据表4-18和表4-19编制会计分录如下：

借：生产成本——基本生产成本——甲产品 15 336

——乙产品 10 224

制造费用 24 710

管理费用 14 130

贷：生产成本——辅助生产成本——机修车间 28 400

——供电车间 36 000

4.分配制造费用，并登记有关明细账

基本生产车间“制造费用”明细账中归集的本月制造费用总额104 660元，按照甲、乙两种产品的生产工时比例分配。甲产品的实际耗用工时为12 000小时，乙产品的实际耗用工时为8 000小时，编制制造费用分配表（见表4-20）。

$$制造费用分配率=\frac{104\ 660}{12\ 000+8\ 000}=5.233$$

甲产品应分配的制造费用 = 12 000 × 5.233 = 62 796（元）

乙产品应分配的制造费用 = 8 000 × 5.233 = 41 864（元）

表4-20　　制造费用分配表

2023年6月30日　　单位：元

产品名称	生产工时/小时	分配率	分配金额
甲产品	12 000		62 796
乙产品	8 000		41 864
合计	20 000	5.233	104 660

根据制造费用分配表，编制会计分录如下：

借：生产成本——基本生产成本——甲产品　　62 796

——乙产品　　41 864

贷：制造费用　　104 660

5. 生产费用在完工产品和月末在产品之间的分配

根据各产品“生产成本——基本生产成本”明细账归集的生产费用和有关生产数量记录，在完工产品和月末在产品之间进行分配。

(1) 甲产品“生产成本——基本生产成本”明细账中本月生产费用合计为336 000元，本月完工的甲产品400件，月末在产品200件。按约当产量比例法计算甲产品的月末在产品成本。月末甲产品约当产量的计算见表4-21。编制甲产品产品成本计算表(见表4-22)。

表4-21　　约当产量的计算

产品名称：甲产品　　2023年6月30日　　单位：件

成本项目	完工产品产量	在产品约当产量			约当总产量
		在产品产量	投料程度/完工程度	在产品约当产量	
直接材料	400	200	100%	200	600
直接人工	400	200	50%	100	500
制造费用	400	200	50%	100	500

表4-22　　产品成本计算表

产品名称：甲产品　　2023年6月30日　　金额单位：元

2023年		凭证号数	摘要	直接材料	直接人工	制造费用	合计
月	日						
6	1	略	月初在产品成本	32 000	5 280	5 868	43 148
6	30	略	本月发生费用	160 000	54 720	78 132	292 852
6	30	略	生产费用合计	192 000	60 000	84 000	336 000
6	30	略	约当总产量/件	600	500	500	
6	30	略	分配率	320	120	168	
6	30	略	完工产品总成本	128 000	48 000	67 200	243 200
6	30	略	月末在产品成本	64 000	12 000	16 800	92 800

直接材料分配率 = 192 000 ÷ 600 = 320

直接人工分配率 = 60 000 ÷ 500 = 120

制造费用分配率 = 84 000 ÷ 500 = 168

完工产品直接材料 = 400 × 320 = 128 000（元）

完工产品直接人工 = 400 × 120 = 48 000（元）

完工产品制造费用 = 400 × 168 = 67 200（元）

（2）乙产品“生产成本——基本生产成本”明细账中本月生产费用合计为165 000元，本月完工的乙产品300件，月末在产品200件。按约当产量比例法计算乙产品的月末在产品成本。月末乙产品约当产量计算表见表4-23。编制乙产品产品成本计算表（见表4-24）。

表4-23　约当产量计算表

产品名称：乙产品　　2023年6月30日　　单位：件

成本项目	完工产品产量	在产品约当产量			约当总产量
		在产品产量	投料程度/完工程度	在产品约当产量	
直接材料	300	200	100%	200	500
直接人工	300	200	50%	100	400
制造费用	300	200	50%	100	400

表4-24　产品成本计算表

产品名称：乙产品　　2023年6月30日　　金额单位：元

2023年		凭证号数	摘要	直接材料	直接人工	制造费用	合计
月	日						
6	1	略	月初在产品成本	25 000	5 520	5 912	36 432
6	30	略	本月发生费用	40 000	36 480	52 088	128 568
6	30	略	生产费用合计	65 000	42 000	58 000	165 000
6	30	略	约当总产量/件	500	400	400	
6	30	略	分配率	130	105	145	
6	30	略	完工产品总成本	39 000	31 500	43 500	114 000
6	30	略	月末在产品成本	26 000	10 500	14 500	51 000

直接材料分配率 = 65 000 ÷ 500 = 130

直接人工分配率 = 42 000 ÷ 400 = 105

制造费用分配率 = 58 000 ÷ 400 = 145

完工产品直接材料 = 300 × 130 = 39 000（元）
完工产品直接人工 = 300 × 105 = 31 500（元）
完工产品制造费用 = 300 × 145 = 43 500（元）

6.编制完工产品成本汇总表

根据甲、乙两种产品成本计算表，编制完工产品成本汇总表（见表4–25）。

表4–25　完工产品成本汇总表

2023年6月30日　单位：元

成本项目	甲产品（完工产量400件）		乙产品（完工产量300件）	
	总成本	单位成本	总成本	单位成本
直接材料	128 000	320	39 000	130
直接人工	48 000	120	31 500	105
制造费用	67 200	168	43 500	145
合计	243 200	608	114 000	380

根据完工产品成本汇总表结转完工产品成本，编制会计分录如下：

借：库存商品——甲产品　243 200
　　　　　　——乙产品　114 000
　贷：生产成本——基本生产成本——甲产品　243 200
　　　　　　　　　　　　　　　——乙产品　114 000

7.结转“管理费用”账户

将“管理费用”明细账归集的本月管理费用总额转入“本年利润”账户，编制会计分录如下：

借：本年利润　87 630
　贷：管理费用　87 630

任务三　产品成本计算的分批法

一、分批法的概念及适用范围

产品成本计算的分批法，是指以产品的批次作为成本计算对象，归集生产费用，计算产品成本的一种方法。企业往往是按照客户的订单来确定产品批次，所以分批法也称为订单法。

微课
产品成本计算的分批法

一般来说，产品成本计算的分批法主要适用于单件小批生产的企业，以及管理上不要求分步骤计算成本的多步骤生产，如重型机器制造、船舶制造、家具制造、精密工具仪器制造，以及服装、印刷及修理作业等企业。

【练一练4-4】分批法适用于（　　）的企业。

A.大量生产　　B.大批生产

C.大量大批生产　　D.单件小批生产

二、分批法的基本特点

产品成本计算的分批法具有如下特点：

（一）以产品批次为成本计算对象

分批法以产品批次为成本计算对象，并据以设置“基本生产成本”明细账。在单件小批生产的企业中，往往是根据客户或购买单位的订单（合同）直接分批组织生产的，因而按批、按件计算产品成本，往往也就是按照订单计算产品成本。但是还应注意以下特殊情况：

（1）如果一张订单中规定的产品不止一种，为了便于生产管理、考核和分析各种产品成本计划的完成情况，还要按照产品种类划分为多个批次，然后组织生产并计算成本。

（2）如果一张订单中只有一种产品，但产品数量较大，不便于集中一次投产，或者购货单位要求分批交货，也可以分为多个批次，分批组织生产并计算成本。

（3）如果在一张订单中只规定一件产品，但这件产品属于大型复杂的产品（如大型船舶制造），价值较大，生产周期较长，则可以按产品的组成部分或生产步骤分批组织生产并计算成本。

（4）如果在同一时期内，不同订单中规定有相同的产品，而且数量又不多，为了经济、合理地组织生产，也可以将不同订单上的相同产品合为一批，组织生产并计算成本。

在这些情况下，分批法的成本计算对象，就不是购货单位的订单，而是企业生产计划部门根据生产实际情况下达的“生产任务通知单”，通知单上应对该批生产任务进行编号，称为产品批号或生产令号。会计部门应根据生产计划部门下达的产品批号或生产令号来开设产品“基本生产成本”明细账（产品成本计算单），生产费用发生后，按产品批号或生产令号进行费用归集，直接费用直接计入，间接费用在各批次之间分配计入。由于分批法下存在多个成本计算对象，间接费用多，要合理选择分配标准。

（二）以每批或每件产品的生产周期为成本计算期

分批法以每批或每件产品的生产周期为成本计算期进行成本计算。单件小批生产，如果一批产品数量不多，产品生产周期一致，那么同批次内产品可能同时完工，所以产品成本计算一般是在该批产品全部完工时进行，成本计算期与生产周期一致，而与会计报告期不一致。

（三）生产费用是否在完工产品和在产品之间进行分配视情况而定

1.单件生产

在单件生产情况下，由于成本计算期与产品的生产周期一致，月末当该件产品未完工时，产品“基本生产成本”明细账所登记的生产费用，都是在产品成本；月末当该件产品完工时，产品“生产成本”明细账所登记的生产费用，就是完工产品的成本。因此，在月末计算产品成本时，产品或全部完工，或全部未完工，因而不存在生产费用在完工产品与在产品之间的分配问题。

2.小批生产

在小批生产情况下，生产费用是否在完工产品和月末在产品之间进行分配，应根据具体情况分别处理：

（1）产品批量较小，同一批次内的产品一般都能同时完工，或全部完工的间隔时间不长，月末计算成本时，或者全部已经完工，或者全都没有完工，因此一般也不存在生产费用在完工产品与在产品之间分配的问题。

（2）如果同一批次内的产品有跨月陆续完工且完工产品已经交货或销售时，月末应将产品"生产成本"明细账中所归集的生产费用在完工产品与月末在产品之间进行分配，并结转完工产品成本。

（3）如果同一批次产品出现跨月陆续完工的情况不多，月末完工产品数量占本月投产的批量比重较小时，为简化成本计算工作，可以按计划单位成本、定额单位成本或近期相同产品实际的单位成本计算并结转完工产品成本，产品"基本生产成本"明细账中结转完工产品成本后的费用余额即为月末在产品成本。为了满足成本管理要求，在该批产品全部完工时，还应计算该批产品的实际总成本和单位成本，但对已经转账的完工产品成本，不再做账面调整。

（4）如果同一批次内产品出现跨月陆续完工情况较多、月末完工产品数量占本月投产的批量比重较大时，为了提高成本计算的准确性，则应根据具体情况，采用适当的方法（如约当产量比例法、定额比例法等），将生产费用在完工产品与月末在产品之间进行分配，计算完工产品成本和月末在产品成本。

【提示】为了使同一批产品尽量同时完工，避免跨月陆续完工的情况，减少生产费用在完工产品与月末在产品之间分配的工作，提高成本计算的准确性和及时性，企业应在合理组织生产的前提下，适当地缩小产品的生产批量。但是缩小产品批量，也应有一定的限度，否则批量过小，不仅会使生产组织不合理、不经济，而且会使设立的产品"生产成本"明细账过多，从而加大核算工作量。

【想一想4-3】分批法与品种法有何不同？

【练一练4-5】采用分批法在月末计算成本时，应将生产费用在完工产品和月末在产品之间进行分配的情况是（　　）。

A.小批生产、同一批产品能同时完工

B.单件生产

C.小批生产、同一批产品跨月陆续完工

D.小批单件生产、同一批产品能同时完工

三、分批法的成本计算程序

（一）按产品批次设置"生产成本——基本生产成本"明细账，并分别按成本项目设置专栏

在生产开始时，企业的生产计划部门下达"生产任务通知单"，财会部门根据每个

“生产任务通知单”的产品批次设置“生产成本——基本生产成本”明细账，并在账上注明“生产任务通知单”上所提供的其他信息，如产品的名称、规格、生产数量、投产日期等。

（二）按批次归集和分配本月发生的各项要素费用，登记有关明细账

企业在生产各批次产品领用各种原材料、发生有关费用时，都要根据费用的原始凭证，编制各种费用分配表，将各批次产品的直接费用，按产品批次直接记入各批次产品“生产成本——基本生产成本”明细账内；将发生的间接费用按照一定的方法在各批次产品之间进行分配，分别记入有关批次产品“生产成本——基本生产成本”明细账内。

（三）分配辅助生产费用，登记有关明细账

在设有辅助生产车间的企业，月末编制“辅助生产成本分配表”，将辅助生产车间归集的辅助生产费用，采用适当的分配方法，分配给各受益对象，分别记入有关批次产品的“生产成本——基本生产成本”明细账内。

（四）分配基本生产车间制造费用，登记有关明细账

基本生产车间为组织管理生产而发生的制造费用应该由该车间的各批次产品负担，月末（或产品完工时）编制“制造费用分配表”，将其按照一定的分配标准进行分配，分别记入有关批次产品的“生产成本——基本生产成本”明细账内。

（五）计算结转完工产品成本

采用分批法一般不需要将生产费用在完工产品和在产品之间进行分配。

（1）生产周期内，产品没有完工，各月月末结账时，各批次产品“生产成本——基本生产成本”明细账上累计的生产费用，就是各批次产品的在产品成本。

（2）当某批次产品完工并检验合格后，应由生产车间填制“完工通知单”，报送财会部门。此时产品“生产成本——基本生产成本”明细账上的全部费用，就是完工产品成本。

（3）如果某批次产品出现跨月陆续完工情况，则需要将“生产成本——基本生产成本”明细账中归集的生产费用，采用一定的方法在完工产品与在产品之间进行分配，计算出完工产品成本和月末在产品成本。

由于分批法下，同一批次的产品，跨月陆续完工的情况不多，因而，为简化成本计算工作，可采用计划成本、定额成本或近期相同产品的实际成本计算并结转完工产品成本。产品“生产成本——基本生产成本”明细账中结转完工产品成本后的生产费用余额即为月末在产品成本，在该批次产品全部完工时，再计算该批次产品的实际总成本和单位成本，但对已经转账的完工产品成本不再调整。

分批法的成本计算程序如图4-3所示。

从分批法的成本核算程序中可以看出，分批法的成本计算程序与品种法基本相同，只是产品“生产成本——基本生产成本”明细账的设置和成本计算期不同。

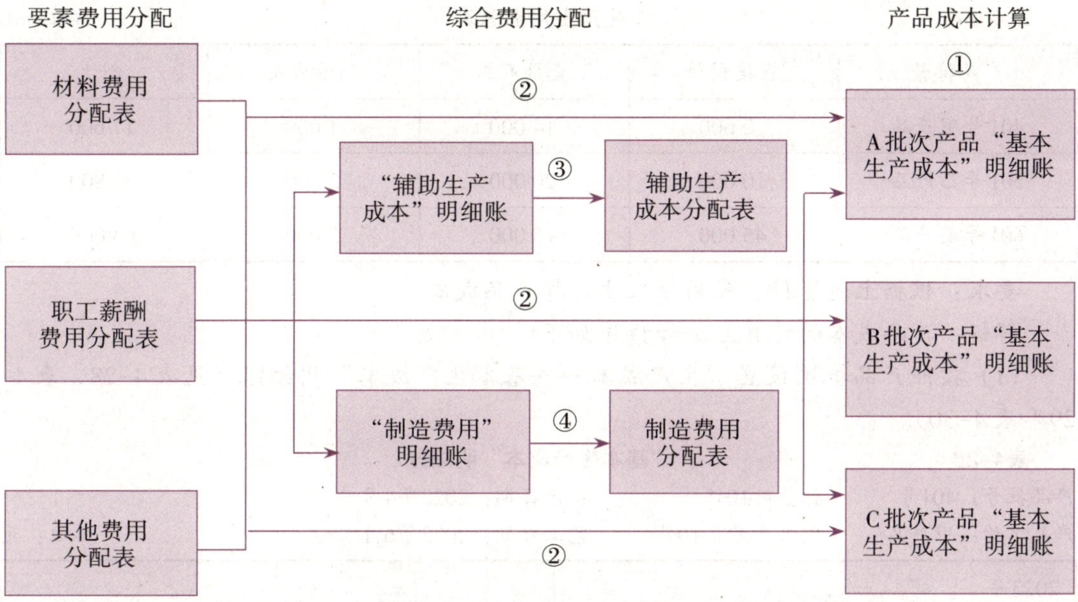

图4-3　分批法的成本计算程序

四、分批法的成本计算举例

【例4-2】星海企业根据购买单位的订货要求，小批生产甲、乙、丙三种产品，采用分批法进行成本核算，设置有直接材料、直接人工和制造费用三个成本项目。该企业2023年6月份各批次产品资料如下：

（1）本月各批次产品投产完工情况：

401号甲产品10件，4月份投产，本月全部完工；

501号乙产品15件，5月份投产，本月全部未完工；

601号丙产品40件，6月份投产，本月完工4件。

（2）本月生产费用支出情况：

①月初在产品成本。各批次产品的月初在产品成本见表4-26。

表4-26　月初在产品成本表　单位：元

产品批号	直接材料	直接人工	制造费用	合计
401号甲产品	58 000	20 000	4 200	82 200
501号乙产品	40 000	24 000	1 000	65 000

②汇总各批次产品生产费用。根据各种费用分配表，汇总各批次产品本月发生的生产费用见表4-27。

（3）完工产品与在产品成本计算：

601号丙产品，本月完工4件。为了简化成本核算，按定额成本结转完工产品成本，丙产品单位定额成本为1 500元，其中直接材料定额成本800元、直接人工定额500元、制造费用定额200元。

表4-27　　生产费用汇总表　　单位：元

产品批号	直接材料	直接人工	制造费用	合计
401号甲产品	2 600	14 000	1 000	17 600
501号乙产品	10 000	20 000	2 800	32 800
601号丙产品	45 000	15 000	3 000	63 000

要求：根据上述资料，采用分批法计算产品成本。

解析：产品成本的计算方法和程序如下：

（1）按照产品批次设置“生产成本——基本生产成本”明细账（见表4-28、表4-29和表4-30）。

表4-28　　“基本生产成本”明细账

产品批号：401号　　批量：10件　　投产日期：2023年4月

产品名称：甲产品　　完工产量：10件　　完工日期：2023年6月　　单位：元

2023年		摘要	直接材料	直接人工	制造费用	合计
月	日					
6	1	期初余额	58 000	20 000	4 200	82 200
6	30	材料分配计算表	2 600			2 600
6	30	职工薪酬费用分配表		14 000		14 000
6	30	制造费用分配表			1 000	1 000
6	30	本月生产费用合计	2 600	14 000	1 000	17 600
6	30	月初及本月生产费用合计	60 600	34 000	5 200	99 800
6	30	完工转出产成品成本	60 600	34 000	5 200	99 800
6	30	完工产品单位成本	6 060	3 400	520	9 980
6	30	月末在产品成本	0	0	0	0

表4-29　　“基本生产成本”明细账

产品批号：501号　　投产日期：2023年5月

产品名称：乙产品　　批量：15件　　完工日期：　　单位：元

2023年		摘要	直接材料	直接人工	制造费用	合计
月	日					
6	1	期初余额	40 000	24 000	1 000	65 000
6	30	材料分配计算表	10 000			10 000
6	30	职工薪酬费用分配表		20 000		20 000

续表

2023年		摘要	直接材料	直接人工	制造费用	合计
月	日					
6	30	制造费用分配表			2 800	2 800
6	30	本月生产费用合计	10 000	20 000	2 800	32 800
6	30	月初及本月生产费用合计	50 000	44 000	3 800	97 800

表4-30　“基本生产成本”明细账

产品批号：601号　批量：40件　投产日期：2023年6月

产品名称：丙产品　完工产量：4件　完工日期：2023年6月　单位：元

2023年		摘　要	直接材料	直接人工	制造费用	合计
月	日					
6	30	材料分配计算表	45 000			45 000
6	30	职工薪酬费用分配表		15 000		15 000
6	30	制造费用分配表			3 000	3 000
6	30	本月生产费用合计	45 000	15 000	3 000	63 000
6	30	月初及本月生产费用合计	45 000	15 000	3 000	63 000
6	30	完工转出（4件）产成品成本	3 200	2 000	800	6 000
6	30	完工产品单位成本	800	500	200	1 500
6	30	月末在产品成本	41 800	13 000	2 200	57 000

（2）按批次归集和分配本月发生的各项生产费用，登记有关明细账。生产费用（包括直接费用和间接费用）在各批次产品之间按月进行分配。企业本月发生的直接材料费用、直接人工费用都是各批次产品的直接费用，可以直接计入各批次产品成本，不需要在各批次产品之间进行分配。

（3）该企业不设辅助生产车间，月末不存在辅助生产费用的分配。

（4）分配基本生产车间制造费用。本月发生的制造费用已归集在“制造费用”明细账中，按照各批次产品本月实际工时进行分配，这里不再赘述。

（5）计算本月完工产品成本和月末在产品成本。

401号甲产品：由于在6月份全部完工，所以该产品“生产成本——基本生产成本”明细账上归集的所有生产费用全部为完工产品成本，月末无在产品成本。

501号乙产品：由于在6月份全部没有完工，所以该产品“生产成本——基本生产成本”明细账上归集的所有生产费用全部是月末在产品成本，不需要计算结转完工产品成本。

601号丙产品：在6月份完工了4件并已销售，需要按一定的方法计算完工产品的成本，以保证会计资料的准确性。由于完工量比较小，可以采用定额成本结转，待该批次产品全部完工后再计算该批次产品的实际总成本和单位成本。

601号丙产品4件完工产品的成本计算如下：

直接材料 = 800 × 4 = 3 200（元）

直接人工 = 500 × 4 = 2 000（元）

制造费用 = 200 × 4 = 800（元）

完工丙产品总成本 = 3 200 + 2 000 + 800 = 6 000（元）

601号丙产品月末在产品的成本计算如下：

直接材料 = 45 000 − 3 200 = 41 800（元）

直接人工 = 15 000 − 2 000 = 13 000（元）

制造费用 = 3 000 − 800 = 2 200（元）

在产品总成本 = 41 800 + 13 000 + 2 200 = 57 000（元）

（6）本月完工产品成本的结转。根据表4–28、表4–29和表4–30中的成本计算结果，编制"完工产品成本汇总表"（见表4–31）。

表4–31　　完工产品成本汇总表

2023年6月　　单位：元

成本项目		直接材料	直接人工	制造费用	合计
401号甲产品（产量10件）	总成本	60 600	34 000	5 200	99 800
	单位成本	6 060	3 400	520	9 980
601号丙产品（产量4件）	总成本	3 200	2 000	800	6 000
	单位成本	800	500	200	1 500

根据"完工产品成本汇总表"编制本月结转完工产品入库产品成本的会计分录如下：

借：库存商品——甲产品　　99 800

　　　　　　——丙产品　　6 000

　贷：生产成本——基本生产成本——甲产品　　99 800

　　　　　　　　　　　　　　　——丙产品　　6 000

需要说明的是，在本例中由于跨月陆续完工的产品较少，因此，月末计算完工产品成本可以先采用定额成本、计划成本或最近时期相同产品的实际成本进行简易计算和转出，待整批产品全部完工后，再重新计算完工产品的实际总成本和单位成本，但对已经转账的完工产品成本，不必再做账面调整。如果同一批内产品跨月陆续完工情况较多，则可选用约当产量比例法等适当的方法，将生产费用总额在完工产品和月末在产品之间进行分配，以提高成本计算的准确性。

【练一练4–6】采用分批法计算产品成本时，如果同一批内产品跨月陆续完工的情况不多，完工产品数量占全部批量的比重很小，先完工的产品可以（　　）计价从产品"基本生产成本"明细账转出。

A.按计划成本　　B.按定额成本

C.按近期相同产品的实际成本　　D.按实际成本

五、简化分批法

（一）简化分批法的概念及适用范围

简化分批法，是指企业在采用分批法的情况下，对除直接材料费用外的各项间接费用（即每月发生的人工费用和制造费用），不按月在各批次产品之间进行分配，而是将这些间接费用累计起来，待某批次产品完工时，按照全部产品累计生产工时，计算出各项累计间接费用分配率，再根据完工产品累计生产工时计算出各批次完工产品应负担的某项间接费用，所以这种方法也被称为“累计间接费用分配法”。

【想一想4-4】在什么情况下适合采用简化分批法？

【练一练4-7】下列各项适用于简化分批法的有（　　）。

A.同一月份投产的产品批数很多　　B.月末完工产品的批数较少

C.各月间接费用水平相差不多　　D.各月生产费用水平相差不多

（二）简化分批法的特点

1.需要设置“基本生产成本”二级账

在按产品批次设置“基本生产成本”明细账的同时，还要设置“基本生产成本”二级账。前者在平时只登记直接材料费用和生产工时，后者则归集企业投产的所有批次产品的各项费用和累计生产工时。

2.计算累计间接费用分配率

在有完工产品的月份，根据“基本生产成本”二级账的累计生产工时、直接人工和制造费用项目的累计费用，分别计算各项目的累计间接费用分配率，其计算公式如下：

$$\text{某成本项目累计间接费用分配率}=\frac{\text{该成本项目累计间接费用}}{\text{全部产品累计工时数}}$$

$$\text{某批次完工产品应负担的某项间接费用}=\text{该批次完工产品累计工时}\times\text{该成本项目累计间接费用分配率}$$

累计间接费用分配率既是在各批次完工产品之间分配各项间接费用的依据，也是完工产品与月末在产品之间分配各项间接费用的依据。

3.根据同一个累计间接费用分配率分配间接费用

对当月完工的不同批次的产品，在成本计算工作中，均根据同一个累计间接费用分配率进行分配。不仅简化了间接费用分配的工作，还简化了对未完工批次产品“基本生产成本”明细账的登记工作，未完工批数越多，核算工作量简化越显著。

【想一想4-5】简化分批法简化了什么费用的分配工作？

【练一练4-8】采用简化分批法进行成本核算的企业，为了核算累计间接费用，一般要求特别设置（　　）。

A.“制造费用”二级账　　B.“基本生产成本”明细账

C.“基本生产成本”二级账　　D.“基本生产成本”总账

（三）简化分批法的成本计算程序

1.设置“基本生产成本”明细账和“基本生产成本”二级账

按产品批次设置“基本生产成本”明细账，平时账内仅登记直接费用（直接材料）

和生产工时。另外，要设立“基本生产成本”二级账，归集企业投产的所有批次产品发生的各项费用和累计的生产工时。

2.归集生产费用及生产工时

（1）根据本月原材料费用分配表及生产工时记录，将各批次产品耗用的直接材料费用和生产工时分别记入各批次产品“基本生产成本”明细账和“基本生产成本”二级账。

（2）根据工资薪酬及制造费用（即间接费用）的分配表或汇总表，将各批产品本月发生的工资薪酬及制造费用，不分产品批别记入“基本生产成本”二级账。

（3）计算“基本生产成本”二级账中本月各项费用与生产工时累计数。

3.计算各批次产品成本

月末如果本月各批次产品均未完工，则将“基本生产成本”二级账中各项费用与生产工时累计数转至下月继续登记。如果本月有完工产品或某批次产品全部完工或部分完工，或有几个批次完工，对完工产品应负担的直接材料费用，可根据产品“基本生产成本”明细账中的累计生产费用，采用适当的分配方法在完工产品和在产品之间进行分配；对完工产品应负担的间接费用（即除直接材料以外的直接人工、制造费用），则需要根据“基本生产成本”二级账的累计间接费用与累计工时，按前述公式计算各项累计间接费用分配率，分配间接费用，据以计算各批次完工产品应负担的间接费用。

简化分批法的成本计算程序如图4-4所示。

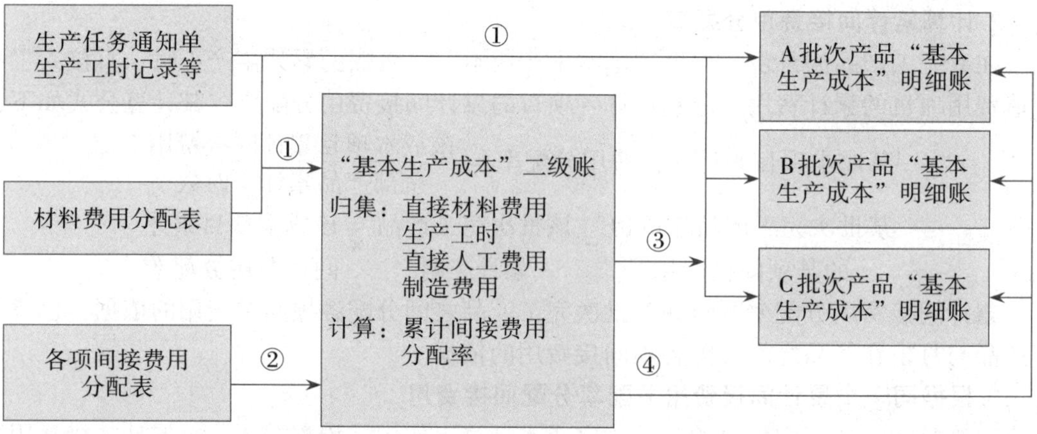

图4-4 简化分批法的成本计算程序

说明：

①根据生产任务通知单设立“基本生产成本”明细账和“基本生产成本”二级账；根据材料费用分配表和生产工时记录等将各批次产品耗用的直接材料费用和生产工时，直接记入各产品“基本生产成本”明细账和“基本生产成本”二级账。

②根据各项间接费用分配表，将人工费用和制造费用等记入“基本生产成本”二级账。

③月末，将“基本生产成本”二级账中的直接材料费用和生产工时与“基本生产成本”明细账中直接材料费用和生产工时进行核对。

④月末，如有完工产品，根据“基本生产成本”二级账中的资料，计算累计间接费用分配率，据此分配间接费用，登记产品“基本生产成本”明细账。

【想一想4-6】简化分批法下，设立“基本生产成本”二级账有何作用？

（四）简化分批法的成本计算举例

【例4-3】某企业按订货单位要求小批量组织生产。由于各月投产的产品批数较多，且月末有大量未完工产品，故采用简化分批法进行成本计算。

（1）该企业2023年6月份的产品生产资料如下：

401批次：甲产品10台，4月份投产，当月完工；

402批次：乙产品12台，4月份投产，当月尚未完工；

501批次：丙产品6台，5月份投产，当月尚未完工；

502批次：丁产品8台，5月份投产，当月完工5台。

（2）该企业6月份的期初在产品成本和生产工时、本月发生的各项生产费用和生产工时等资料，见表4-32。

表4-32　各批产品工时及费用表　金额单位：元

批次	产品名称	期初在产品成本和生产工时				本月生产费用和生产工时			
		生产工时	累计直接材料	累计直接人工	累计制造费用	生产工时	直接材料	直接人工	制造费用
401	甲产品	2 000	50 000			600	10 000		
402	乙产品	1 000	12 000			300	6 000		
501	丙产品	600	18 000			500	4 000		
502	丁产品	400	20 000			600			
合计		4 000	100 000	22 000	18 000	2 000	20 000	26 000	24 000

各批次产品所需的原材料在生产开始时一次投入；502批次完工产品的工时，按工时定额计算，单位工时定额为每台160小时。

（3）该企业设立的“基本生产成本”二级账，见表4-33。

表4-33　“基本生产成本”二级账　金额单位：元

2023年		摘要	生产工时	直接材料	直接人工	制造费用	金额合计
月	日						
5	31	累计发生	4 000	100 000	22 000	18 000	140 000
6	30	本月发生	2 000	20 000	26 000	24 000	70 000
6	30	累计发生额	6 000	120 000	48 000	42 000	210 000
6	30	累计间接费用分配率			8	7	
6	30	本月完工产品转出	3 400	72 500	27 200	23 800	123 500
6	30	月末在产品	2 600	47 500	20 800	18 200	86 500

在表4-33“基本生产成本”二级账中，5月31日在产品的生产工时和各项费用系

上月末的生产工时和在产品成本，即本月期初在产品成本和生产工时。本月发生的直接材料费用和生产工时，应根据本月各批次产品直接材料费用分配表、生产工时记录登记，并平行登记各批次产品“基本生产成本”明细账。直接人工和制造费用，应根据费用分配表或汇总表进行登记，并据以计算累计间接费用分配率：

累计直接人工分配率 = 48 000 ÷ 6 000 = 8

累计制造费用分配率 = 42 000 ÷ 6 000 = 7

在“基本生产成本”二级账中，本月完工产品的直接材料费用和生产工时，根据各批次产品的“基本生产成本”明细账中完工产品的直接材料费用和生产工时汇总登记；完工产品的间接费用，应根据完工产品生产工时分别乘以各项累计间接费用分配率计算，也可根据各批次产品“基本生产成本”明细账中完工产品的该项费用分别汇总登记。

完工产品直接材料成本 = 60 000 + 12 500 = 72 500（元）

完工产品生产工时 = 2 600 + 800 = 3 400（小时）

完工产品的直接人工 = 3 400 × 8 = 27 200（元）

完工产品的制造费用 = 3 400 × 7 = 23 800（元）

在“基本生产成本”二级账中，月末在产品的直接材料费用和生产工时，可以根据账中累计的直接材料费用和生产工时分别减去本月完工产品的直接材料费用和生产工时计算登记，也可根据各批次产品“基本生产成本”明细账中月末在产品的直接材料费用和生产工时分别汇总登记。“基本生产成本”二级账中月末在产品的各项间接费用，可以根据各项目的费用累计数分别减去完工产品的相应费用计算登记。

月末在产品直接材料成本 = 120 000 − 72 500 = 47 500（元）

月末在产品生产工时 = 6 000 − 3 400 = 2 600（小时）

月末在产品直接人工 = 48 000 − 27 200 = 20 800（元）

月末在产品制造费用 = 42 000 − 23 800 = 18 200（元）

（4）该企业设立的“基本生产成本”明细账，见表4-34、表4-35、表4-36和表4-37。

表4-34 **“基本生产成本”明细账**

产品名称：甲产品　批次：401　订货单位：红星工厂

批量：10台　投产日期：4月　完工日期：6月　金额单位：元

2023年		摘要	直接材料	生产工时	直接人工	制造费用	合计
月	日						
5	31	累计发生额	50 000	2 000			
6	30	本月发生	10 000	600			
6	30	累计发生数	60 000	2 600			
6	30	累计间接费用分配率			8	7	
6	30	本月完工产品转出	60 000	2 600	20 800	18 200	99 000
6	30	本批产品单位成本	6 000		2 080	1 820	9 900

表4-35　　"基本生产成本"明细账

产品名称：乙产品　　批次：402　　订货单位：滨江工厂

批量：12台　　投产日期：4月　　完工日期：7月　　金额单位：元

2023年		摘要	直接材料	生产工时	直接人工	制造费用	合计
月	日						
5	31	累计发生额	12 000	1 000			
6	30	本月发生	6 000	300			
6	30	累计发生数	18 000	1 300			

表4-36　　"基本生产成本"明细账

产品名称：丙产品　　批次：501　　订货单位：瑞光公司

批量：6台　　投产日期：5月　　完工日期：7月　　金额单位：元

2023年		摘要	直接材料	生产工时	直接人工	制造费用	合计
月	日						
5	31	累计发生额	18 000	600			
6	30	本月发生	4 000	500			
6	30	累计发生数	22 000	1 100			

表4-37　　"基本生产成本"明细账

产品名称：丁产品　　批次：502　　订货单位：万维工厂

批量：8台　　投产日期：5月　　完工日期：7月（本月完工：5台）　　金额单位：元

2023年		摘要	直接材料	生产工时	直接人工	制造费用	合计
月	日						
5	31	累计发生额	20 000	400			
6	30	本月发生		600			
6	30	累计发生数	20 000	1 000			
6	30	累计间接费用分配率			8	7	
6	30	本月完工产品转出	12 500	800	6 400	5 600	24 500
6	30	完工产品单位成本	2 500		1 280	1 120	4 900
6	30	月末在产品	7 500	200			

401批次甲产品，月末全部完工，因而其累计的直接材料费用和生产工时就是完工产品的直接材料费用和生产工时；以其生产工时乘以各项累计间接费用分配率，即为完工产品的各项间接费用。

502批次丁产品，月末部分完工、部分正在加工，各项费用还需在完工产品与月末在产品之间分配。该种产品所耗直接材料在生产开始时一次投入，因而直接材料费用按完工产品与月末在产品的数量比例分配：

$$直接材料费用分配率 = \frac{20\,000}{5+3} = 2\,500$$

完工产品直接材料费用 = 5 × 2 500 = 12 500（元）

月末在产品直接材料费用 = 3 × 2 500 = 7 500（元）

502批次丁产品的完工产品生产工时按工时定额计算，其每台工时定额为160小时，则完工产品生产工时为800小时（160 × 5）。其完工产品间接费用计算如下：

完工产品应分配的直接人工费用 = 800 × 8 = 6 400（元）

完工产品应分配的制造费用 = 800 × 7 = 5 600（元）

（5）编制各批次完工产品成本汇总表（见表4-38）。

表4-38　各批次完工产品成本汇总表

2023年6月　金额单位：元

成本项目		直接材料	直接人工	制造费用	合计
401批次甲产品（产量10台）	总成本	60 000	20 800	18 200	99 000
	单位成本	6 000	2 080	1 820	9 900
502批次丁产品（产量5台）	总成本	12 500	6 400	5 600	24 500
	单位成本	2 500	1 280	1 120	4 900

根据表4-38编制本月完工产品入库的会计分录如下：

借：库存商品——甲产品　99 000

　　　　　——丁产品　24 500

　贷：生产成本——基本生产成本——甲产品　99 000

　　　　　　　　　　　　　——丁产品　24 500

上例中，没有完工产品的月份，在各批次产品“基本生产成本”明细账中，只登记直接材料费用（一般只有直接材料费用是直接费用）和生产工时。如402批次乙产品、501批次丙产品，这些产品某月累计的直接材料费用和生产工时，也就是该月的月末在产品直接材料费用和生产工时。因此，各批次产品“基本生产成本”明细账中在产品的直接材料费用合计和生产工时合计，应该等于“基本生产成本”二级账中月末在产品的直接材料费用和生产工时。

上例中，有完工产品的月份，在各批次产品“基本生产成本”明细账中，除了登记直接材料费用和生产工时以外，还应根据“基本生产成本”二级账，计算各项累计间接费用分配率，据以计算某批次完工产品应负担的间接费用，记入“基本生产成本”二级账，并平行登记各批次产品“基本生产成本”明细账，同时，应将其中完工产品的直接材料费用和生产工时分别汇总记入“基本生产成本”二级账，并据以计算全部完工产品的总成本。

（五）简化分批法的优缺点

简化分批法简化了间接费用的分配和登记工作。每月发生的间接费用，不是按月在各批次产品之间进行分配，而是先在“基本生产成本”二级账中累计起来，在有完工产品的月份，才按间接费用分配率在各批次完工产品之间进行分配，计算完工产品生产成本；对未完工的在产品则不进行间接费用的分配，只以总数反映在“基本生产成本”二级账中，即不分批次计算在产品成本。显然，采用简化分批法，可以简化费用的分配和登记工作，月末未完工产品的批数越多，核算工作就越简化。

但是，它也有明显的缺点：

第一，在产品的成本资料不完整，不利于生产资金的管理。在各批次产品“基本生产成本”明细账中，未登记在产品应负担的间接费用，因而不能分别反映各批次在产品成本，通过“基本生产成本”二级账，只能反映所有批次产品的在产品成本。

第二，成本计算的准确性欠佳。由于间接费用没有按月进行分配，而是在有产品完工的月份进行累计分配，在各月间接费用数额相差悬殊的情况下，会影响各批次产品成本计算的准确性。如果前几个月的间接费用水平忽高忽低，而某批产品某月投产，本月集中生产完工，则本月工时量就大，采用这种方法就会使该批次产品负担了不应当负担的费用，本月完工产品的间接费用，就会包含以前月份的间接费用，不符合“谁受益、谁负担”原则和会计核算的配比原则。另外，还应注意，在投产批数较多但月末未完工产品批数不多的企业，也不宜采用此法。因为在这种情况下，绝大多数批次的产品仍然要分配计算各项间接费用，核算工作量虽有减轻，但对成本计算的准确性影响很大。

因此，应用简化分批法必须具备两个条件：一是各个月份的间接费用水平比较均衡；二是月末未完工产品的批数较多。这样才能保证既简化产品成本的核算工作，又确保产品成本计算的准确性。

【相关知识】在实际工作中，还采用一种按产品所用零件的批号计算成本的分批零件法，即先按零件生产的批号计算各批次零件的成本，然后按各批次产品所耗各种零件的成本，加上装配成本，计算各该批次产品的成本。采用这种分批法，由于一批零件一般都能同时完工，因而能减少在完工产品与月末在产品之间分配费用的工作，还能及时、深入地进行成本分析，便于根据各个购买单位在订货时的特殊需要，组合计算不同的订货成本，拟定不同订货价格。但是，这种方法的计算工作量较大，因而只能在自制零件种类不多或成本计算工作已经实行电算化的情况下采用。

任务四　产品成本计算的分步法

一、分步法概述

（一）分步法的概念和适用范围

产品成本计算的分步法，是指以各生产步骤的产品为成本计算对象，归集生产费用，计算产品成本的一种方法。

分步法主要适用于大量大批的多步骤生产，并且管理上要求分步骤计算产品成本的企业。例如，冶金、纺织、造纸以及大量大批生产的机械制造企业等。这些企业的产品生产过程由若干个可以间断的生产步骤组成，各生产步骤生产的半成品，既可能转入后续步骤加工为产成品，也可能对外销售。为了适应这一生产特点，必须计算各生产步骤的产品成本，以满足企业成本管理的需要。

【想一想4-7】分步法与品种法的适用范围有何不同?

（二）分步法的基本特点

成本计算的分步法的特点，主要表现在以下三个方面：

1.以各生产步骤的产品为成本计算对象

分步法以各生产步骤的产品为成本计算对象，并据以设置“基本生产成本”明细账。大量大批的多步骤生产，每经过一个加工步骤，便会产出不同的半成品，既可能转入后续步骤加工为产成品，也可能对外销售。因此，采用分步法计算成本时，如果企业只生产一种产品，成本计算对象就是该种产品在各生产步骤加工时产出的半成品及最终的产成品；如果企业生产多种产品，成本计算对象则应是各种产成品及其在各生产步骤加工时产出的半成品。如果管理上不要求计算各步骤的半成品成本，则以最终的产成品为成本计算对象。

【相关知识】在实际工作中，多步骤生产的企业往往按照生产步骤设立生产车间，通常可将生产车间视为生产步骤，作为成本计算对象。然而，当企业生产车间的规模很大，生产车间内又按生产工段划分生产步骤，管理上也需要在车间内分步骤计算和考核产品成本时，则要以生产车间内生产工段作为成本计算对象；反之，当企业生产车间的规模较小，管理上又不要求分车间计算和考核产品成本时，也可以将几个车间合并为一个生产步骤计算产品成本。因此，分步法中所指的生产步骤与产品生产的实际生产步骤并不完全一致，企业应根据具体情况确定分步法的成本计算对象。

2.以会计报告期为成本计算期

分步法一般是按月定期进行成本计算，以会计报告期为成本计算期。在大量大批多步骤生产的企业里，原材料不断投入，各步骤的半成品不断产出，并转入后续步骤继续加工为产成品。月末，各步骤通常也存在一定数量的在产品。为了保证成本核算的及时性，企业不能等产品全部完工时再计算成本，每个月的月末都必须计算完工产品成本和在产品成本，因此，分步法的成本计算期与产品的生产周期不一致，而与会计报告期一致。

3.生产费用需要在完工产品与在产品之间进行分配

在大量大批多步骤生产情况下，产品往往都是跨月陆续完工，月末各步骤一般既有完工产品又有在产品。因此，需要采用适当的分配方法，将归集在各步骤“基本生产成本”明细账的生产费用，在完工产品与在产品之间进行分配，计算各步骤的完工产品成本和月末在产品成本。

（三）分步法的种类

分步法按是否需要计算和结转各步骤半成品成本，分为逐步结转分步法和平行结转分步法两种。逐步结转分步法下，各生产步骤都需要计算本步骤所产半成品成本，半成品成本随实物的转移而结转，直到最后步骤计算出完工产品成本。平行结转分步法下，各生产步骤只归集本步骤发生的生产费用，不计算各步骤所产生的半成品成本。半成品实物虽然已经转移，但其成本并不结转。

【练一练4-9】分步法适用于（　　）的企业。

A.大量大批多步骤生产　　　　　　B.单件生产

C.小批生产　　　　　　　　　　　D.大量大批单步骤生产

二、逐步结转分步法

（一）逐步结转分步法的概念及适用范围

微课

逐步结转分步法

逐步结转分步法是指按照各生产步骤逐步计算并结转半成品成本，直到最后生产步骤计算出产成品成本的一种成本计算方法。计算和结转各生产步骤的半成品成本，是这种方法的显著特征。因此，逐步结转分步法也称作“计算半成品成本的分步法”。

逐步结转分步法主要适用于大量大批多步骤生产，且在管理上有必要提供半成品成本资料的企业，尤其是各步骤所产生的半成品可以作为商品对外销售的企业。例如，纺织企业生产的棉纱，既可以在企业继续加工成各种棉布再出售，也可以将棉纱作为商品，直接对外出售。

（二）逐步结转分步法的成本计算程序

在采用逐步结转分步法计算各步骤产品成本时，上一步骤所产半成品的成本，要随着半成品实物的转移而转移，因而其计算程序要受半成品实物流转程序制约。半成品实物的流转程序有两种，即不通过仓库收发和通过仓库收发。

1.半成品的完工和领用不通过仓库收发

在这种情况下，逐步结转分步法的产品成本计算程序是：首先计算第一步骤半成品成本，然后随半成品实物转移，将其成本转入第二步骤“生产成本”明细账，再加上第二步骤所发生的费用，计算第二步骤半成品成本，依次逐步计算并结转半成品成本，直到最后步骤计算出产成品成本。具体程序如图4-5所示（单位：元）。

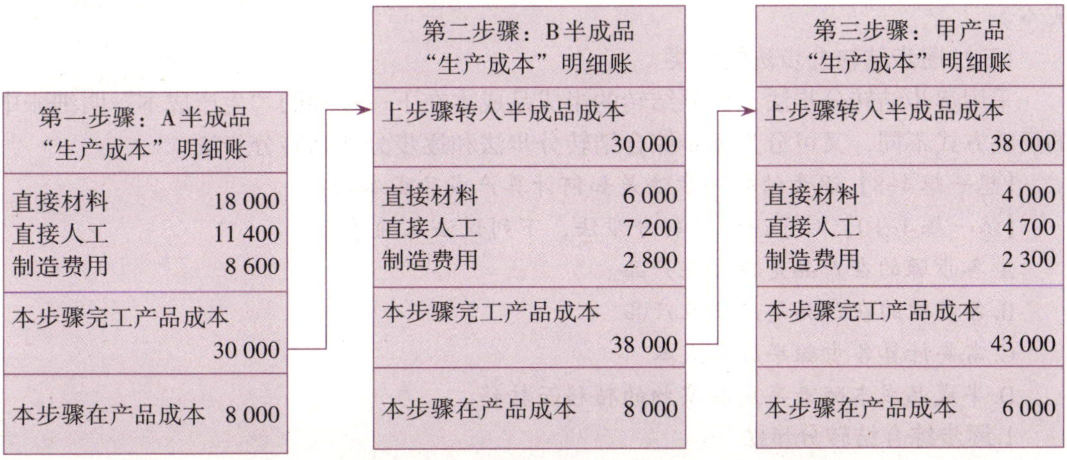

图4-5　逐步结转分步法的成本计算程序（不通过仓库收发）

2.半成品的完工和领用通过仓库收发

在这种情况下，成本核算的基本步骤与上述半成品不通过仓库收发基本相同，唯一差别是：在各步骤需设立“自制半成品”明细账，登记各步骤半成品的收、发、存情况。具体程序如图4-6所示（单位：元）。

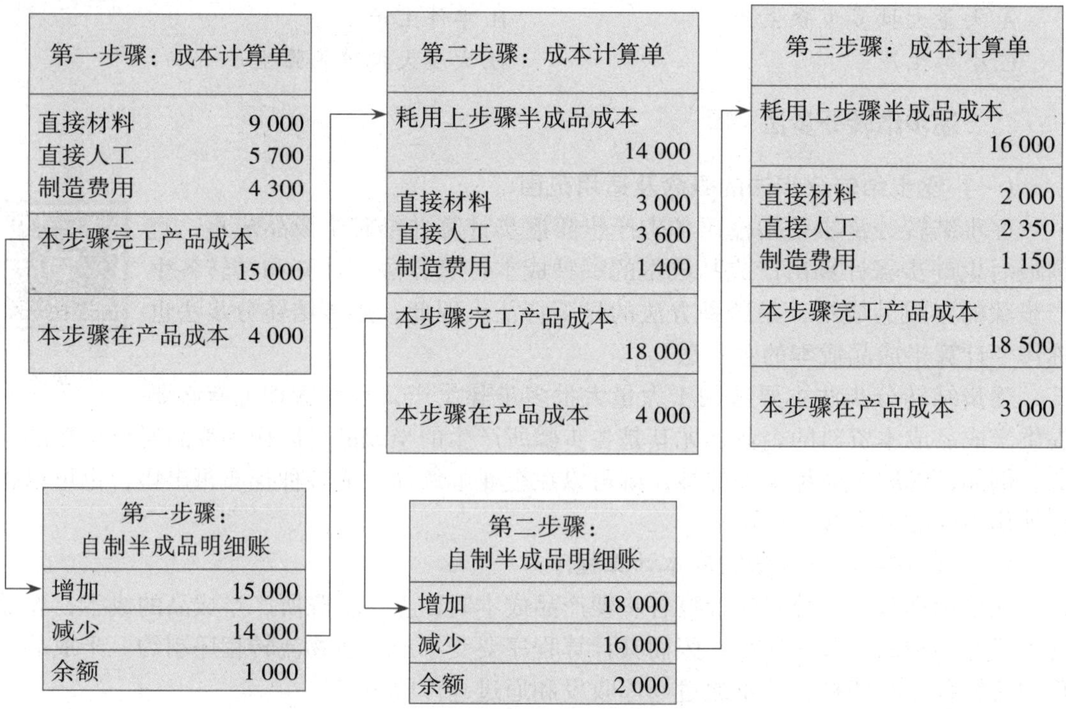

图4-6 逐步结转分步法的成本计算程序（通过仓库收发）

从上述的成本计算程序可以看出，逐步结转分步法实际上就是品种法的多次连续应用，即采用品种法计算第一步骤的半成品成本以后，按照第二步骤的耗用量将半成品成本转入第二步骤的成本；第二步骤再次采用品种法归集所耗半成品的费用和本步骤其他费用，计算其半成品成本；如此逐步结转，直至最后一个步骤计算出产成品成本。

（三）逐步结转分步法的种类

采用逐步结转分步法，按照结转的半成品成本在下一步骤的“生产成本”明细账中的反映方式不同，又可分为逐步综合结转分步法和逐步分项结转分步法。

【想一想4-8】逐步结转分步法是如何计算产成品成本的？

【练一练4-10】对于逐步结转分步法，下列说法正确的有（　　）。

A.各步骤的在产品是狭义在产品

B.各步骤的在产品是广义在产品

C.需要计算各步骤半成品成本

D.半成品成本随着半成品实物的转移而转移

1.逐步综合结转分步法

逐步综合结转分步法是指将各步骤耗用上一步骤的半成品成本，按照所耗半成品的总成本，记入各该步骤“基本生产成本”明细账中的直接材料项目或专设的半成品项目的一种成本计算方法。

（1）逐步综合结转分步法的特点和适用范围

逐步综合结转分步法的特点主要有以下三个方面：

① 成本计算对象是各步骤的半成品和最后步骤的产成品。在最后步骤以前的各步骤，以所产的半成品为成本计算对象，最后的生产步骤就以最终产成品为成本计算对象。因此，最后步骤要按最终产成品设置“基本生产成本”明细账，其前面的各步骤则按所生产的半成品设置“基本生产成本”明细账。

② 半成品成本随实物转移而同步结转。半成品的实物转移方式有两种：一种是上一步骤完工的半成品，直接转入下一生产步骤继续加工为最终产成品，这时，半成品成本就在各步骤的“基本生产成本”明细账之间直接结转；另一种是半成品完工后，未被下一生产步骤直接领用，而是通过半成品仓库收发，此时，其半成品成本也随实物转移而同步结转。第一步骤完工半成品在验收入库时，应根据完工转出的半成品成本编制其完工入库的会计分录：借记“库存商品——自制半成品”账户，贷记“生产成本——基本生产成本——第一步骤”账户；第二步骤领用时，根据领用半成品的成本，借记“生产成本——基本生产成本——第二步骤”账户，贷记“库存商品——自制半成品”账户。

③ 各步骤“基本生产成本”明细账中归集的生产费用在本步骤完工产品与月末在产品之间进行分配，前面步骤的完工产品是指该步骤完工的半成品，最后步骤就是该步骤最终的产成品。各步骤“基本生产成本”明细账的期末余额，就是各步骤的月末在产品成本，即狭义的在产品成本。

逐步综合结转分步法主要适用于大量大批连续式多步骤生产，且在管理上要求分步计算成本的企业。例如，棉纺织企业、造纸企业就是这种类型的多步骤生产企业。

【想一想4-9】逐步综合结转分步法下，各步骤“基本生产成本”明细账应如何反映耗用上一步骤的半成品成本？

【练一练4-11】企业将各生产步骤所耗用的半成品成本全部计入各该步骤产品“基本生产成本”明细账的“自制半成品”成本项目，这种结转方式是（　　）。

A.综合结转法　　　　B.平行结转分步法

C.逐步结转分步法　　　　D.分项结转法

（2）逐步综合结转分步法的计算举例

逐步综合结转分步法下，半成品成本的综合结转，可以按实际成本综合结转，也可以按计划成本或定额成本综合结转。

①按实际成本综合结转

【例4-4】星海企业2023年5月份生产甲产品，该产品的加工顺序经过第一步骤、第二步骤和第三步骤，自制半成品通过半成品库收发，发出自制半成品的计价采用加权平均法。第一步骤生产A半成品，第二步骤领用A半成品加工成B半成品，第三步骤领用B半成品加工成甲产品。原材料在第一步骤生产开始时一次投入，第二步骤、第三步骤领用的半成品，也在各步骤生产开始时一次投入，各步骤的加工费用陆续发生，各步骤月末在产品的完工程度均为50%。

（1）各加工步骤产量见表4-39。

表4-39 各加工步骤产量 单位：件

项目	月初在产品	本月投入	本月完工	月末在产品
第一步骤	90	260	250	100
第二步骤	80	240	240	80
第三步骤	30	210	160	80

（2）期初在产品成本见表4-40。

表4-40 期初在产品成本 单位：元

项目	直接材料/自制半成品	直接人工	制造费用	合计
第一步骤	30 000	16 000	14 000	60 000
第二步骤	20 000	12 000	8 000	40 000
第三步骤	30 000	20 000	15 000	65 000

（3）期初库存：A半成品月初库存50件，实际成本33 000元；B半成品月初无库存。

（4）本月生产费用见表4-41。

表4-41 本月生产费用 单位：元

项目	直接材料/自制半成品	直接人工	制造费用	合计
第一步骤	82 000	32 000	22 000	136 000
第二步骤		58 000	34 000	92 000
第三步骤		60 000	35 000	95 000

要求：采用逐步综合结转分步法计算产品成本。

解析：

（1）第一步骤“基本生产成本”明细账见表4-42。

表4-42 第一步骤“基本生产成本”明细账

车间名称：第一步骤　　完工产量：250件

产品名称：A半成品　　2023年6月　　金额单位：元

项目	直接材料	直接人工	制造费用	合计
月初在产品成本	30 000	16 000	14 000	60 000
本月生产费用	82 000	32 000	22 000	136 000
合计	112 000	48 000	36 000	196 000
完工半成品数量/件	250	250	250	
在产品约当产量/件	100	50	50	
分配率	320	160	120	
完工半成品成本	80 000	40 000	30 000	150 000
月末在产品成本	32 000	8 000	6 000	46 000

表4-42中分配率的计算如下：

直接材料 = 112 000 ÷（250 + 100）= 320

直接人工 = 48 000 ÷（250 + 100 × 50%）= 160

制造费用 = 36 000 ÷（250 + 100 × 50%）= 120

根据完工入库半成品成本编制会计分录如下：

借：库存商品——自制半成品——A半成品　　150 000

　　贷：生产成本——基本生产成本——A半成品　　150 000

根据会计分录登记第一步骤“自制半成品”明细账的“收入”栏（见表4-43）。

表4-43　第一步骤“自制半成品”明细账

产品名称：A半成品　　金额单位：元

摘要	收入			发出			结存		
	数量/件	单价	金额	数量/件	单价	金额	数量/件	单价	金额
期初余额							50	660	33 000
第一步骤交库	250	600	150 000						
第二步骤领用				240	610	146 400	60	610	36 600

采用加权平均法计算第一步骤自制半成品的加权平均单位成本：

$$加权平均单位成本 = \frac{33\,000 + 150\,000}{50 + 250} = 610（元）$$

第二步骤领用半成品成本 = 240 × 610 = 146 400（元）

根据领用半成品成本编制如下会计分录：

借：生产成本——基本生产成本——B半成品　　146 400

　　贷：库存商品——自制半成品——A半成品　　146 400

根据会计分录登记第一步骤“自制半成品”明细账的“发出”栏（见表4-43），并同时登记第二步骤“基本生产成本”明细账，计入本月生产费用的“自制半成品”成本项目。

（2）第二步骤“基本生产成本”明细账见表4-44。

表4-44　第二步骤“基本生产成本”明细账

车间名称：第二步骤　　完工产量：240件

产品名称：B半成品　　2023年6月　　金额单位：元

项目	自制半成品	直接人工	制造费用	合计
月初在产品成本	20 000	12 000	8 000	40 000
本月生产费用	146 400	58 000	34 000	238 400
合计	166 400	70 000	42 000	278 400
完工半成品数量/件	240	240	240	
在产品约当产量/件	80	40	40	
分配率	520	250	150	
完工半成品成本	124 800	60 000	36 000	220 800
月末在产品成本	41 600	10 000	6 000	57 600

表4-44中分配率的计算如下：

直接材料 = 166 400 ÷（240 + 80）= 520

直接人工 = 70 000 ÷（240 + 80 × 50%）= 250

制造费用 = 42 000 ÷（240 + 80 × 50%）= 150

根据完工入库半成品成本编制会计分录如下：

借：库存商品——自制半成品——B半成品　　　　220 800

　贷：生产成本——基本生产成本——B半成品　　　　220 800

根据会计分录登记第二步骤“自制半成品”明细账的“收入”栏（见表4-45）。

表4-45　第二步骤“自制半成品”明细账

产品名称：B半成品　　　　金额单位：元

摘要	收入			发出			结存		
	数量/件	单价	金额	数量/件	单价	金额	数量/件	单价	金额
期初余额							0		0
第二步骤交库	240	920	220 800						
第三步骤领用				210	920	193 200	30	920	27 600

计算第三步骤领用半成品成本 = 210 × 920 = 193 200（元）

根据领用半成品成本编制会计分录如下：

借：生产成本——基本生产成本——甲产品　　　　193 200

　贷：库存商品——自制半成品——B半成品　　　　193 200

根据会计分录登记第二步骤“自制半成品”明细账的“发出”栏（见表4-45），并同时登记第三步骤“基本生产成本”明细账，计入本月生产费用的“自制半成品”成本项目。

（3）第三步骤“基本生产成本”明细账见表4-46。

表4-46　第三步骤“基本生产成本”明细账

产品名称：甲产品　　　　2023年6月　　　　单位：元

项目	自制半成品	直接人工	制造费用	合计
月初在产品成本	30 000	20 000	15 000	65 000
本月生产费用	193 200	60 000	35 000	288 200
合计	223 200	80 000	50 000	353 200
完工产品数量/件	160	160	160	—
在产品约当产量/件	80	40	40	—
分配率	930	400	250	—
完工产成品成本	148 800	64 000	40 000	252 800
月末在产品成本	74 400	16 000	10 000	100 400

表4-46中分配率的计算如下：

直接材料 = 223 200 ÷（160 + 80）= 930

直接人工 = 80 000 ÷（160 + 80 × 50%）= 400

制造费用 = 50 000 ÷（160 + 80 × 50%）= 250

根据完工入库产成品成本编制会计分录如下：

借：库存商品——甲产品　　252 800

　　贷：生产成本——基本生产成本——甲产品　　252 800

②按计划成本综合结转

采用半成品按计划成本综合结转时，半成品的日常收发，均按计划成本计价，月末计算出本月完工入库的半成品实际成本后，再计算半成品成本差异额和差异率，用以调整本月发出半成品的成本差异。具体说，上一步骤生产的半成品入半成品库时，在“自制半成品”明细账中既反映其计划成本，也反映其实际成本；下一步骤领用半成品继续加工时，按计划成本记入下一步骤的“基本生产成本”明细账，同时在“基本生产成本”明细账中还要反映其实际成本和成本差异。

半成品按计划成本综合结转所用账表有以下特点：

第一，自制半成品明细账不仅要反映半成品收、发、存的数量和实际成本，而且还要反映其计划成本、成本差异额和成本差异率。

【例4-5】沿用【例4-4】的资料。采用半成品按计划成本综合结转时，“自制半成品”明细账格式见表4-47。假设A半成品的计划单位成本为640元。

表4-47　“自制半成品”明细账

产品名称：A半成品　　数量单位：件

计划单位成本：640元　　金额单位：元

月份	月初余额			本月增加			合计					本月减少			
	数量	计划成本	实际成本	数量	计划成本	实际成本	数量	计划成本	实际成本	成本差异	差异率%	数量	计划成本	成本差异	实际成本
	1	2	3	4	5	6	7	8	9	10	11	12	13	14	15 = 13 + 14
6	50	32 000	33 000	250	160 000	150 000	300	192 000	183 000	-9 000	-4.69	240	153 600	-7 203.84	146 396.16

第二，在“基本生产成本”明细账中，对所耗用的半成品成本，可以直接按照调整成本差异后的实际成本登记；也可以按照计划成本和成本差异分别登记，以便于分析上一步骤半成品成本差异对本步骤成本的影响。如采用后一种做法，“基本生产成本”明细账中的“半成品”项目，应分设“计划成本”“成本差异”“实际成本”三栏。

【例4-6】沿用【例4-4】和【例4-5】的资料。第二步骤“基本生产成本”明细账的格式见表4-48，计算略。

表4-48　　第二步骤“基本生产成本”明细账

车间名称：第二步骤　　完工产量：240件

产品名称：B半成品　　2023年6月　　金额单位：元

摘要	半成品			直接人工	制造费用	合计
	计划成本	成本差异	实际成本			
月初在产品成本	21 000	−1 000	20 000	12 000	8 000	40 000
本月发生费用	153 600	−7 203.84	146 396.16	58 000	34 000	238 396.16

与按实际成本综合结转半成品成本方法相比较，按计划成本综合结转半成品成本方法具有以下优点：

第一，可以简化和加速产品成本计算工作。按计划成本结转半成品成本，可以简化和加速半成品收发的计价和记账工作。如果半成品的成本差异率不是按半成品品种，而是按种类计算，更可以省去大量的计算工作；如果月初半成品结存量较大，本月耗用的半成品大部分甚至全部是以前月份生产的，本月所耗半成品成本差异调整也可以根据上月半成品成本差异率计算。这样，不仅简化了计算工作，各步骤的成本计算也可以同时进行，从而加速产品成本的计算工作。

第二，便于各步骤进行成本的分析和考核。按计划成本结转半成品成本，在各步骤的产品成本明细账中，可以分别反映所耗半成品的计划成本、成本差异和实际成本，因而在分析各步骤产品成本时，可以剔除上一步骤半成品成本变动对本步骤产品成本的影响，有利于分清经济责任，考核各步骤的经济效益。如果各步骤所耗半成品的成本差异，不计入各步骤的产品成本，而是直接计入最后的产成品成本，不仅可以进一步简化和加速各步骤的成本计算工作，而且由于各步骤产品成本中不包括上一步骤半成品成本变动的影响，因而便于分清各步骤的经济责任。

（3）逐步综合结转分步法的成本还原

从【例4-4】的第三步骤“基本生产成本”明细账中可以看出，在采用逐步综合结转分步法计算的产成品成本中，绝大部分费用是第二步骤半成品所耗的费用，而直接人工、制造费用只是第三步骤发生的费用，在产品成本中所占比重很小。显然，这不符合产品成本构成的实际情况，因而不能据以从整个企业角度来分析产品成本的构成水平。因此，还应将按逐步综合结转分步法计算出的完工产品成本进行成本还原，计算出按原始成本项目反映的产品成本。

所谓成本还原，就是从最后一个生产步骤起，把本月产成品成本中所耗上步骤半成品的综合成本还原为直接材料、直接人工、制造费用等原始成本项目，从而求得按原始成本项目反映的产品成本。成本还原的方法有以下两种：

①按各步骤耗用半成品的总成本占上一步骤完工半成品总成本的比例还原

这种方法首先确定产成品成本中半成品综合成本占上步骤本期完工该种半成品总成本的比例，然后按此比例从最后一个步骤开始，分别乘以上步骤的本期完工该种半成品各成本项目的成本，即可将耗用半成品成本还原为按原始成本项目反映的金额。采用这种方法进行成本还原的计算过程如下：

第一步，计算成本还原分配率。成本还原分配率是指本月完工产品成本中自制半成品的成本占本月上步骤完工该半成品总成本的比重，其计算公式如下：

$$\text{某步骤还原分配率}=\frac{\text{本月完工产品成本中自制半成品的成本}}{\text{本月上步骤完工该半成品总成本}}$$

第二步，将完工产品成本中自制半成品项目的成本还原为各项目的成本，其计算公式如下：

还原为某项目的成本 = 还原分配率 × 本月上步骤完工该半成品某项目的成本

需要注意的是：如果成本计算需经两个以上的步骤，则需要重复上述第一步和第二步进行再次的还原，直至还原到第一步骤为止。

第三步，计算还原后产成品成本。将还原后的各成本项目的金额分别汇总，计算出还原后按原始成本项目反映的产成品成本。

【例4-7】沿用【例4-4】的资料。甲产品成本还原过程如下：

（1）第一次成本还原：对完工的甲产品成本所耗B半成品的成本148 800元进行还原。

①计算第一次还原分配率。

$$\text{第一次还原分配率}=\frac{148\,800\left(\text{甲完工产品所耗B半成品的成本}\right)}{220\,800\left(\text{本月第二步骤完工半成品成本}\right)}=0.6739$$

②计算第一次成本还原的各项目成本。用本月第二步骤完工的B半成品成本220 800元中各项目成本分别乘以第一次还原分配率，计算完工的甲产品成本中B半成品成本148 800元还原的各项目成本：

A半成品成本 = 124 800 × 0.6739 = 84 102.72（元）

直接人工 = 60 000 × 0.6739 = 40 434（元）

制造费用 = 148 800 –（84 102.72 + 40 434）= 24 263.28（元）

（2）第二次成本还原：对还原出的A半成品成本84 102.72元进一步还原。

①计算第二次还原分配率。

$$\begin{matrix}\text{第二次}\\\text{还原分配率}\end{matrix}=\frac{84\,102.72(\text{第一次还原计算的B半成品中A半成品成本})}{150\,000(\text{本月第一步骤完工A半成品成本})}=0.5607$$

②计算第二次成本还原的各项目成本。用本月第一步骤完工的A半成品成本150 000元中各项目成本分别乘以第二次还原分配率，计算第一次成本还原出的A半成品成本84 102.72元还原的各项目成本：

直接材料 = 80 000 × 0.5607 = 44 856（元）

直接人工 = 40 000 × 0.5607 = 22 428（元）

制造费用 = 84 102.72 –（44 856 + 22 428）= 16 818.72（元）

（3）计算甲产品还原后按原始成本项目反映的产成品成本。将还原前产成品各项目成本和各步骤还原后的成本按相同项目分别汇总，即可计算出产成品还原后各成本项目金额，从而取得按原始成本项目反映的产成品成本。

直接材料 = 44 856元

直接人工 = 64 000（第三步骤）+ 40 434（第一次还原）+ 22 428（第二次还原）
　　= 126 862（元）

制造费用 = 40 000（第三步骤）+ 24 263.28（第一次还原）+ 16 818.72（第二次还原）
　　= 81 082（元）

还原后产成品的成本合计应等于还原前产成品的成本合计。成本还原一般是通过成本还原计算表进行的，甲产品成本还原计算表见表4-49。

表4-49　　甲产品成本还原计算表　　金额单位：元

项目	还原分配率	B半成品	A半成品	直接材料	直接人工	制造费用	合计
①还原前产成品成本		148 800			64 000	40 000	252 800
②第二步骤完工半成品成本			124 800		60 000	36 000	220 800
③第一次成本还原	0.6739		84 102.72		40 434	24 263.28	148 800
④第一步骤完工半成品成本				80 000	40 000	30 000	150 000
⑤第二次成本还原	0.5607			44 856	22 428	16 818.72	84 102.72
⑥还原后产成品总成本 = ① + ③ + ⑤				44 856	126 862	81 082	252 800

按照上述方法计算的还原后的各项费用，是以本月所产半成品的各项费用，分别乘以相同的成本还原率计算的，该方法比较简单，但由于未考虑以前月份所产半成品成本的影响，在产成品所耗以前月份半成品较多的情况下，采用这种方法进行成本还原会产生较大误差。

②按半成品各成本项目的比重还原

这种方法是将本月产成品成本中所耗上步骤半成品的成本，按本月上步骤所产半成品各成本项目的比重进行成本还原。成本还原的顺序是从最后一个步骤开始，将产成品成本中的半成品成本按上步骤半成品的各成本项目的比重，逐次往前类推，直到还原为原始成本项目为止。这样做的原理是在各步骤完工半成品中，各项目成本占其完工半成品的比重是确定的，与产成品领用半成品的数量无关。其成本还原的计算过程如下：

第一步，从最后一个步骤开始计算本月上步骤所产半成品各成本项目比重。

$$\text{本月上步骤完工的半成品成本中某成本项目的比重}=\frac{\text{本月上步骤完工的半成品成本中某项目的成本}}{\text{本月上步骤完工的该半成品成本}}$$

第二步，将半成品的综合成本进行还原。

$$\text{本步骤半成品成本还原为某项目的成本}=\text{本步骤完工产品成本中自制半成品的成本}\times\text{该成本项目的比重}$$

需要注意的是：如果成本计算有两个以上的步骤，第一次成本还原后，还有未还原的半成品成本，还需进行第二次还原。用需还原的半成品成本乘以上步骤该种半成品的各成本项目的比重。后面步骤的还原方法同上述第一步和第二步，直到还原到第一步骤为止。

第三步，计算还原后产成品成本。将还原前产成品各项目成本和各步骤还原后的成本按相同项目分别汇总，即可计算出产成品还原后各成本项目金额，从而取得按原始成本项目反映的产成品成本。

【例4–8】沿用【例4–4】的资料。甲产品成本还原过程如下：

（1）第一次成本还原：对完工的甲产品成本中自制半成品成本148 800元进行还原，即148 800元就是完工的甲产品所消耗的上步骤B半成品的成本。

①计算本月第二步骤完工的B半成品成本220 800元中各成本项目的比重。

A半成品比重 = 124 800 ÷ 220 800 = 0.5652

直接人工比重 = 60 000 ÷ 220 800 = 0.2717

制造费用比重 = 1–（0.5652 + 0.2717）= 0.1631

②计算第一次成本还原的各项目成本。用完工的甲产品成本中所耗B半成品成本148 800元分别乘以各成本项目的比重，还原为如下各项目成本：

A半成品成本 = 148 800 × 0.5652 = 84 101.76（元）

直接人工 = 148 800 × 0.2717 = 40 428.96（元）

制造费用 = 148 800 –（84 101.76 + 40 428.96）= 24 269.28（元）

（2）第二次成本还原：对还原出的A半成品成本84 101.76元进一步还原。

①计算第一步骤本期完工的A半成品成本150 000元中各成本项目的比重。

直接材料比重 = 80 000 ÷ 150 000 = 0.5333

直接人工比重 = 40 000 ÷ 150 000 = 0.2667

制造费用比重 = 1–（0.5333 + 0.2667）= 0.2

②计算第二次成本还原的各项目成本。用第一次还原计算出的A半成品成本84 101.76元分别乘以各成本项目的比重，还原为如下各项目成本：

直接材料 = 84 101.76 × 0.5333 = 44 851.47（元）

直接人工 = 84 101.76 × 0.2667 = 22 429.94（元）

制造费用 = 84 101.76 –（44 851.47 + 22 429.94）= 16 820.35（元）

（3）将还原后的各项目成本分别汇总，计算出甲产品还原后按原始成本项目反映的产成品成本。

直接材料 = 44 851.47元

直接人工 = 64 000（第三步骤）+ 40 428.96（第一次还原）+ 22 429.94（第二次还原）
= 126 858.9（元）

制造费用 = 40 000（第三步骤）+ 24 269.28（第一次还原）+ 16 820.35（第二次还原）
= 81 089.63（元）

还原后产成品的成本合计应等于还原前产成品的成本合计。成本还原一般是通过成本还原计算表进行的，甲产品成本还原计算表见表4–50。

表4-50 甲产品成本还原计算表 金额单位：元

项目		B半成品	A半成品	直接材料	直接人工	制造费用	合计
①还原前产成品成本		148 800			64 000	40 000	252 800
②第二步骤本期完工B半成品	成本		124 800		60 000	36 000	220 800
	比重		0.5652		0.2717	0.1631	1
③产成品中的B半成品成本还原金额			84 101.76		40 428.96	24 269.28	148 800
④第一步骤本期完工A半成品	成本			80 000	40 000	30 000	150 000
	比重			0.5333	0.2667	0.2	1
⑤产成品中A半成品成本还原金额				44 851.47	22 429.94	16 820.35	84 101.76
⑥还原后产成品成本=①+③+⑤				44 851.47	126 858.9	81 089.63	252 800

采用逐步综合结转分步法，便于分析和考核各步骤所耗的半成品成本水平，以利于加强成本控制，努力降低成本，但成本还原工作量较大。因此，一般适用于管理上既要求单独计算各步骤所耗半成品成本又不要求成本还原的情况。

【想一想4-10】逐步综合结转分步法为什么需要进行成本还原？

【练一练4-12】成本还原的对象是（　　）。

A.库存商品成本　　B.各步骤所耗上一步半成品的综合成本

C.完工产品中所耗各步骤半成品成本　　D.各步骤半成品成本

2.逐步分项结转分步法

（1）逐步分项结转分步法的概念和适用范围

逐步分项结转分步法是指将各步骤所耗上一步骤半成品的成本，按照成本项目分项转入各该步骤“基本生产成本”明细账中对应成本项目的一种成本计算方法。如果半成品通过仓库收发，那么在“自制半成品”明细账中登记半成品成本时，也要按照成本项目分别登记。

逐步分项结转分步法既可以按半成品的实际成本结转，也可以按其计划成本结转。在按计划成本结转时，要按成本项目调整成本差异，因而计算工作量较大。在实际工作中，一般按实际成本分项结转。

【想一想4-11】逐步分项结转分步法下，各步骤“基本生产成本”明细账应如何反映耗用上一步骤的半成品成本？

【练一练4-13】企业将各步骤所耗用的半成品成本按其成本项目分别计入各步骤“基本生产成本”明细账的相关成本项目，这种结转方式是（　　）。

A.综合结转法　　B.平行结转分步法

C.逐步结转分步法　　D.分项结转法

（2）逐步分项结转分步法的计算举例

【例4-9】红星企业有三个基本生产车间，大量生产乙产品。原材料及半成品在各车间生产开始时一次投入，半成品不入库，直接转入下一车间继续加工。第一车间将原材料加工为A半成品，第二车间将A半成品加工为B半成品，第三车间将B半成品加工为乙产品。各车间生产费用在完工产品和在产品之间的分配采用约当产量比例法，各车间在产品的完工程度均为50%。

（1）2023年6月各车间的产量记录见表4-51。

表4-51　产量记录

项目	计量单位	第一车间	第二车间	第三车间
月初在产品	件	40	90	70
本月投产	件	210	150	160
本月完工	件	150	160	170
月末在产品	件	100	80	60

（2）2023年6月各车间成本见表4-52。

表4-52　各车间成本　单位：元

成本项目		直接材料	直接人工	制造费用	合计
第一车间	月初在产品成本	13 160	3 340	4 700	21 200
	本月发生费用	266 840	23 860	25 300	316 000
第二车间	月初在产品成本	108 000	12 400	15 600	136 000
	本月发生费用	—	27 200	24 900	52 100
第三车间	月初在产品成本	103 500	6 400	8 200	118 100
	本月发生费用	—	43 600	31 400	75 000

（3）红星企业本月发生的生产费用已经归集在各车间“基本生产成本”明细账上。

①第一车间“基本生产成本”明细账见表4-53，表中分配率的计算如下：

直接材料分配率 = 280 000 ÷（150 + 100）= 1 120

直接人工分配率 = 27 200 ÷（150 + 100 × 50%）= 136

制造费用分配率 = 30 000 ÷（150 + 100 × 50%）= 150

②第二车间“基本生产成本”明细账见表4-54，表中分配率的计算如下：

直接材料分配率 = 276 000 ÷（160 + 80）= 1 150

直接人工分配率 = 60 000 ÷（160 + 80 × 50%）= 300

制造费用分配率 = 63 000 ÷（160 + 80 × 50%）= 315

表4-53 第一车间“基本生产成本”明细账

车间名称：第一车间　　完工产量：150件

产品名称：A半成品　　2023年6月　　金额单位：元

项目	直接材料	直接人工	制造费用	合计
月初在产品成本	13 160	3 340	4 700	21 200
本月生产费用	266 840	23 860	25 300	316 000
合计	280 000	27 200	30 000	337 200
完工产品产量/件	150	150	150	—
月末在产品约当产量/件	100	50	50	—
分配率	1 120	136	150	—
完工半成品成本	168 000	20 400	22 500	210 900
月末在产品成本	112 000	6 800	7 500	126 300

表4-54 第二车间“基本生产成本”明细账

车间名称：第二车间　　完工产量：160件

产品名称：B半成品　　2023年6月　　金额单位：元

项目	直接材料	直接人工	制造费用	合计
月初在产品成本	108 000	12 400	15 600	136 000
上步骤转入费用	168 000	20 400	22 500	210 900
本月生产费用	—	27 200	24 900	52 100
合计	276 000	60 000	63 000	399 000
完工产品产量/件	160	160	160	—
月末在产品约当产量/件	80	40	40	—
分配率	1 150	300	315	—
完工半成品成本	184 000	48 000	50 400	282 400
月末在产品成本	92 000	12 000	12 600	116 600

③第三车间“基本生产成本”明细账见表4-55，表中分配率的计算如下：

直接材料分配率 = 287 500 ÷（170 + 60）= 1 250

直接人工分配率 = 98 000 ÷（170 + 60 × 50%）= 490

制造费用分配率 = 90 000 ÷（170 + 60 × 50%）= 450

表4-55　　第三车间“基本生产成本”明细账

车间名称：第三车间　　完工产量：170件

产品名称：乙产品　　2023年6月　　金额单位：元

项目	直接材料	直接人工	制造费用	合计
月初在产品成本	103 500	6 400	8 200	118 100
上步骤转入费用	184 000	48 000	50 400	282 400
本月生产费用	—	43 600	31 400	75 000
合计	287 500	98 000	90 000	475 500
完工产品产量/件	170	170	170	—
月末在产品约当产量/件	60	30	30	—
分配率	1 250	490	450	356.82
完工产成品成本	212 500	83 300	76 500	372 300
月末在产品成本	75 000	14 700	13 500	103 200

【想一想4-12】为什么逐步分项结转分步法不需要进行成本还原？

采用逐步分项结转分步法结转半成品成本，可以直接提供按原始成本项目反映的产成品成本，便于从整个企业角度考核和分析产品成本计划的执行情况，不需要进行成本还原。但是，这种方法的成本结转工作比较复杂，而且在各步骤完工产品成本中看不出所耗上一步骤半成品的成本和本步骤加工费用的水平。因此，这种结转方法一般适用于管理上不要求提供各步骤完工半成品所耗上步骤半成品成本资料，只要求按原始成本项目反映产品成本的企业。

从上面的计算分析可以看出，逐步结转分步法是按产品生产步骤的先后顺序，逐步计算并结转半成品成本，直到最后步骤计算出产成品成本。尽管半成品成本结转的方式有所不同，但成本计算原理相同。

（四）逐步结转分步法的优缺点

1.逐步结转分步法的优点

（1）逐步结转分步法的成本计算对象是企业产成品及各步骤的半成品，这为分析和考核企业产品成本计划、各生产步骤半成品成本计划的执行情况，为正确计算半成品销售成本提供了资料。

（2）不论是综合结转还是分项结转，半成品成本都是随着半成品实物的转移而结转，能为产品的实物管理和生产资金管理提供有关成本资料。

2.逐步结转分步法的缺点

（1）逐步结转分步法的工作量大，核算工作比较复杂，提供核算资料的及时性也较差。

（2）采用逐步综合结转分步法，需要进行成本还原。采用逐步分项结转分步法，半成品成本结转的核算工作量大。半成品按计划成本结转时，还要计算和调整半成品成本差异；半成品按实际成本结转时，各步骤不能及时计算成本，成本计算的及时性较差。

因此，逐步结转分步法适用于半成品具有独立的经济意义、能独立的对外销售、管理上要求提供半成品成本资料的连续式多步骤大批大量生产的企业。使用这一方法时，必须从实际出发，做到既能满足管理要求、提供所需的各种成本资料，又能简化成本核算工作。

三、平行结转分步法

（一）平行结转分步法的概念及适用范围

平行结转分步法是指各步骤不计算所产半成品成本，也不计算各步骤所耗上一步骤半成品成本，只计算本步骤发生的各项生产费用和计入产成品的成本份额，月末将各步骤计入产成品的成本份额平行结转，汇总计算出产成品成本的方法。该方法也称为“不计算半成品成本的分步法”。

平行结转分步法适用于成本管理上不要求计算半成品成本的企业，特别是半成品不对外销售的大量大批装配式的多步骤生产企业。例如，机械制造企业，一般按生产工艺过程设置铸工、锻工、加工、装配等生产车间。在这些企业中，产品生产从原材料投入到产品完工，先由各步骤将各种原材料平行加工成各种零件和部件（半成品），然后再由装配车间将零件和部件组装成产成品。如果这些企业各步骤半成品的种类比较多，对外销售又很少，采用平行结转分步法可以简化和加速成本计算工作。在某些连续式多步骤生产企业，如果各步骤所产半成品仅供本企业后续步骤继续加工，不对外销售，也可以采用平行结转分步法。

【想一想4-13】平行结转分步法适用范围与逐步结转分步法适用范围有何不同？

【练一练4-14】在大量大批多步骤生产的企业中，当半成品种类较多，管理上又不要求提供各步骤半成品成本资料的情况下，成本计算可采用（　　）。

A.综合逐步结转法　　　　　　　　B.分项逐步结转法

C.综合结转分步法（按实际成本结转）　D.平行结转分步法

（二）平行结转分步法的特点

平行结转分步法具有以下特点：

（1）各步骤不计算半成品成本，只归集本步骤所发生的生产费用。

（2）各步骤完工的半成品，无论半成品是在各步骤之间直接转移，还是通过半成品仓库收发，都不结转半成品成本，即半成品成本不随半成品实物转移而结转。

（3）各步骤的生产费用需采用适当的方法，在完工产品与月末在产品之间进行分配。这里的完工产品是指最终完工的产成品；在产品是指就整个企业而言的未完工产品，即广义在产品，不仅包括月末正在各步骤加工中的在产品，还包括各步骤已完工转入半成品库的半成品，以及已从半成品库转到以后各步骤进一步加工但尚未最后完工的产品。

（4）将各步骤计入产成品的成本份额平行结转，汇总计算产成品的总成本。

【想一想4-14】平行结转分步法与逐步结转分步法各步骤成本结转有何不同？

（三）平行结转分步法的成本计算程序

（1）按产品生产步骤和产品品种开设“基本生产成本”明细账，账内按成本项目归集本步骤发生的生产费用（不包括耗用上一步骤半成品的成本）。

（2）月末，将各步骤归集的生产费用在产成品与广义在产品之间进行分配，计算各步骤计入产成品的成本份额。

（3）将各步骤生产费用总额减去本步骤计入产成品的成本份额，即为本步骤期末在产品成本，计算公式如下：

$$\begin{array}{c}\text{某步骤月末}\\\text{在产品成本}\end{array}=\begin{array}{c}\text{该步骤月初}\\\text{在产品成本}\end{array}+\begin{array}{c}\text{该步骤本月}\\\text{生产费用}\end{array}-\begin{array}{c}\text{该步骤应计入产成品}\\\text{成本的份额}\end{array}$$

（4）将各步骤计入产成品的成本份额平行结转，汇总计算产成品总成本。

平行结转分步法的成本计算程序如图4-7所示。

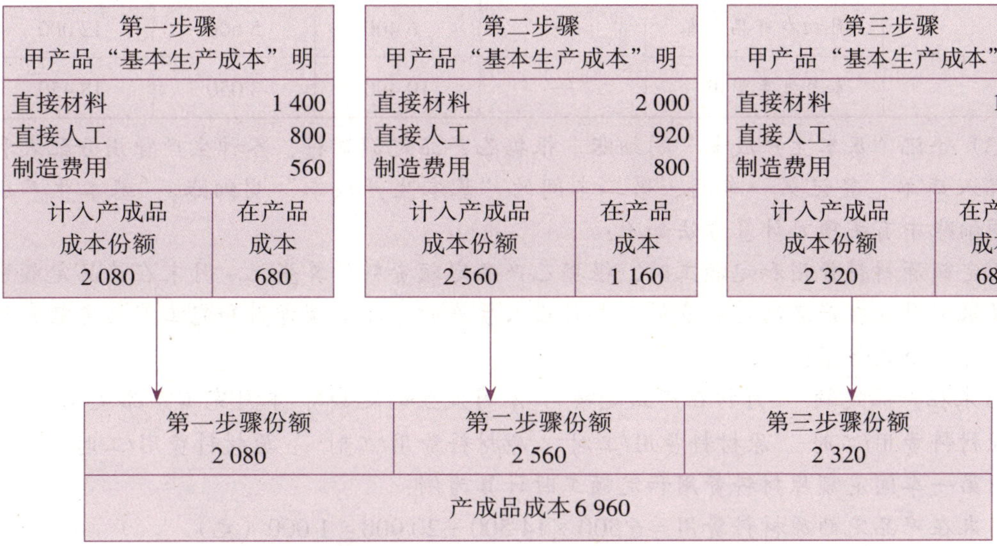

图4-7　平行结转分步法的成本计算程序

（四）平行结转分步法的计算举例

1. 按定额比例法计算各步骤计入产成品的成本份额

【例4-10】红星企业生产乙产品，生产费用在完工产品与在产品之间的分配采用定额比例法，其中：原材料费用按定额原材料费用比例分配；其他各项费用均按定额工时比例分配。

（1）乙产品定额资料见表4-56。

（2）乙产品成本资料见表4-57。

表4-56　　　　乙产品定额资料　　　　金额单位：元

车间份额	月初在产品		本月投入		本月完工产品				
	定额原材料费用	定额工时	定额原材料费用	定额工时	单件定额		产量/件	定额原材料费用	定额工时
					原材料费用	工时			
第一车间份额	6 500	3 000	14 500	9 200	50	30	400	20 000	12 000
第二车间份额	—	2 000	—	8 500	—	20		—	8 000
合计	6 500	5 000	14 500	17 700	50	50	400	20 000	20 000

表4-57　　　　乙产品成本资料　　　　单位：元

成本项目		直接材料	直接人工	制造费用	合计
第一车间	月初在产品成本	8 200	5 200	6 500	19 900
	本月发生费用	23 300	9 440	6 920	39 660
第二车间	月初在产品成本	—	6 400	5 600	12 000
	本月发生费用	—	10 400	8 050	18 450

（3）登记“基本生产成本”明细账。根据乙产品定额资料、各种生产费用分配表和产成品入库单，登记第一车间、第二车间的“基本生产成本”明细账。“基本生产成本”明细账中有关项目计算方法如下：

①定额原材料费用和定额工时，根据乙产品定额资料计算登记。月末在产品定额资料，是根据月初在产品的定额资料、本月投入生产的产品定额资料和完工产品定额资料计算。计算公式如下：

月末在产品定额原材料费用/工时 = 月初在产品定额原材料费用/工时 + 本月发生的定额原材料费用/工时 − 本月完工产品定额原材料费用/工时

以第一车间定额原材料费用和定额工时计算为例：

月末在产品定额原材料费用 = 6 500 + 14 500 − 20 000 = 1 000（元）

月末在产品定额工时 = 3 000 + 9 200 − 12 000 = 200（小时）

②本月生产费用即本月各步骤为生产乙产品所发生的各项生产费用，应根据各种生产费用分配表登记。由于原材料是在生产开始时一次投入、采用平行结转分步法在各步骤之间不结转半成品成本，因而，只有第一车间有原材料费用（定额和实际），第二车间则没有本月耗用的半成品费用。

③费用分配率的计算。采用定额比例法在完工产品和在产品之间分配费用，应首先计算费用分配率，其中原材料费用按定额原材料费用比例分配，其他各项费用均按定额工时比例分配。

(4) 计算各车间计入产成品成本的份额。

①第一车间应计入产成品成本的份额：

$$直接材料费用分配率 = \frac{8\,200 + 23\,300}{20\,000 + 1\,000} = 1.5$$

第一车间计入产成品成本份额的直接材料费用 = 20 000 × 1.5 = 30 000（元）

月末广义在产品原材料费用 = 1 000 × 1.5 = 1 500（元）

或：月末广义在产品原材料费用 = 8 200 + 23 300 − 30 000 = 1 500（元）

$$直接人工费用分配率 = \frac{5\,200 + 9\,440}{12\,000 + 200} = 1.2$$

第一车间计入产成品成本份额的直接人工费用 = 12 000 × 1.2 = 14 400（元）

月末广义在产品直接人工费用 = 200 × 1.2 = 240（元）

或：月末广义在产品直接人工费用 = 5 200 + 9 440 − 14 400 = 240（元）

$$制造费用分配率 = \frac{6\,500 + 6\,920}{12\,000 + 200} = 1.1$$

第一车间计入产成品成本份额的制造费用 = 12 000 × 1.1 = 13 200（元）

月末广义在产品制造费用 = 200 × 1.1 = 220（元）

或：月末广义在产品制造费用 = 6 500 + 6 920 − 13 200 = 220（元）

登记第一车间“基本生产成本”明细账（见表4-58）。

表4-58　“基本生产成本”明细账

第一车间：乙产品　　金额单位：元

摘要	直接材料		定额工时	直接人工	制造费用	实际成本合计
	定额原材料费用	实际原材料费用				
月初广义在产品成本	6 500	8 200	3 000	5 200	6 500	19 900
本月生产费用	14 500	23 300	9 200	9 440	6 920	39 660
合计	21 000	31 500	12 200	14 640	13 420	59 560
完工产品定额	20 000	—	12 000	—	—	—
月末在产品定额	1 000	—	200	—	—	—
分配率	—	1.5	—	1.2	1.1	—
计入产成品成本份额	—	30 000	—	14 400	13 200	57 600
月末广义在产品成本	—	1 500	—	240	220	1 960

②第二车间应计入产成品成本的份额：

$$直接人工费用分配率 = \frac{6\,400 + 10\,400}{8\,000 + 2\,500} = 1.6$$

第二车间计入产成品成本份额的直接人工费用 = 8 000 × 1.6 = 12 800（元）

月末广义在产品直接人工费用 = 2 500 × 1.6 = 4 000（元）

或：月末广义在产品直接人工费用 = 6 400 + 10 400 − 12 800 = 4 000（元）

$$制造费用分配率 = \frac{5\,600 + 8\,050}{8\,000 + 2\,500} = 1.3$$

第二车间计入产成品成本份额的制造费用 = 8 000 × 1.3 = 10 400（元）

月末广义在产品制造费用 = 2 500 × 1.3 = 3 250（元）

或：月末广义在产品制造费用 = 5 600 + 8 050 − 10 400 = 3 250（元）

登记第二车间“基本生产成本”明细账（见表4–59）。

表4–59 “基本生产成本”明细账

第二车间：乙产品 金额单位：元

摘要	直接材料		定额工时	直接人工	制造费用	实际成本合计
	定额原材料费用	实际原材料费用				
月初广义在产品成本			2 000	6 400	5 600	12 000
本月生产费用			8 500	10 400	8 050	18 450
合计			10 500	16 800	13 650	30 450
完工产品定额			8 000			
月末在产品定额			2 500			
分配率				1.6	1.3	
计入产成品成本份额				12 800	10 400	23 200
月末广义在产品成本				4 000	3 250	7 250

（5）编制产品成本汇总表。

将第一车间、第二车间“基本生产成本”明细账中计入产成品成本的份额，平行结转、汇总计入乙产品成本汇总表（见表4–60）。

表4–60 乙产品成本汇总表

2023年6月

金额单位：元

项目	产量/件	直接材料	直接人工	制造费用	合计
第一车间		30 000	14 400	13 200	57 600
第二车间			12 800	10 400	23 200
合计	400	30 000	27 200	23 600	80 800
单位成本		75	68	59	202

根据产品成本汇总表编制会计分录如下：

借：库存商品——乙产品　　80 800

　　贷：生产成本——基本生产成本——第一车间　　57 600

　　　　　　　　　　　　　　　——第二车间　　23 200

2.按约当产量比例法计算各步骤计入产成品的成本份额

计算公式如下：

$$\text{某步骤某成本项目分配率}=\frac{\text{该步骤某成本项目月初在产品成本}+\text{该步骤某成本项目本月发生费用}}{\text{产成品数量}+\text{该步骤广义在产品约当产量}}$$

$$\text{某步骤广义在产品约当产量}=\text{该步骤在产品约当产量}+\text{该步骤已完工转入以后各步骤加工的半成品(含入库)但尚未最后完工的产品}$$

【例4-11】红星企业生产的丁产品经过三个车间连续加工制成，第一车间生产A半成品，直接转入第二车间加工制成B半成品，B半成品直接转入第三车间加工成丁产品。其中，1件丁产品耗用1件B半成品，1件B半成品耗用1件A半成品。原材料于第一车间生产开始时一次投入，第二车间、第三车间不再投入其他原材料，各车间月末在产品完工率均为50%。各车间生产费用在完工产品与在产品之间的分配采用约当产量比例法。2023年10月有关资料如下：

（1）本月产品产量记录见表4-61。

表4-61　产品产量记录　单位：件

项目	第一车间	第二车间	第三车间
月初在产品数量	100	300	100
本月投产数量	600	500	700
本月完工产品数量	500	700	600
月末在产品数量	200	100	200

（2）月初在产品成本和本月生产费用见表4-62。

表4-62　月初在产品成本和本月生产费用　单位：元

项目	月初在产品成本				本月生产费用			
	第一车间	第二车间	第三车间	合计	第一车间	第二车间	第三车间	合计
直接材料	12 000			12 000	56 000			56 000
直接人工	15 000	2 100	2 300	19 400	41 000	25 100	21 500	87 600
制造费用	5 000	1 800	2 800	9 600	35 000	16 900	14 000	65 900
合计	32 000	3 900	5 100	41 000	132 000	42 000	35 500	209 500

（3）根据上述资料，按平行结转分步法计算丁产品成本。丁产品的约当产量计算见表4-63，成本计算程序见表4-64至表4-67。

表4-63 约当产量计算表 单位：件

项目	第一车间		第二车间	第三车间
	直接材料	加工费用	加工费用	加工费用
广义在产品约当产量	200 + 100 + 200 = 500	200 × 50% + 100 + 200 = 400	100 × 50% + 200 = 250	200 × 50% = 100

表4-64 第一车间产品成本计算单

产品名称：A半成品 2023年10月 金额单位：元

成本项目	直接材料	直接人工	制造费用	合计
月初在产品成本	12 000	15 000	5 000	32 000
本月生产费用	56 000	41 000	35 000	132 000
合计	68 000	56 000	40 000	164 000
最终产成品	600	600	600	
广义在产品约当产量/件	500	400	400	
分配率	61.82	56	40	
计入产成品成本份额	37 092	33 600	24 000	94 692
广义月末在产品成本	30 910	22 400	16 000	69 310

表4-65 第二车间产品成本计算单

产品名称：B半成品 2023年10月 金额单位：元

成本项目	直接材料	直接人工	制造费用	合计
月初在产品成本		2 100	1 800	3 900
本月生产费用		25 100	16 900	42 000
合计		27 200	18 700	45 900
最终产成品		600	600	
广义在产品约当产量/件		250	250	
分配率		32	22	
计入产成品成本份额		19 200	13 200	32 400
月末在产品成本		8 000	5 500	13 500

表4-66　　　　　　　　第三车间产品成本计算单

产品名称：丁产品　　　　　　2023年10月　　　　　　金额单位：元

成本项目	直接材料	直接人工	制造费用	合计
月初在产品成本		2 300	2 800	5 100
本月生产费用		21 500	14 000	35 500
合计		23 800	16 800	40 600
最终产成品		600	600	
广义在产品约当产量/件		100	100	
分配率		34	24	
计入产成品成本份额		20 400	14 400	34 800
月末在产品成本		3 400	2 400	5 800

表4-67　　　　　　　　丁产品成本计算单

2023年10月　　　　　　金额单位：元

成本项目	产量/件	直接材料	直接人工	制造费用	合计
第一车间转入份额		37 092	33 600	24 000	94 692
第二车间转入份额			19 200	13 200	32 400
第三车间转入份额			20 400	14 400	34 800
合计	600	37 092	73 200	51 600	161 892
单位成本		61.82	122	86	269.82

根据产品成本汇总表编制会计分录如下：

借：库存商品——丁产品　　161 892

　贷：生产成本——基本生产成本——第一车间　　94 692

　　　　　　　　　　　　　——第二车间　　32 400

　　　　　　　　　　　　　——第二车间　　34 800

（五）平行结转分步法的优缺点

1.平行结转分步法的优点

通过以上举例，平行结转分步法与逐步结转分步法相比，具有以下优点：

（1）平行结转分步法是将各步骤计入产成品的成本份额平行结转，汇总计算产成品成本，各步骤不必逐步结转半成品成本，因而各步骤可以同时计算产品成本，可以加速成本计算工作。

（2）采用这一方法能够直接提供按原始成本项目反映的产成品成本资料，不必进行成本还原，简化了成本计算工作。

2.平行结转分步法的缺点

由于采用这一方法各步骤不计算结转半成品成本，因而存在以下缺点：

（1）不能提供各步骤所产半成品的成本以及各步骤所耗上一步骤半成品成本资料，因而不能全面地反映各步骤生产耗费的水平，不利于各步骤的成本管理。

（2）由于各步骤不计算结转半成品成本，半成品实物转移与成本结转脱节，因而不能为半成品的实物管理和资金管理提供资料。

【想一想4-15】逐步结转分步法与平行结转分步法在成本计算上有何不同？

【练一练4-15】平行结转分步法与逐步结转分步法相比，缺点是（　　）。

A.不能提供各生产步骤的半成品成本资料

B.能加速成本计算工作

C.能简化成本计算工作

D.需要成本还原

思政园地

2023年11月，因产品销售不畅，华宏公司新产品研发受阻。公司财务部预测公司本年度将发生800万元亏损。刚刚上任的公司总经理责成总会计师千方百计实现当年盈利目标，并说："实在不行，可以对成本做一些技术处理。"总会计师很清楚公司本年度亏损已成定局，要落实总经理的盈利目标，只能在成本上做手脚。总会计师左右为难，如果不按总经理的意见办，自己以后在公司的日子不好过，如果按总经理的意见办，对自己也有风险，为此，总会计师思想负担很重，不知如何是好。

要求：根据《中华人民共和国会计法》的会计职业道德的要求，分析总会计师应该如何处理，并简要说明理由。

拓展阅读

项目小结

通过本项目学习，应当把握的要点是：

（1）企业生产的类型：按工艺特点分为单步骤生产和多步骤生产；按生产的组织特点分为大量生产、成批生产和单件生产。

（2）生产特点和成本管理的要求对成本计算方法的影响：主要表现在成本计算对象、成本计算期和生产费用在完工产品与在产品之间的分配。

（3）成本计算的基本方法有品种法、分批法和分步法，其中品种法是最基本的成本计算方法。成本计算方法的辅助方法有分类法、定额法以及变动成本法、标准成本法、作业成本法等，它们与生产特点没有直接关系，不论哪种类型的生产，只要符合条件都可以采用。

（4）品种法是以产品品种作为成本计算对象来归集生产费用的一种成本计算方法。其特点主要表现在：成本计算对象是产品品种；成本计算期是按月定期计算成本；月末如果在产品数量较少，则不计算在产品的成本，如果在产品数量很多，就需要采用一定的方法将生产费用在完工产品与在产品之间进行分配。品种法既适用于大量大批且产品品种较少的单步骤生产企业，也适用于管理上不要求分步骤计算半成品成本的多步骤生产企业，还可用于企业内部辅助生产部门的成本计算。

（5）分批法是以产品的批次或订单作为成本计算对象来归集生产费用的一种成本计算方法。分批法的主要特点是：以产品批次作为成本计算对象；成本核算期与产品的生产周期一致，而与会计报告期不一致；一般不需要将生产费用在完工产品和在产品之间进行分配。

分批法包括一般分批法和简化分批法两种。简化分批法仍应按照产品的批次设置"基本生产成本"明细账，但在各批次产品完工之前，账内只按月登记直接材料和生产工时，不必按月登记各项间接费用（直接人工、制造费用），产品完工之前，各项费用和生产工时都登记在"基本生产成本"二级账中，有完工产品时，再计算累计间接费用分配率，根据完工产品累计工时，计算各批完工产品应分配的间接费用。

（6）分步法是以各生产步骤的产品作为成本计算对象来归集生产费用的一种成本计算方法。它的基本特点是：成本计算对象是各生产步骤的产品；成本计算期与会计报告期一致；生产费用需要在完工产品和在产品之间进行分配。

（7）分步法按照各步骤之间是否结转半成品成本，分为逐步结转分步法和平行结转分步法。逐步结转分步法按照半成品成本在下一步骤的"基本生产成本"明细账中反映方法不同又可分为逐步综合结转分步法和逐步分项结转分步法。

（8）逐步综合结转分步法是将各步骤耗用上一步骤半成品的总成本，记入各步骤"基本生产成本"明细账中的"直接材料"或专设的"半成品"项目。按这种方法计算的产成品成本，不能提供按原始成本项目反映的产品成本，因而，逐步综合结转分步法还需要成本还原。逐步分项结转分步法是将各步骤耗用上一步骤半成品的总成本，按原始成本项目分项转入各步骤"基本生产成本"明细账中。这种方法虽然可以直接提供按原始成本项目反映的产品成本，不需要成本还原，但各步骤之间成本结转比较复杂。逐步结转分步法核算工作量较大，不便于核算工作的分工，核算工作的效率也比较低，一般适用于半成品种类不多、逐步结转半成品成本的工作量不大、管理上要求提供各步骤半成品成本资料的企业。

（9）平行结转分步法不计算各步骤所产半成品成本，也不计算各步骤所耗上一步骤的半成品成本，即各步骤不计算结转成本，只计算各步骤所发生的各项生产费用和计入产成品的成本份额，月末将各步骤计入产成品的成本份额平行结转，汇总计算产成品成本。这种方法会导致半成品实物转移与成本结转相脱节，不利于半成品的实物管理和资金管理，一般适用于半成品种类较多、逐步结转半成品成本的工作量较大、管理上不要求提供各步骤半成品成本资料的企业。

项目技能训练

一、单项选择题（每题只有一个正确答案，请将正确答案填在括号内）

1.工业企业的生产组织类型和管理要求对产品成本计算的影响，主要表现在（　　）。

A.完工产品与在产品之间分配费用的方法

B.成本计算期的确定

C.间接费用分配方法的确定

D.成本计算对象的确定

2.决定成本计算对象的因素是生产特点和（　　）。

A.成本计算实体　　B.成本计算时期

C.成本管理要求　　D.成本计算方法

3.区分各种产品成本计算基本方法的标志是（　　）。

A.成本计算期间　　B.成本计算对象

C.费用的分配方法　　D.在产品费用的分配方法

4.在小批单件多步骤生产情况下，如果管理不要求分步计算产品成本，应采用的成本计算方法是（　　）。

A.分批法　　B.分步法　　C.分类法　　D.定额法

5.产品成本计算的分步法适用于（　　）。

A.大量大批的多步骤生产　　B.小批生产

C.单件生产　　D.大量大批的单步骤生产

6.下列各项中最基本的成本计算方法是（　　）。

A.分步法　　B.分批法　　C.定额法　　D.品种法

7.逐步综合结转分步法下，成本还原分配率的计算公式是（　　）。

A.本月产成品成本合计 ÷ 本月所产半成品成本合计

B.本月所产半成品成本合计 ÷ 本月产成品成本合计

C.本月产成品所耗上一步骤半成品费用 ÷ 本月所产该种半成品成本合计

D.某步骤领用半成品成本合计 ÷ 上一步骤所产该种半成品成本合计

8.成本还原是指从（　　）生产步骤起，将其耗用上一步骤的自制半成品的综合成本，按照上一步骤完工半成品的成本项目的比例分解还原为原来的成本项目。

A.最前一个　　B.中间一个　　C.最后一个　　D.随意任选一个

9.在逐步结转分步法下，其完工产品与在产品之间的费用分配，是指在（　　）之间的费用分配。

A.产成品与广义在产品

B.完工半成品与月末加工中的在产品

C.产成品与月末在产品

D.前面各步骤完工半成品与加工中的在产品，最后步骤的产成品与加工中的在产品

10.在逐步结转分步法下，根据半成品入库单等原始凭证，应编制会计分录为（ ）。

A.借：产成品
　　贷：半成品费用

B.借：自制半成品
　　贷：基本生产成本

C.借：半成品费用
　　贷：产成品

D.借：基本生产成本
　　贷：自制半成品

11.逐步分项结转分步法的缺点是（ ）。

A.成本结转工作比较复杂　　B.需要进行成本还原

C.不能提供原始项目的成本资料　　D.不便于加强各生产步骤的成本管理

12.采用平行结转分步法，不论半成品是在各生产步骤之间直接结转还是通过半成品库收发，都（ ）。

A.不通过“自制半成品”账户进行总分类核算

B.通过“自制半成品”账户进行总分类核算

C.不通过“产成品”账户进行总分类核算

D.通过“产成品”账户进行总分类核算

13.在平行结转分步法下，其完工产品与在产品之间的费用分配，是指下列两者之间费用分配的是（ ）。

A.完工半成品与广义在产品　　B.广义在产品与狭义在产品

C.产成品与月末广义在产品　　D.产成品与月末狭义在产品

14.采用平行结转分步法（ ）。

A.不能全面地反映各个生产步骤产品的生产耗费水平

B.能够全面地反映最后一个生产步骤产品的生产耗费水平

C.能够全面地反映各个生产步骤产品的生产耗费水平

D.能够全面地反映第一个生产步骤产品的生产耗费水平

15.分批法的主要特点是（ ）。

A.以产品批号为成本计算对象

B.生产费用不需要在同一批内完工产品与在产品之间进行分配

C.费用归集与分配比较简便

D.成本计算期长

16.采用简化分批法进行成本核算的企业，为了核算累计间接费用，一般要求特别设置（ ）。

A.“制造费用”二级账　　B.“基本生产成本”明细账

C.“基本生产成本”二级账　　D.“基本生产成本”总账

17.采用简化分批法，在产品完工之前，产品成本明细账应（ ）。

A.登记间接费用和生产工时　　B.只登记直接材料费用

C.只登记间接费用，不登记直接费用　　D.登记直接材料费用和生产工时

18.采用简化分批法进行成本计算，适用的情况是（ ）。

A.投产批数繁多，而且未完工批数较多

B.投产批数较少，而且未完工批数较少

C.投产批数繁多，而且完工批数较多

D.投产批数较少，而且未完工批数较多

19.逐步结转分步法按照半成品成本在下一步骤的“基本生产成本”明细账中的反映方法，可以分为（ ）。

A.综合结转法和平行结转法 B.平行结转法和分项结转法

C.综合结转法和分项结转法 D.实际成本结转法和计划成本结转法

20.下列各项中，属于不计算半成品成本的分步法是（ ）。

A.平行结转分步法 B.分项结转分步法

C.综合结转分步法 D.逐步结转分步法

二、多项选择题（每题有两个或两个以上正确答案，请将正确答案填在括号内）

1.广义在产品包括（ ）。

A.尚在各步骤加工的在产品 B.转入半成品库准备继续加工的半成品

C.对外销售的自制半成品 D.已入库的外购半成品

2.工业企业确定产品成本计算方法时，要考虑的因素有（ ）。

A.成本结转方式 B.生产特点

C.产量 D.管理要求

3.工业企业的生产，按照生产组织可以划分为（ ）。

A.大量生产 B.成批生产

C.单步骤生产 D.单件生产

4.下列产品成本计算方法中，属于基本方法的有（ ）。

A.定额法 B.分批法 C.分步法 D.品种法

5.品种法适用于（ ）。

A.大量生产

B.单步骤生产

C.要求分步计算成本的多步骤生产

D.管理上不要求分步骤计算成本的多步骤生产

6.产品成本计算的分步法，可以分为（ ）。

A.品种法 B.逐步结转法 C.分类法 D.平行结转法

7.在大量大批生产的情况下，根据管理要求的不同，可以采用的产品成本计算的基本方法有（ ）。

A.品种法 B.定额比例法

C.约当产量比例法 D.分步法

8.采用逐步结转分步法，按照结转的半成品成本在下一步骤的“基本生产成本”明细账中的反映方法不同，可分为（ ）。

A.平行结转分步法 B.按实际成本结转法

C.分项结转分步法 D.综合结转分步法

9.平行结转分步法的适用情况有（ ）。

A.半成品对外销售

B.半成品不对外销售

C.管理上不要求提供各步骤半成品资料

D.半成品种类较多，逐步结转半成品成本工作量较大

10.分批法下产品的批次包括（　　）。

A.购买单位的订单　　B.订单中某产品的组成部分

C.一个订单分为几个批次　　D.多个订单合为一批

11.采用简化分批法，要求（　　）。

A.设立“基本生产成本”二级账

B.不分批计算在产品成本

C.在“基本生产成本”二级账中只登记间接费用

D.分批计算在产品成本

12.采用简化的分批法，在某批产品完工以前，“基本生产成本”明细账只需按月登记（　　）。

A.直接费用　　B.间接费用　　C.工时　　D.生产成本

13.采用分批法计算产品成本时，如果同一批内产品跨月陆续完工的情况不多，可以按照（　　）计算完工产品成本。

A.定额成本　　B.计划成本

C.变动成本　　D.近期相同产品的实际成本

14.下列各项属于成本计算辅助方法的有（　　）。

A.品种法　　B.分批法　　C.分类法　　D.定额法

15.工业企业的生产，按其工艺过程的特点划分，可以分为（　　）。

A.大量生产　　B.单步骤生产

C.多步骤生产　　D.单件生产

16.采用简化分批法计算产品成本，“基本生产成本”二级账中登记的内容有（　　）。

A.本月发生的各项间接费用　　B.本月发生的直接材料费用

C.月末在产品的各项间接费用　　D.月末在产品的直接材料费用

17.采用逐步结转分步法需要提供各步骤半成品成本资料的原因有（　　）。

A.各步骤的半成品既可以继续加工，也可以对外销售

B.半成品成本需要进行同行业评比

C.半成品成本不需要进行同行业评比

D.需要考核分析半成品成本水平

18.逐步结转分步法与平行结转分步法相比，优点有（　　）。

A.能够提供各生产步骤的半成品成本资料

B.能够加速成本计算工作

C.能够简化成本计算工作

D.能够为产品的实物管理和资金管理提供数据

19.逐步综合结转分步法与逐步分项结转分步法相比，缺点有（　　）。

A.不能提供按原始成本项目反映的产品成本

B.需要进行成本还原

C.不能为实物管理和资金管理提供资料

D.不能提供各步骤的半成品成本资料

20.下列各项中，属于辅助成本计算方法的有（　　）。

A.分类法　　B.品种法　　C.分步法　　D.定额法

三、判断题（正确的在括号内打“√”，错误的打“×”）

（　　）1.品种法是一种最基本的成本计算方法。

（　　）2.企业的生产类型按生产组织划分可分为单步骤生产和多步骤生产。

（　　）3.划分产品成本计算方法的标志是成本计算对象。

（　　）4.简化分批法不计算在产品的成本。

（　　）5.采用分批法计算产品的成本，在单件生产的情况下，不需将生产费用在完工产品和月末在产品之间进行分配。

（　　）6.工业企业的生产按照工艺过程划分，可以分为大量生产、成批生产和单件生产三种类型。

（　　）7.采用简化分批法，不需要设置“基本生产成本”二级账。

（　　）8.逐步结转分步法下，分项结转半成品成本后，半成品成本还需要进行成本还原。

（　　）9.分生产步骤计算产品成本不一定就是分车间计算产品成本。

（　　）10.逐步结转分步法实际上就是分批法的多次连接应用。

（　　）11.标准成本法也属于成本计算的基本方法。

（　　）12.采用简化分批法，只要同一批内产品还没有完工，其产品成本明细账内就不登记任何生产费用。

（　　）13.采用分步法计算产品成本，生产车间转出完工的半成品时编制的会计分录可能是：借记“自制半成品”账户，贷记“基本生产成本”账户。

（　　）14.成本还原率是指本月所产半成品有多少被本月产成品所消耗。

（　　）15.分步法的主要特点是需要计算和结转各步骤的产品成本。

四、业务题

1.星红食品厂是一家小型企业，主营面包和蛋糕的生产与销售业务。该厂的基本生产车间是食品车间，采用封闭式的流水线生产，大量生产面包和蛋糕两种产品，其主要原料为面粉、植物油、苏打、鸡蛋、食糖、食用添加剂等。该厂还设有一个机修车间，为企业提供各种修理劳务。

该厂的原材料根据生产需要领用，并在领用后一次投入（车间内期初期末均无材料余额），领用的鸡蛋按定额消耗比例分配，其定额为每百千克面包消耗鸡蛋10千克，每百千克蛋糕消耗鸡蛋5千克。其他原材料60%用于面包生产，40%用于蛋糕生产。

食品车间工人的薪酬按生产工时比例分配，机修车间费用按修理工时比例分配，制造费用按生产工时比例分配，生产费用在完工产品成本和月末在产品之间的分配采用约当产量比例法。该厂发生的其他费用均用转账支票支付。

该厂2023年3月有关经济业务的原始凭证和相关资料如下：

（1）上月末的相关资料见表4-68和表4-69。

表4-68　　生产车间月末在产品盘存单　　第1联

车间：食品车间　　2023年2月28日　　单位：元

在产品名称	型号规格	单位	盘点数量	单位成本	总成本	在产品完工率
面包		千克	1 860			50%
蛋糕		千克	1 580			50%

主管：　　审核：　　保管：王辉　　盘点：李红

表4-69　　月末在产品成本

2023年2月28日　　单位：元

在产品名称	直接材料	直接人工	制造费用	合计
面包	9 580	1 860	1 230	12 670
蛋糕	7 900	1 580	1 100	10 580

（2）本月的相关资料见表4-70至表4-85。

表4-70　　领料单

部门：食品车间　　2023年3月1日

用途	材料名称	单位	数量	单价/元	金额/元	备注
生产面包、蛋糕用	植物油	千克	2 000	16.00	32 000	

主管：　　领料人：许围　　审核：　　发料人：姜丽

表4-71　　领料单

部门：食品车间　　2023年3月1日

用途	材料名称	单位	数量	单价/元	金额/元	备注
生产面包、蛋糕用	苏打	千克	500	10.00	5 000	

主管：　　领料人：许围　　审核：　　发料人：姜丽

表4-72　　领料单

部门：食品车间　　2023年3月1日

用途	材料名称	单位	数量	单价/元	金额/元	备注
生产面包、蛋糕用	面粉	千克	20 000	3.00	60 000	

主管：　　领料人：许围　　审核：　　发料人：姜丽

表4-73 领料单

部门：食品车间 2023年3月1日

用途	材料名称	单位	数量	单价/元	金额/元	备注
生产面包、蛋糕用	鸡蛋	千克	2 400	6.00	14 400	

主管： 领料人：许围 审核： 发料人：姜丽

表4-74 领料单

部门：食品车间 2023年3月1日

用途	材料名称	单位	数量	单价/元	金额/元	备注
生产面包、蛋糕用	食糖	千克	5 000	3.80	19 000	

主管： 领料人：许围 审核： 发料人：姜丽

表4-75 领料单

部门：食品车间 2023年3月1日

用途	材料名称	单位	数量	单价/元	金额/元	备注
生产一般用	食用添加剂	千克	250	60.00	15 000	

主管： 领料人：许围 审核： 发料人：姜丽

表4-76 领料单

部门：机修车间 2023年3月1日

用途	材料名称	单位	数量	单价/元	金额/元	备注
修理用	专用漏斗	只	30	20	600	

主管： 领料人：许围 审核： 发料人：姜丽

表4-77 领料单

部门：机修车间 2023年3月1日

用途	材料名称	单位	数量	单价/元	金额/元	备注
一般用	手套	双	20	2	40	

主管： 领料人：许围 审核： 发料人：姜丽

表4-78　　工资结算汇总表

2023年3月31日　　单位：元

部门	人员类别	基本工资	奖金	津贴	合计
食品车间	生产工人	40 000	3 600	1 200	44 800
	管理人员	3 500	700		4 200
机修车间	修理工人	4 500	1 000	300	5 800
	管理人员	2 000	500		2 500
合计		50 000	5 800	1 500	57 300

会计主管：　　审核：　　制表：郭强

表4-79　　社保费用计提表

2023年3月31日　　单位：元

部门	人员类别	工资总额	计提比例	计提金额
食品车间	生产工人	44 800	36%	16 128
	管理人员	4 200	36%	1 512
机修车间	修理工人	5 800	36%	2 088
	管理人员	2 500	36%	900
合计		57 300	36%	20 628

会计主管：　　审核：　　制表：郭强

表4-80　　固定资产折旧计算表

2023年3月　　金额单位：元

使用部门及固定资产类别		原值	年折旧率（%）	上月计提折旧额	上月增加固定资产的原值	上月减少固定资产的原值	本月应计提折旧额
食品车间	厂房	600 000	4	2 000			2 000
	设备	500 000	6	2 500			2 500
	合计	1100 000		4 500			4 500
机修车间	厂房	180 000	4	600			600
	设备	50 000	6	250			250
	合计	230 000		850			850

会计主管：　　审核：　　制表：郭强

表4-81 外购动力费用分配表

供电单位：市电力公司 2023年3月

部门	耗电量/度	单价/元	金额/元
食品车间	14 200	1	14 200
机修车间	5 800	1	5 800
合计	20 000		20 000

会计主管： 审核： 制表：郭强

表4-82 办公费用及其他费用分配表

2023年3月 单位：元

部门	办公费用	其他费用	金额
食品车间	9 000	5 400	14 400
机修车间	3 000	1 500	4 500
合计	12 000	6 900	18 900

会计主管： 审核： 制表：郭强

表4-83 产品成本入库单

交库单位：食品车间 2023年3月31日

材料名称	型号规格	单位	交付数量	检查结果		实收数量	备注
				合格	不合格		
面包		千克	16 300	16 300		16 300	
蛋糕		千克	10 800	10 800		10 800	

②转财务科

车间送库（盖章）：张丽 检验（盖章）： 仓库经手（盖章）：赵云

表4-84 生产车间月末在产品盘存单

车间：食品车间 2023年3月31日 第1联

材料名称	型号规格	单位	盘点数量	单位成本/元	总成本/元	在产品完工率
面包		千克	3 080			50%
蛋糕		千克	2 250			50%

主管： 审核： 保管：王辉 盘点：李红

表4-85 定额消耗量、工时记录

部门		生产工时	修理工时	定额消耗比例
食品车间	面包	7 360		60%
	蛋糕	5 440		40%
	一般		700	
企业管理部门			220	
合计		12 800	920	100%

主管： 审核： 记录员：张丽

要求：

（1）开设面包和蛋糕的“基本生产成本”明细账、机修车间的“辅助生产成本”明细账和食品车间的“制造费用”明细账；

（2）根据资料编制各种要素费用分配表，并根据要素费用分配表编制相应的记账凭证，登记“基本生产成本”明细账、“辅助生产成本”明细账、“制造费用”明细账；

（3）根据归集的辅助生产费用和制造费用，编制费用分配表，并编制记账凭证；

（4）将生产费用在完工产品与月末在产品进行分配，计算面包和蛋糕的总成本和单位成本。

2.海西集团下属的东南公司设有一个基本生产车间，按“生产任务通知单”分批组织生产，属于小批生产组织类型的企业。根据其自身的生产特点和管理要求，采用一般分批法计算投产各批产品的生产成本。

东南公司2023年9月1日投产的甲产品100件，批号为901，在9月份全部完工。9月10日投产乙产品150件，批号为902，当月完工40件。9月15日投产丙产品200件，批号为903，尚未完工。

（1）本月发生的各项费用如下：

① 901批甲产品耗用原材料125 000元；902批乙产品耗用原材料167 000元；903批丙产品耗用原材料226 000元；生产车间一般耗用原材料8 600元。

② 生产工人工资19 600元，车间管理人员工资2 100元。

③ 车间耗用外购的水电费2 400元，以银行存款付讫。

④ 计提车间负担的固定资产折旧费3 800元。

⑤ 车间负担的其他费用250元，以银行存款付讫。

（2）其他有关资料如下：

① 原材料采用计划成本计价，差异率为 + 4%。

② 生产工人工资按工时比例分配，其中：901批甲产品工时为18 000小时；902批乙产品工时为20 000小时；903批丙产品工时为11 000小时。

③ 制造费用也按工时比例进行分配。

④ 902批乙产品完工40件按定额成本转出，定额单位成本为：直接材料1 100元，直接人工75元，制造费用60元。

要求：

（1）根据本月发生的各项费用资料和其他有关资料编制会计分录。

（2）采用一般分批法计算各批次产品成本，编制结转完工产品成本的会计分录。

3.某工业企业设一个基本生产车间，小批生产A、B、C三种产品，采用简化分批法计算产品成本。

（1）本月产品生产资料如下：

2023年5月投产三批产品：501批A产品20台；502批B产品30台；503批号C产品10台。全部各批号产品均未完工，发生的生产费用和生产工时资料见表4-86至表4-89的“月初余额”。

（2）2023年6月发生下列经济业务：

① 基本生产车间领用材料12 020元，其中：501批A产品耗用2 400元，502批B产品耗用1 800元，503批C产品耗用920元，三批产品共同耗用4 800元（按定额消耗量比例分配，其定额消耗量分别为：501批A产品300千克，502批B产品180千克，503批C产品120千克）；基本生产车间耗用消耗性材料2 100元。

② 基本生产车间领用低值易耗品一批，实际成本1 200元，采用一次摊销法核算。

③ 基本生产车间分配工资费用共计28 600元，其中生产工人工资24 000元，车间行政管理人员工资4 600元。

④ 基本生产车间月初在用固定资产原值400 000元，本月增加在用固定资产原值50 000元。按月折旧率4%计提本月固定资产折旧额。

⑤ 以银行存款支付本月基本生产车间发生的修理费356元。

⑥ 月末分配基本生产车间发生的制造费用总额。

⑦ 本月发生生产工时共4 716小时，其中501批A产品1 640小时，502批B产品1 520小时，503批C产品1 556小时。

⑧ 月末501批A产品全部完工；502批B产品完工18台，已投料完毕，原材料费用按完工产品和月末在产品数量比例分配，生产工时按约当产量比例法分配，在产品完工率为50%；503批C产品尚未完工。

要求：

（1）根据上述经济业务，编制各项费用分配的会计分录，并计算填列“基本生产成本”二级账（见表4-86）和有关产品“基本生产成本”明细账（见表4-87至表4-89），金额单位为元。

表4-86 “基本生产成本”二级账

2023年6月

2023年		摘要	直接材料	生产工时	直接人工	制造费用	合计
月	日						
6	1	月初余额	77 644	3 144	11 940	37 980	127 564
6	30	本月生产费用					
6	30	费用累计数					
6	30	累计间接费用分配率					
6	30	完工产品转出					
6	30	月末在产品成本					

表4-87　　　　**“基本生产成本”明细账**

产品批号：501　　　　批量：20台　　　　投产日期：5月4日

产品名称：A产品　　　　完工数量：20台　　　　完工日期：6月30日

2023年		摘要	直接材料	生产工时	直接人工	制造费用	合计
月	日						
6	1	月初余额	36 400	1 160			
6	30	本月生产费用					
6	30	费用累计数					
6	30	累计间接费用分配率					
6	30	完工产品成本					
6	30	单位成本					

表4-88　　　　**“基本生产成本”明细账**

产品批号：502　　　　批量：30台　　　　投产日期：5月8日

产品名称：B产品　　　　完工数量：18台　　　　完工日期：6月30日

2023年		摘要	直接材料	生产工时	直接人工	制造费用	合计
月	日						
6	1	月初余额	21 450	1 360			
6	30	本月生产费用					
6	30	费用累计数					
6	30	累计间接费用分配率					
6	30	完工产品成本					
6	30	单位成本					
6	30	月末在产品成本					

表4-89　　　　**“基本生产成本”明细账**

产品批号：503　　　　批量：10台　　　　投产日期：5月5日

产品名称：C产品　　　　完工数量：　台　　　　完工日期：

2023年		摘要	直接材料	生产工时	直接人工	制造费用	合计
月	日						
6	1	月初余额	19 794	624			
6	30	本月生产费用					
6	30	费用累计数					

（2）采用简化分批法计算各批完工产品成本，并编制结转完工入库会计分录。

4.某企业生产的甲产品，顺序经过三个基本生产车间加工完成。第一车间完工产品为A半成品，完工后全部交给第二车间继续加工。第二车间完工产品为B半成品，完工后全部交给第三车间继续加工为甲产品，完工后全部交到产成品仓库。甲产品原材料在第一车间生产开始时一次投入，第二车间和第三车间转入的A半成品、B半成品也都在各该生产步骤生产开始时一次投入。各车间的工资和费用发生比较均衡，月末在产品完工程度均为50%。该企业各车间完工产品和月末在产品之间的费用分配，均采用约当产量比例法。本月各生产车间产量记录见表4-90，月初在产品成本和本月发生的生产费用资料见表4-91。

表4-90　产量记录

2023年8月

单位：件

项目	第一车间	第二车间	第三车间
月初在产品	60	50	80
本月投产或上一步骤转入	300	280	250
本月完工转出	280	250	300
月末在产品	80	80	30

表4-91　生产费用资料

2023年8月

单位：元

项目	第一车间		第二车间		第三车间	
	月初在产品成本	本月生产费用	月初在产品成本	本月生产费用	月初在产品成本	本月生产费用
直接材料	600	3 000	—	—	—	—
自制半成品	—	—	320	—	120	—
直接人工	40	280	45	535	60	885
制造费用	80	560	85	1 075	150	3 000
合计	720	3 840	450	1 610	330	3 885

要求：

（1）根据上述资料，采用逐步综合结转分步法计算A半成品、B半成品和甲产品成本，编制甲产品完工产品入库的会计分录。

（2）根据上述计算结果，采用成本项目比重还原法和成本还原率法进行成本还原。

5.某工业企业下设一个基本生产车间大量生产甲产品，成本计算上分两个生产步骤核算。第一生产步骤生产的半成品，交半成品库验收；第二生产步骤按照所需数量向半成品库领用，该基本生产车间采用逐步综合结转分步法计算产品成本。

（1）基本生产车间第一生产步骤、第二生产步骤的产品数量、月初有关成本资料见表4-92至表4-94。

表4-92　　第一生产步骤、第二生产步骤的产品数量　　单位：件

项目	月初数量	本月投产数量	本月完工数量	月末数量
第一生产步骤	40	60	80	20
第二生产步骤	100	60	120	40

表4-93　　“基本生产成本”明细账

产品名称：甲半成品　　2023年7月

产量：80件　　单位：元

项目	直接材料	直接人工	制造费用	合计
月初在产品定额成本（第一生产步骤）	16 000	4 800	3 600	24 400
月初在产品定额成本（第二生产步骤）	68 000	12 000	8 000	88 000

表4-94　　“自制半成品”明细账

产品名称：甲半成品　　数量单位：件　　金额单位：元

月份	月初余额		本月增加		合计			本月减少	
	数量	金额	数量	金额	数量	金额	单价	数量	金额
7	40	34 896							
8									

注：采用加权平均法计算发出半成品的单位成本。

（2）基本生产车间2023年7月份发生下列经济业务：

① 发出原材料25 600元，其中：第一生产步骤耗用24 400元；车间一般消耗1 200元。

② 分配本月工资费用31 800元，其中：生产工人工资24 000元，按生产工时比例分配（第一生产步骤生产工时4 125小时，第二生产步骤生产工时3 375小时）；车间行政管理人员工资7 800元。

③ 计提本月固定资产折旧1 400元，其中：车间厂房折旧额840元，车间机器设备折旧额560元。

④ 用银行存款支付基本生产车间修理费508元。

⑤ 月末将基本生产车间发生的制造费用总额，按生产工时比例，在第一生产步骤和第二生产步骤之间进行分配。

（3）基本生产车间第一生产步骤和第二生产步骤月末在产品均按定额成本计价，在产品有关单位费用定额资料见表4-95。

表4-95　　在产品有关单位费用定额　　金额单位：元

项目	直接材料（半成品）费用定额	工时定额	小时直接人工费用定额	小时制造费用定额
第一生产步骤	400	15	8	6
第二生产步骤	680	20	6	4

要求：

（1）编制各项费用分配的会计分录（基本生产成本应列出明细科目），并据以登记各产品成本计算单和产品“基本生产成本”明细账。

（2）计算第一生产步骤完工产品成本并编制成本结转会计分录，登记“自制半成品”明细账。

（3）计算第二生产步骤领用半成品费用，编制领用会计分录，登记“自制半成品”明细账，并据以计算第二生产步骤完工产品成本。

（4）根据完工产成品成本及其他资料进行成本还原，计算按原始成本项目反映的产成品成本。

6.星云公司生产的甲产品经过三个基本生产车间连续加工制成，采用逐步分项结转分步法计算成本。第一车间生产完工的A半成品，不经过仓库收发，直接转入第二车间加工制成B半成品，B半成品通过仓库收发入库，第三车间从半成品仓库领用B半成品继续加工成甲产品。其中1件甲产品耗用1件B半成品，1件B半成品耗用1件A半成品。

生产甲产品所需的原材料于第一车间生产开始时一次投入，第二车间和第三车间不再投入材料。此外，该公司由于生产比较均衡，各基本生产车间的月末在产品完工率均为50%。

各车间的生产费用在完工产品和在产品之间的分配采用约当产量比例法，第三车间生产领用的B半成品成本采用加权平均法进行计算。2023年9月生产甲产品的有关成本资料如下：

（1）本月各车间产量见表4-96。

表4-96 各车间产量 单位：件

摘要	第一车间	第二车间	第三车间
月初在产品数量	20	50	40
本月投产数量或上一步骤转入	180	160	180
本月完工产品数量	160	180	200
月末在产品数量	40	30	20

（2）各车间月初在产品成本和本月生产费用见表4-97。

表4-97 各车间月初和本月生产费用 单位：元

摘要		直接材料	直接人工	制造费用	合计
第一车间	月初在产品成本	1 000	60	100	1 160
	本月生产费用	18 400	2 200	2 400	23 000
第二车间	月初在产品成本	5 592.50	500	400	6 492.50
	本月生产费用		3 200	4 800	8 000
第三车间	月初在产品成本	2 839.80	2 180	1 965	6 984.80
	本月生产费用		3 450	2 550	6 000

（3）月初B半成品结存20件，生产成本2 700元，其中：直接材料1 450元，直接人工550元，制造费用700元。

要求：

（1）编制第一车间的产品成本计算单，计算第一车间的A半成品的生产成本并填入表4-98中。

表4-98　产品成本计算单

产品名称：A半成品

车间：第一车间　金额单位：元

摘要	直接材料	直接人工	制造费用	合计
月初在产品成本				
本月发生的生产费用				
生产费用合计				
约当产量合计/件				
分配率				
完工A半成品的生产成本				
月末在产品成本				

（2）编制第二车间的产品成本计算单，计算第二车间的B半成品的生产成本填入表4-99中，并编制结转第二车间B半成品入库的会计分录。

表4-99　产品成本计算单

产品名称：B半成品

车间：第二车间　金额单位：元

摘要	直接材料	直接人工	制造费用	合计
月初在产品成本				
本月本步骤加工费用				
本月耗用上一步骤半成品成本				
生产费用合计				
约当产量合计/件				
分配率				
完工B半成品的生产成本				
月末在产品成本				

（3）登记B半成品明细账，计算B半成品的加权平均单位成本填入表4-100中，并结转第三车间领用B半成品的生产成本。

表4-100　　自制半成品明细账

产品名称：B半成品　　单位：元

2023年		摘要	数量	金额	成本项目		
月	日				直接材料	直接人工	制造费用

（4）编制第三车间的产品成本计算单，计算甲产品的生产成本填入表4-101中，并编制结转甲产品完工入库的会计分录。

表4-101　　第三车间成本计算单

产品名称：甲产品　　车间：第三车间　　金额单位：元

摘要	直接材料	直接人工	制造费用	合计
月初在产品成本				
本月本步骤加工费用				
本月耗用上一步骤半成品费用				
生产费用合计				
约当产量合计/件				
分配率				
完工产品成本				
月末在产品成本				

7.星海企业由三个基本生产车间大量生产甲产品，经过三个车间顺序加工完成，采用平行结转分步法计算产品成本。原材料在生产开始时一次投入，自制半成品由上一步骤直接转入下一步骤，每件产成品耗用各车间一件半成品，生产费用在完工产品与月末在产品之间的分配采用约当产量比例法。本月各生产车间产量记录资料见表4-102，月初在产品成本和本月生产费用见表4-103。

表4-102　　产量记录

2023年8月　　数量单位：件

项目	第一车间	第二车间	第三车间
月初在产品	30	35	20
本月投产或上步转入	100	90	95
本月完工转出	90	95	100
月末在产品	40	30	15
在产品完工程度	40%	50%	60%

表4-103　　月初在产品成本和本月生产费用

2023年8月　　单位：元

项目	第一车间		第二车间		第三车间	
	月初在产品成本	本月生产费用	月初在产品成本	本月生产费用	月初在产品成本	本月生产费用
直接材料	1 200	5 460	—	—	—	—
直接人工	572	1 360	460	1 360	88	893
制造费用	200	444	160	464	32	295
合计	1 972	7 264	620	1 824	120	1 188

要求：根据上述资料，采用平行结转分步法计算甲产品成本，登记“基本生产成本”明细账和产品成本计算汇总表，见表4-104至表4-107，并根据产品成本计算汇总表编制结转完工产品入库的会计分录。

表4-104　　第一车间“基本生产成本”明细账

产品名称：甲产品　　2023年8月　　金额单位：元

摘要	直接材料	直接人工	制造费用	合计
月初在产品成本				
本月发生生产费用				
生产费用合计				
本月最终产成品数量/件				
本步骤在产品约当产量/件				
已转下一步骤的未完工半成品数量/件				
约当总产量/件				
分配率				
应计入产成品成本的份额				
月末在产品成本				

表4-105 第二车间“基本生产成本”明细账

产品名称：甲产品 2023年8月 金额单位：元

摘要	直接材料	直接人工	制造费用	合计
月初在产品成本				
本月发生生产费用				
生产费用合计				
本月最终产成品数量/件				
本步骤在产品约当产量/件				
已转下一步骤的未完工半成品数量/件				
约当总产量/件				
分配率				
应计入产成品成本的份额				
月末在产品成本				

表4-106 第三车间“基本生产成本”明细账

产品名称：甲产品 2023年8月 金额单位：元

摘要	直接材料	直接人工	制造费用	合计
月初在产品成本				
本月发生生产费用				
生产费用合计				
本月最终产成品数量/件				
本步骤在产品约当产量/件				
已转下一步骤的未完工半成品数量/件				
约当总产量/件				
分配率				
应计入产成品成本的份额				
月末在产品成本				

表4-107 产品成本计算汇总表

产品名称：甲产品 产量：100件 2023 年8月 单位：元

摘要	直接材料	直接人工	制造费用	合计
第一步骤计入份额				
第二步骤计入份额				
第三步骤计入份额				
产成品总成本				
产成品单位成本				

8.华海企业生产丙产品，经三个生产步骤加工，采用平行结转分步法计算产品成本。生产费用在完工产品与月末在产品之间采用定额比例法进行分配，其中：直接材料费用按原材料定额费用比例分配；其他各项加工费用均按定额工时比例分配。

（1）第一生产步骤、第二生产步骤和第三生产步骤月初及本月产品成本资料和定额资料见表4-108至表4-110。

表4-108　“基本生产成本”明细账

步骤：第一生产步骤　　产量：100件　　金额单位：元

项目	直接材料		定额工时	直接人工	制造费用	合计
	定额	实际				
月初在产品成本	6 500	7 000	800	9 000	6 520	22 520
本月生产费用	17 500	23 000	3 200	11 000	7 680	41 680
生产费用累计数						
分配率						
计入产成品成本份额						
月末在产品成本						

表4-109　“基本生产成本”明细账

步骤：第二生产步骤　　产量：100件　　金额单位：元

项目	直接材料		定额工时	直接人工	制造费用	合计
	定额	实际				
月初在产品成本			600	8 000	6 400	14 400
本月生产费用			1 400	16 000	8 600	24 600
生产费用累计数						
分配率						
计入产成品成本份额						
月末在产品成本						

表4-110　“基本生产成本”明细账

步骤：第三生产步骤　　产量：100件　　金额单位：元

项目	直接材料		定额工时	直接人工	制造费用	合计
	定额	实际				
月初在产品成本			400	5 400	4 160	9 560
本月生产费用			1 800	7 800	6 400	14 200
生产费用累计数						
分配率						
计入产成品成本份额						
月末在产品成本						

（2）本月完工产成品100件，单件定额资料如下：原材料费用定额220元（原材料在生产开始时一次投入），第一生产步骤、第二生产步骤和第三生产步骤的工时定额分别为30小时、15小时和12小时。

要求：

（1）根据上述资料，计算各生产步骤计入产成品成本份额，并登记各步骤“基本生产成本”明细账。

（2）编制产成品成本汇总计算表，填入表4-111中。

表4-111 产成品成本汇总计算表

产品名称：丙产品　　产量：100件　　单位：元

项目	直接材料	直接人工	制造费用	合计
第一生产步骤份额				
第二生产步骤份额				
第三生产步骤份额				
总成本				
单位成本				

项目五

产品成本计算的辅助方法

学习目标

知识目标	1. 了解各种产品成本计算辅助方法的含义及适用范围 2. 理解分类法、定额法的特点及计算过程
能力目标	1. 能运用分类法进行成本计算 2. 能运用定额法进行成本计算
素养目标	1. 通过学习分类法、定额法，明确财务人员要遵守成本开支范围，正确按照成本计算程序进行产品成本计算，进行爱岗、敬业、法治、诚信的教育 2. 根据高仿真的实训技能训练，培养学生大国工匠精神，提高学生对会计工作的感性认识，树立未来从业信心和决心

思维导图

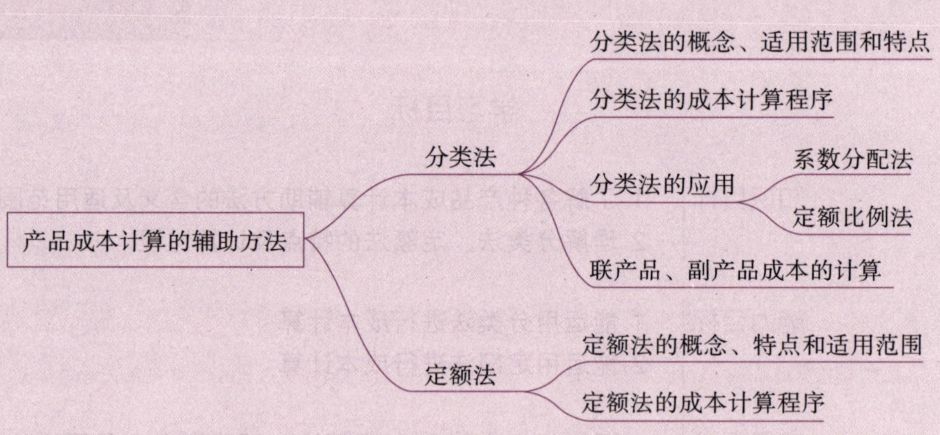
产品成本计算的辅助方法
分类法
分类法的概念、适用范围和特点
分类法的成本计算程序
分类法的应用
系数分配法
定额比例法
联产品、副产品成本的计算
定额法
定额法的概念、特点和适用范围
定额法的成本计算程序

案例导入

新华企业生产的甲类产品有三种规格。材料在生产开始时一次投入，月末在产品成本按年初在产品固定成本计价。4月份有关资料见表5-1和表5-2。

表5-1　　甲类产品产量及定额

2023年4月

产品名称	产量	单位产品材料定额/元	材料定额总成本/元	单位产品工时定额/小时	定额总工时/小时
甲1	3 000	60	180 000	2	6 000
甲2	4 000	72	288 000	3	12 000
甲3	1 000	90	90 000	4	4 000
合计			558 000		22 000

表5-2　　甲类产品成本计算单

2023年4月　　单位：元

项目	直接材料	直接人工	制造费用	合计
月初在产品成本	46 200	2 200	1 600	50 000
本月生产费用	613 800	30 800	26 400	671 000
合计	660 000	33 000	28 000	721 000
本月完工产品成本	613 800	30 800	26 400	671 000
月末在产品成本	46 200	2 200	1 600	50 000

该企业成本会计李玉在分配甲类产品成本时，采用的是定额比例法，其分配结果见表5-3。

表5-3　　甲类各种产品成本计算表（定额比例法）　　单位：元

产品名称	直接材料	直接人工	制造费用	合计
甲1	198 000	8 400	7 200	213 600
甲2	316 800	16 800	14 400	348 000
甲3	99 000	5 600	4 800	109 400
合计	613 800	30 800	26 400	671 000

会计王晴指出不应该用定额比例法，应该用系数分配法。李玉认为用定额比例法与系数分配法计算的分配结果一样。

提出问题：

（1）产品成本计算的辅助方法有哪些？

（2）各种成本计算的辅助方法适用范围和成本核算程序有何不同？

带着这些问题，让我们开始本项目的学习。

任务一 产品成本计算的分类法

一、分类法的概念及适用范围

（一）分类法的概念

实际工作中，很多企业生产的产品种类繁多，生产工艺较为复杂，有的企业在采用前述三种基本方法以外，还采用其他的成本计算方法。例如，在产品品种、规格繁多，加工工艺基本相同的企业，为了简化成本计算而采用分类法。

产品成本计算分类法就是把产品类别作为成本计算对象归集生产费用，先计算各类产品的总成本，再按一定标准在类内各种产品之间分配费用，计算类内各种产品成本的一种方法。

（二）分类法的适用范围

凡是产品的品种繁多，根据产品的结构、所用原材料和工艺过程的不同，将产品划分为若干类的企业或车间，均可以采用分类法计算成本。分类法与产品的生产类型没有直接联系，因而可以在各种类型的生产中应用。具体来说，主要适用于以下几种情况：

（1）在生产过程中对同一原料进行加工，可以生产出几种主要产品，这些产品称为联产品。联产品所用的原料和工艺过程相同，所以最适合采用分类法计算成本。

（2）品种相同但质量不同的产品。如果不同质量的产品，是由于内部结构，所用原材料的质量或工艺技术上的要求不同而产生的，那么这些产品应是同一品种不同规格的产品，可以归为一类，采用分类法计算成本。

（3）生产主要产品以外，还生产一些零星产品。这些零星产品，虽然内部结构，所耗原材料和工艺过程不一定完全相近，但是它们的品种、规格多，而且数量少，费用比重小。为了简化成本计算工作，这些零星产品也可以归为几类，采用分类法计算成本。

【想一想5-1】分类法下如何划分产品的类别？

二、分类法的基本特点

（一）以产品的类别为成本计算对象，归集各类产品的生产费用

划分产品类别，以产品类别为成本计算对象，这是分类法独具的特点。当生产费用发生时，应按产品类别归集生产费用。归集时，直接费用直接计入，各类产品共同耗用的费用采用一定的分配标准分配计入，正确计算出各类产品的生产费用。

（二）成本计算期要根据生产特点及管理要求确定

由于分类法是成本计算方法的辅助方法，它必须和各种成本计算的基本方法（品种法、分批法、分步法）结合使用，因而其成本计算期要依据其所采用的成本计算的基本方法而定。如果采用品种法或分步法进行成本计算的同时结合运用分类法，则应定期在月末进行成本计算；如果结合运用分批法，则成本计算期不固定，与生产周期一致。

（三）月末一般将各类产品的生产费用在完工产品和月末在产品之间进行分配

月末，首先将按产品类别归集的生产费用，在该类产品的完工产品和月末在产品之间进行分配，然后选择适当的分配标准将某类完工产品的成本，在类内的各种产品之间进行分配，计算类内各种产品的完工产品成本。为了简化成本计算，采用分类法计算产品成本时，完工产品和月末在产品成本的分配只在各大类产品中进行，月末在产品成本不分配给类内各种产品。

【想一想5-2】分类法的成本计算期是会计报告期吗？

三、分类法的成本计算程序

（一）划分产品类别

将产品按照产品的结构、所用原材料和工艺过程的不同，划分为若干类别。产品类别的划分是非常重要的。如果产品分类太少，划分过粗，类内产品太多，就会影响产品成本计算的正确性；如果划分过细，类内产品数量过少，成本计算的工作量就大，失去了采用分类法划分产品类别的意义。例如：鞋厂可以按照耗用的不同原材料，将产品分为塑料鞋、布鞋、皮鞋等类别；轧钢厂可根据产品的结构将产品分为原钢、钢板、角钢、钢管等类别。

（二）按产品类别设立“生产成本”明细账，归集生产费用

以产品类别为成本计算对象，设立“生产成本”明细账，按照规定的成本项目归集生产费用，计算各类产品的总成本。

（三）将某类产品生产费用，在该类产品的完工产品和月末在产品之间进行分配

月末，将按产品类别归集的生产费用，采用适当的分配方法，在该类产品的完工产品和月末在产品之间进行分配，计算该类完工产品成本。

（四）将某类完工产品成本，在类内各种产品之间进行分配

当各类完工产品的总成本计算出来之后，还要将该类完工产品的成本选择合理的分配标准，在类内的各种产品之间进行分配，计算类内各种产品的完工成本。选择分配标准时应注意以下三点：

（1）应考虑分配标准是否与产品成本的高低有密切的联系。例如，可以根据产品特点选择与其成本消耗有一定关系的定额消耗量、定额费用、售价、体积、长度重量等分配标准。

（2）各成本项目可以采用统一的分配标准，也可以按照成本项目的性质，分别采用不同的分配标准，使分配结果更加合理。例如，直接材料费用可以按材料定额消耗量或定额费用比例分配，直接人工和制造费用可以按定额工时比例分配。

（3）当产品结构、所用原材料或工艺过程发生较大变动时，应该及时修订分配标准，以提高成本计算的准确性。

分类法的成本计算程序如图5-1所示。

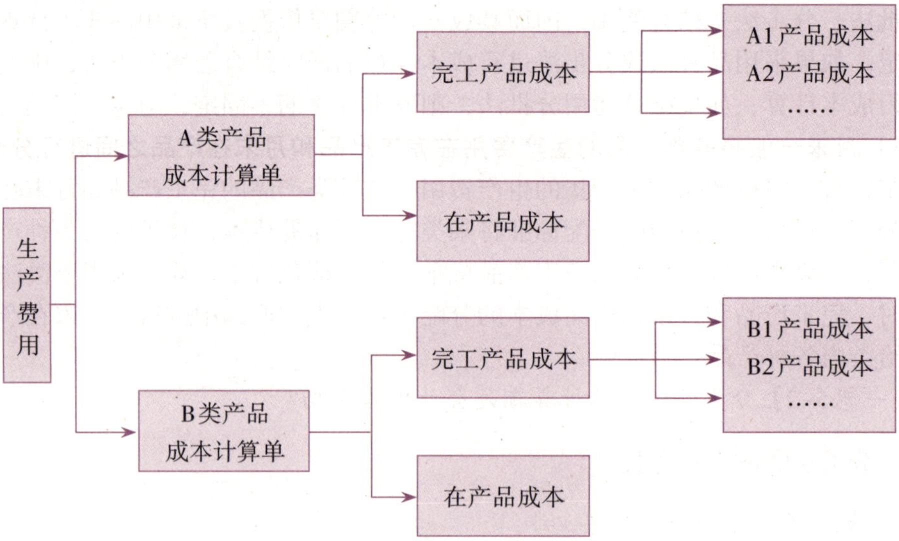

图5-1 分类法的成本计算程序

类内各种完工产品成本的分配方法一般有系数分配法和定额比例法。

【练一练5-1】分类法的“基本生产成本”明细账是按（　　）设置。

A.产品品种　　B.产品步骤　　C.生产步骤　　D.产品类别

四、分类法的应用

（一）系数分配法

在分类法下，按系数将某类产品的总成本在类内完工产品和在产品之间进行分配，以及某类完工产品成本在类内各种产品之间进行分配的方法，称为系数分配法。系数分配法是将分配标准折算成相对固定的系数，按照固定的系数分配类内各种产品的成本。这里的系数是指类内各种产品的分配标准数与标准产品的分配标准数之间的比例关系。采用系数分配法进行成本计算的步骤如下：

1.确定分配标准

选择与费用关系最密切的因素作为分配标准，如重量、长度、体积、售价、定额消耗量、定额费用等。

2.将分配标准折算成相对固定的系数

确定系数时，一般是在同类产品中选择一种产量较大、生产正常、售价稳定的产品或规格折中的产品作为标准产品，把这种产品的系数定为“1”，其他各种产品系数按照如下公式计算：

$$\text{某种产品的系数}=\frac{\text{某种产品的分配标准数}}{\text{类内标准产品的分配标准数}}$$

各产品的系数一经确定，应保持相对稳定，不应任意变更。

3.将类内各种产品的产量折算为标准产量即总系数

某种产品的总系数（标准产量）= 该种产品的实际产量 × 该种产品的系数

4.按各种产品总系数分配计算类内各种产品成本

计算出总系数后，按如下公式计算各成本项目费用分配率：

$$某项目费用分配率 = \frac{某成本项目费用总额}{类内各种产品总系数之和}$$

某种产品某项目应分配的费用 = 该产品总系数 × 该项目费用分配率

【想一想5-3】系数分配法下该如何确定各种产品的总系数？

【练一练5-2】用系数分配法分配计算类内各种产品成本时，选择的标准产品应该具备的条件是（　　）。

A.产销量较大　　　　B.生产比较稳定

C.售价比较稳定　　　　D.规格折中

【例5-1】光华企业生产的产品品种、规格繁多，其中A、B、C三种产品采用的生产工艺过程、使用的原材料都相同，划分为一类进行产品成本计算，这类产品称为甲类产品，按系数分配法分配生产费用。直接材料项目按照各种产品的原材料系数进行分配，原材料系数按直接材料费用定额确定，直接人工等其他费用项目均按各种产品的工时系数分配。该类产品中A产品为标准产品。2023年3月有关产品产量、分配标准和成本计算等资料见表5-4至表5-6。

表5-4　　单位产品直接材料消耗定额和计划单价

产品类别	产品名称	材料名称或编号	消耗定额/千克	计划单价/元
甲类	A产品	101	90	1
		205	50	1.4
		310	20	1.5
	B产品	101	75	1
		205	45	1.4
		310	22	1.5
	C产品	101	69	1
		205	60	1.4
		310	50	1.5

表5-5　　产量和定额工时资料

产品类别	产品名称	计量单位	产量	工时定额
甲类	A产品	件	500	110
	B产品	件	400	165
	C产品	件	120	154

表5-6 甲类产品成本计算 单位：元

月	日	项目	直接材料	直接人工	制造费用	合计
3	1	在产品成本（定额成本）	3 140	2 850	5 380	11 370
3	31	本月发生费用	403 080	119 330	107 007	629 417
3	31	合计	406 220	122 180	112 387	640 787
3	31	完工产品成本	391 560	119 192	107 780	618 532
3	31	在产品成本（定额成本）	14 660	2 988	4 607	22 255

要求：计算完工产品成本。

解析：（1）计算确定直接材料费用系数与定额工时系数，计算结果见表5-7。

表5-7 直接材料费用系数计算

产品类别	产品名称	单位产品直接材料				直接材料系数	工时定额	定额工时系数
		材料名称或编号	消耗定额/千克	计划单价/元	费用定额/元			
甲类	A产品	101	90	1	90	1	110	1
		205	50	1.4	70			
		310	20	1.5	30			
		小计			190			
	B产品	101	75	1	75	$\frac{171}{190}=0.9$	165	$\frac{165}{110}=1.5$
		205	45	1.4	63			
		310	22	1.5	33			
		小计			171			
	C产品	101	69	1	69	$\frac{228}{190}=1.2$	154	$\frac{154}{110}=1.4$
		205	60	1.4	84			
		310	50	1.5	75			
		小计			228			

（2）分配计算甲类产品中各种完工产品成本，计算结果见表5-8。

表5-8 完工产品成本计算表 金额单位：元

项目	产量	材料单位系数	直接材料总系数	定额工时系数	定额工时总系数	应分配的费用				单位成本
						直接材料	直接人工	制造费用	合计	
	(1)	(2)	(3) = (1) × (2)	(4)	(5) = (1) × (4)	(6) = (3) × 分配率	(7) = (5) × 分配率	(8) = (5) × 分配率	(9) = (6) + (7) + (8)	(10) = (9) ÷ (1)
分配率	—	—	—	—	—	390	94	85	—	—
A产品	500	1	500	1	500	195 000	47 000	42 500	284 500	569
B产品	400	0.9	360	1.5	600	140 400	56 400	51 000	247 800	619.5
C产品	120	1.2	144	1.4	168	56 160	15 792	14 280	86 232	718.6
合计	—	—	1 004	—	1 268	391 560	119 192	107 780	618 532	—

表5-8中各项目的分配率计算如下：

直接材料分配率 = 391 560 ÷ 1 004 = 390

直接人工分配率 = 119 192 ÷ 1 268 = 94

制造费用分配率 = 107 780 ÷ 1 268 = 85

（二）定额比例法

在分类法下，某类产品的总成本可以按类内各种产品的定额比例进行分配，这种方法称为定额比例法。

分类法下，对各项费用的消耗制定有定额的企业，可以采用定额比例法，将某类成本在类内各产品之间进行分配，直接材料成本项目一般按材料定额消耗量或材料定额费用比例分配，还可将材料费用定额折算为系数进行分配，其他成本项目按照定额工时比例分配。

【例5-2】海德企业生产甲、乙、丙、丁四种产品。根据产品的生产特点，可将这四种产品归为一类产品计算成本，这类产品称为A类产品。2023年3月有关A类产品产量、定额资料见表5-9和表5-10。

表5-9　A类产品成本计算　单位：元

项目	直接材料	直接人工	制造费用	合计
月初在产品成本	5 814	678	825	7 317
本月发生生产费用	66 302	36 442	32 455	135 199
合计	72 116	37 120	33 280	142 516

表5-10　A类产品产量及定额资料　金额单位：元

产品名称		产量/件	材料定额成本		定额工时/小时	
			单位定额	总成本	工时定额	合计
产成品	甲产品	200	50	10 000	15	3 000
	乙产品	150	80	12 000	18	2 700
	丙产品	300	70	21 000	19	5 700
	丁产品	550	40	22 000	21	11 550
小计		—	—	65 000	—	22 950
在产品	甲产品	60	50	3 000	7	420
	乙产品	70	80	5 600	9	630
	丙产品	65	70	4 550	10	650
	丁产品	95	40	3 800	10	950
小计		—	—	16 950	—	2 650
合计		—	—	81 950	—	25 600

在A类产品完工产品和在产品之间的费用分配以及类内四种产品成本的计算，均采用定额比例法，直接材料项目按材料定额成本比例分配，其他费用项目按定额工时比例分配。

要求：计算完工产品成本。

解析：(1) 将A类产品成本计算单中归集的费用在A类完工产品和在产品之间进行分配，计算出A类完工产品成本。

(2) 将计算出的A类完工产品成本在类内的甲、乙、丙、丁四种产品之间进行分配，计算出各种产品的完工产品成本。

具体计算结果见表5-11。

表5-11 A类产品成本计算单 金额单位：元

项目		产量/件	直接材料		定额工时/小时	直接人工	制造费用	实际成本合计
			定额成本	实际成本				
月初在产品成本		—	6 300	5 814	3 120	678	825	7 317
本月生产费用		—	75 650	66 302	24 480	36 442	32 455	135 199
合计		—	81 950	72 116	25 600	37 120	33 280	142 516
分配率		—	—	0.88	—	1.45	1.3	—
月末在产品成本		—	16 950	14 916	2 650	3 842.50	3 445	22 203.50
完工产品成本	总成本	—	65 000	57 200	22 950	33 277.50	29 835	120 312.50
	甲产品	200	10 000	8 800	3 000	4 350	3 900	17 050
	乙产品	150	12 000	10 560	2 700	3 915	3 510	17 985
	丙产品	300	21 000	18 480	5 700	8 265	7 410	34 155
	丁产品	550	22 000	19 360	11 550	16 747.50	15 015	51 122.50

在表5-11中，A类产品生产费用在类内完工产品和在产品之间的分配，以及A类完工产品成本在甲、乙、丙、丁四种产品之间的分配，都是按照统一的费用分配率进行计算。各成本项目的分配率计算如下：

直接材料分配率 = 72 116 ÷ 81 950 = 0.88

直接人工分配率 = 37 120 ÷ 25 600 = 1.45

制造费用分配率 = 33 280 ÷ 25 600 = 1.3

【例5-3】宏达企业生产的甲、乙、丙三种产品，所用原材料和工艺过程相似，合并为A类产品计算成本。类内各种产品之间分配费用的标准如下：直接材料项目按照各种产品的原材料系数进行分配，原材料系数按直接材料费用定额确定，其他费用按定额工时比例分配。2023年3月计算的原材料费用系数和产品工时定额见表5-12，A类产品成本见表5-13。

表5-12　　单位产品原材料费用系数和产品工时定额

2023年3月

产品名称	单位	产量	单位产品		
			材料费用定额/元	材料费用系数	工时定额/小时
甲产品（标准产品）	台	50	100	1	20
乙产品	台	100	110	1.1	50
丙产品	台	80	50	0.5	50

表5-13　　A类产品成本

2023年3月　　单位：元

2023年		摘要	直接材料	直接人工	制造费用	合计
月	日					
3	1	月初在产品成本	50 000	10 000	20 000	80 000
3	31	本月发生费用	100 000	18 000	32 000	150 000
3	31	合计	150 000	28 000	52 000	230 000
3	31	完工产品成本	110 000	20 000	36 000	166 000
3	31	月末在产品成本	40 000	8 000	16 000	64 000

要求：根据上述资料分配费用，计算类内各种产品成本。

解析：A类产品成本计算表见表5-14。

表5-14　　A类产品成本计算表

2023年3月　　金额单位：元

产品名称	产量/台	材料系数	材料费用总系数	工时定额	定额工时	直接材料	直接人工	制造费用	总成本	单位成本
分配率	—	—	—	—	—	550	2	3.6	—	—
甲产品	50	1	50	20	1 000	27 500	2 000	3 600	33 100	662
乙产品	100	1.1	110	50	5 000	60 500	10 000	18 000	88 500	885
丙产品	80	0.5	40	50	4 000	22 000	8 000	14 400	44 400	555
合计	—	—	200	—	10 000	110 000	20 000	36 000	166 000	—

表5-14中各成本项目的分配率计算如下：

直接材料分配率 = 110 000 ÷ 200 = 550

直接人工分配率 = 20 000 ÷ 10 000 = 2

制造费用分配率 = 36 000 ÷ 10 000 = 3.6

根据表5-14中各种完工产品成本编制会计分录如下：

借：库存商品——甲产品　　33 100

　　　　　　——乙产品　　88 500

　　　　　　——丙产品　　44 400

　贷：生产成本——基本生产成本——A类产品　　166 000

五、联产品、副产品成本的计算

（一）联产品成本的计算

联产品是指企业在生产过程中，利用同一种原材料，经过同一个生产过程，同时生产出几种产品，并且这些产品都是企业的主要产品。例如，炼油厂从原油中可同时提炼出汽油、煤油、柴油等产品，这些产品都是炼油厂的主要产品，可称之为联产品。

各种联产品一般要在生产过程终了时才能分离出来，有时也有可能在生产过程的某一个步骤中先分离出来某一种产品。在联产品分离之前，不可能按照每种产品归集生产费用，只能将其归为一类，采用分类法计算其成本，即联合成本或共同成本，可将此成本采用适当的方法，在各联产品之间进行分配，计算出各联产品的成本。分离以后有的联产品可直接销售，有的联产品还需继续加工才可出售，联产品分离后发生的加工成本称之为可归属成本。

因此，联产品的成本计算包括联产品分离前生产费用的归集、分离时联合成本的分配和分离后联产品加工成本的计算三部分。分离前生产费用的归集，应根据生产特点和成本管理的要求进行费用的归集。分离时联合成本的分配，常用的方法有实物量分配法、系数分配法和销售价值分配法等，企业可根据实际情况选用。

1. 实物量分配法

实物量分配法是将联合成本按照各联产品的实物量比例进行分配，其实物量可以是产品产量、重量或其他实物量等。实物量分配法又可以分为简单平均法和加权平均法。简单平均法是将联合成本除以各联产品的实物量之和，计算出平均单位成本。加权平均法是将各联产品的实物量按一定的标准进行折算以后再按比例分配，这一方法类似于系数分配法。简单平均法的计算公式如下：

$$联产品分配率=\frac{联合成本}{各种联产品实物量之和}$$

【例5-4】星海企业用同一种原材料，在同一个生产过程中生产出A、B、C三种联产品，本期发生的联合成本为348 000元。按各种产品重量比例进行联合成本分配，计算结果见表5-15。

表5-15　　联合成本计算单

产品名称	实物量/千克	分配率	应分配成本/元
A产品	450	348	156 600
B产品	260		90 480
C产品	290		100 920
合计	1 000		348 000

2. 系数分配法

系数分配法是先将各种联产品的实际量，按一定的标准折算为固定的系数，再将联产品的实物量按此系数折算为总系数即标准产量，最后将联合成本按各联产品的总系数比例进行分配。

【例5-5】明达企业用同一种原材料，在同一工艺过程中生产出甲、乙、丙、丁四种主要产品。进行联合成本分配时，以产品售价为标准确定系数，甲产品为标准产品，其系数为1，甲产品分离后还需继续加工。

（1）联产品产量、售价和系数计算表见表5-16。

表5-16　联产品产量、售价和系数计算表

产品名称	产量/千克	单位售价/元	系数
甲产品	1 800	10	1
乙产品	600	12	1.2
丙产品	900	8	0.8
丁产品	300	14	1.4

（2）联产品成本资料见表5-17。

表5-17　联产品成本资料　金额单位：元

项目	直接材料	直接人工	制造费用	合计
分离前的联合成本	23 400	5 620	1 724	30 744
各成本项目占总成本比重/%	76.1	18.3	5.6	100
分离后甲产品加工成本	810	195	105	1 110

（3）编制联产品成本计算单（见表5-18）。

表5-18　联产品成本计算单

产品名称	产量/千克	系数	总系数（标准产量）	联合成本/元	分配率	分配的联合成本/元
	（1）	（2）	（3）=（1）×（2）	（4）	（5）=（4）÷（3）	（6）=（3）×（5）
甲产品	1 800	1	1 800	—	8.4	15 120
乙产品	600	1.2	720			6 048
丙产品	900	0.8	720			6 048
丁产品	300	1.4	420			3 528
合计	—	—	3 660	30 744	8.4	30 744

（4）编制甲产品成本汇总计算表（见表5-19）。甲产品成本汇总计算表中联合成本

的分配，依据表5-17中各成本项目比重进行分配。

表5-19 甲产品成本汇总计算表 金额单位：元

项目	联合成本		分离后的加工成本	总成本	单位成本
	比重	分配金额			
	(1)	(2) = (1) × 联合成本	(3)	(4) = (2) + (3)	(5) = (4) ÷ 产量
直接材料	76.1%	11 506.32	810	12 316.32	6.84
直接人工	18.3%	2 766.96	195	2 961.96	1.65
制造费用	5.6%	846.72	105	951.72	0.53
合计	100%	15 120	1 110	16 230	9.02

3.销售价值分配法

销售价值分配法是指按照各种联产品的销售价值作为分配标准来分配联合成本的一种分配方法。其计算公式如下：

$$联合成本分配率 = \frac{联合成本}{各种联产品销售价值之和}$$

式中：销售价值即指产品销售收入，但是这里的销售收入不是按照产品销售量计算的，而是按照产品产量计算的，即产品销售价值不只是已经售出产品的价值，还包括未售出产品的价值。

$$某联产品应分配的成本 = 该联产品销售价值 \times 联合成本分配率$$

销售价值分配法适用于联产品分离后不再继续加工即可出售的联产品。如分离后需要继续加工的，应采用联产品成本可变现净值法或其他方法。

【例5-6】沿用【例5-5】的资料。采用销售价值分配法进行联产品成本的分配，计算结果见表5-20。

表5-20 联产品成本计算单 金额单位：元

产品名称	产量/千克	单价	销售价值	分配率	联合成本	单位成本	毛利	毛利率
甲产品	1 800	10	18 000	0.84	15 120	8.4	2 880	16%
乙产品	600	12	7 200		6 048	10.08	1 152	16%
丙产品	900	8	7 200		6 048	6.72	1 152	16%
丁产品	300	14	4 200		3 528	11.76	672	16%
合计	3 600	—	36 600		30 744	—	5 856	16%

通过表5-20的计算可以看出，虽然各种联产品的单位成本不一致，但是，各种联产品的毛利率是一致的，这是由于各种联产品的销售价值都是按产品产量计算的。

这一分配方法将联合成本的分配与联产品的最终价值联系起来，使联产品成本的分配与各种产品的获利能力保持一定比例关系，从而可以避免售价低的产品可能因分配标准的选用不当造成其分配的费用太多，从而造成产品亏损。

但是，产品成本的高低并非都与产品售价有关，价格高的产品不一定成本也高，因此，销售价值分配法只适于成本与售价关系紧密的联产品的成本分配。另外，按照这一分配方法，使各种联产品的毛利率相同，这与实际情况有出入。

【想一想5-4】联合成本是如何进行分配的？

（二）副产品成本的计算

副产品是指企业在生产主要产品的过程中附带生产出来的一些非主要产品。副产品不是企业的主要产品，但它们却有一定的价值和用途。例如：在高炉炼铁过程中，在生产生铁这种主要产品时，可以回收煤气；炼油厂在提炼原油过程中，还会生产一些渣油、石油焦等。

由于副产品和主要产品都是投入同一种原材料，经过同一生产过程中生产出来的，因此，一般是将副产品和主要产品归为一类，按照分类法归集生产费用，计算成本。但联产品全都是主要产品，而副产品是伴随着主要产品附带生产出来的次要产品，价值较低，因而成本计算与联产品成本计算不完全相同，主、副产品在分离前的生产费用是共同发生的，可视为联合成本，确定副产品成本后，从联合成本中扣除，其余额就是主要产品的成本。因副产品价值较低，一般采用简易方法计算其成本，常见的方法包括副产品不计价、副产品按销售价格扣除税费后的余额计算、副产品按固定成本计价等。

1.副产品不计价

副产品不计价，是指副产品不负担分离前的成本，副产品成本由主要产品负担，将副产品的销售收入直接作为主要产品的销售收入处理。这种方法一般适用于副产品分离后不再继续加工，而且其价值较低的情况。采用这种方法的优点是核算简便，但由于副产品成本是由主要产品负担的，从而会影响主要产品成本的准确性。

2.副产品按销售价格扣除税费后的余额计算

副产品按销售价格扣除税费后的余额计算，是指副产品成本按销售价格扣除销售税金、销售费用后的余额计算或者说按售价减去按正常利润率计算的销售利润后的余额计价。这种方法适用于副产品价值较高的情况。如果副产品在分离后还需进一步加工才能出售，则还应从售价中扣除分离后的加工费。其计算公式如下：

副产品成本 = 销售价格 - 销售利润 - 销售税金 - 销售费用 - 继续加工费用

3.副产品按固定成本计价

副产品按固定成本计价，是指以确定的固定成本作为副产品的成本，从联合成本中扣除，余额为主要产品的成本。其中，固定成本可按固定价格计价，也可以按计划单位成本计价。这种方法计算手续简便，但是当副产品成本变动较大、市价不稳定时，会影响主要产品成本的正确性。

【例5-7】宏利企业在生产主要产品——甲产品的同时，附带生产出乙、丙、丁三种副产品。乙产品按售价扣除销售税金、销售费用有关项目后的余额计价，并按比例从联合成本各成本项目中扣除；丙产品按计划单位成本计价，从联合成本的直接材料项目中扣除；丁产品由于数量较少、价值较低，不计价。2023年3月产量、单价和计划成本见表5-21，有关成本费用见表5-22，完工产品成本计算表见表5-23。

表5-21 产量、单价和计划成本 金额单位：元

产品名称	产量/吨	单位售价	单位税金	单位销售费用	计划单位成本
甲产品	1 500	—	—	—	—
乙产品	270	40	5	6	—
丙产品	80	—	—	—	20
丁产品	1	—	—	—	—

表5-22 有关成本费用 单位：元

项目	直接材料	直接人工	制造费用	合计
本月主副产品共同成本	36 000	4 000	10 000	50 000
乙产品分离后加工费用	—	500	580	1 080

表5-23 完工产品成本计算表 单位：元

项目	共同成本		丙产品（80吨）		乙产品（270吨）				甲产品（1 500吨）	
	金额	费用比重	总成本	单位成本	总成本			单位成本	总成本	单位成本
					分离前	分离后	合计			
	(1)	(2)	(3)	(4)	(5)	(6)	(7)	(8)	(9)	(10)
直接材料	36 000	72%	1 600	20	4 860		4 860	18	29 540	19.69
直接人工	4 000	8%	—	—	540	500	1 040	3.85	3 460	2.31
制造费用	10 000	20%	—	—	1 350	580	1 930	7.15	8 650	5.77
合计	50 000	100%	1 600	20	6 750	1 080	7 830	29	41 650	27.77

要求：计算甲产品的成本。

解析：表5-23的计算过程如下：

丙产品总成本 = 80 × 20 = 1 600（元）

乙产品总成本 = 270 ×（40 − 5 − 6）= 7 830（元）

其中：分离前的总成本 = 7 830 − 1 080 = 6 750（元）

直接材料 = 6 750 × 72% = 4 860（元）

直接人工 = 6 750 × 8% + 500 = 1 040（元）

制造费用 = 6 750 × 20% + 580 = 1 930（元）

甲产品总成本 = 50 000 − 1 600 − 6 750 = 41 650（元）

直接材料 = 36 000 − 1 600 − 4 860 = 29 540（元）

直接人工 = 4 000 − 540 = 3 460（元）

制造费用 = 10 000 − 1 350 = 8 650（元）

【例 5-8】某工厂生产甲、乙两种产品，其中甲产品是主产品、乙产品是副产品。2023 年 3 月份甲产品产量为 30 000 千克，乙产品产量为 1 000 千克。乙产品按计划单位成本计算，其产品成本从直接材料项目中扣除，乙产品计划单位成本为 0.5 元。甲产品月末在产品成本只计算原材料费用，有关生产费用资料及甲产品完工产品成本计算见表 5-24。

表5-24　产品成本计算单

产品名称：甲产品　2023年3月　金额单位：元

项目	产量/千克	成本项目			
		直接材料	直接人工	制造费用	合计
月初在产品成本	1 800	3 600	—	—	3 600
本月生产费用	—	58 500	15 000	3 000	76 500
扣减乙产品成本	—	−500	—	—	−500
合计	1 800	61 600	15 000	3 000	79 600
完工产品成本	—	60 000	15 000	3 000	78 000
单位成本	—	2	0.5	0.1	2.6
月末在产品成本	1 800	1 600	—	—	1 600

【相关知识】采用分类法计算产品成本，不仅能够简化成本计算工作，而且能够在产品品种、规格繁多的情况下分类掌握产品成本的情况。但是，由于对类内各种产品成本的计算，都是根据分配标准按比例进行分配的，计算结果有一定的假定性。因此，在分类法下，产品的分类和分配标准（或系数）的选定是一个关键性的问题。在产品的分类上，应以所耗原材料和工艺技术过程是否相近为标准。因为所耗原材料和工艺技术过程相近的各种产品，成本水平也往往接近。在对产品进行分类时，分类不能过细，避免使成本计算工作复杂化；也不能过粗，造成成本计算上的“大锅烩”，影响成本计算的准确性。在产品结构、所耗原材料或工艺技术发生较大变化时，应及时修订分配系数，或另选分配标准，以保证成本计算的准确性。

任务二　产品成本计算的定额法

一、定额法的概念

产品成本计算的定额法，是以产品定额成本为基础，加上（或减去）脱离定额差异、材料成本差异和定额变动差异，来计算产品实际生产成本的一种方法。这种方法是为了加强成本管理，进行成本控制而采用的一种成本计算与成本管理相结合的方法。采用定额法计算产品成本，实际成本的计算公式如下：

实际成本 = 定额成本 ± 脱离定额差异 ± 材料成本差异 ± 定额变动差异

定额成本是指根据企业现行材料消耗定额、工时定额、费用定额以及其他有关资料计算的一种成本控制目标。产品定额成本的制定过程也是对产品成本事前控制的过程。定额成本是计算实际成本的基础，也是企业对生产费用进行事中控制和事后分析的依据。

脱离定额差异是指产品生产过程中各项实际发生的生产费用脱离现行定额的差异。脱离定额差异反映了企业各项生产费用支出的合理程度和执行现行定额的工作质量。

材料成本差异是指在定额法下，由于原材料或半成品的日常核算采用计划成本计价而产生的实际成本与计划成本之间的差异。

定额变动差异是指由于修订定额而产生的新旧定额之间的差异，它是定额自身变动的结果，与生产费用支出的节约与超支无关。企业年度内修订定额一般在月初进行，在有定额变动的月份，本月投入的产品其定额成本是按新定额计算的，只有在有月初在产品的情况下，其成本是按旧定额计算的。因此，定额变动差异是指在修订定额的月份，月初在产品账面旧的定额成本与按新定额计算的定额成本之间的差异。

【想一想5-5】定额法下产品实际成本是如何计算的？

二、定额法的特点和适用范围

（一）定额法的特点

1.事前制定产品的各项定额

事前制定产品的消耗定额、费用定额和定额成本作为降低成本的目标，对产品成本进行事前控制。

2.分别核算定额成本和脱离定额差异

在日常生产费用的核算中，将定额成本和脱离定额差异分别核算，月末在定额成本的基础上计算出产品的实际成本。在生产费用发生时确定实际成本与定额成本的差异，这样就能使成本差异发生的地点、发生的原因、差异发生的责任和差异对成本的影响及时反映出来，便于成本的控制和管理。

3.定额法不是一种独立的产品成本计算方法

定额法并非一种基本成本计算方法，它是一种对产品进行直接控制、管理的方法，应结合其他基本方法使用。

（二）定额法的适用范围

定额法与生产类型没有直接联系，不论哪一种类型的生产，都可以采用定额法核算生产费用、计算产品成本。但是为了充分发挥定额法的作用，并且简化计算工作，采用定额法必须具备以下两个条件：一是企业的定额管理制度比较健全，定额管理工作的基础比较好；二是产品的生产已经定型，各项消耗定额都比较准确、稳定。

【想一想5-6】定额法能单独使用吗？

【练一练5-3】定额法适用于（　　）。

A.小批单件单步骤生产　　B.大量大批单步骤生产

C.大量大批多步骤生产　　D.各种类型的生产

三、定额法的成本计算程序

（一）计算产品定额成本

产品定额成本一般是根据消耗定额和费用定额，按照产品品种和规定的成本项目计算。消耗定额和费用定额一般由企业的财会部门会同企业计划、技术、生产等部门共同制定。由于各个企业产品生产工艺过程不同，产品定额成本的计算过程也不尽相同。例如，机械制造企业的产品一般由许多零件、部件构成。如果零件、部件不多，一般可以先计算各种零件、部件的定额成本，最后汇总计算产成品的定额成本。如果零件、部件比较多，为了简化成本计算工作，也可以不分别计算各种零件的定额成本，而是根据列有各种零件原材料消耗定额和工时定额的“零件定额卡”，以及原材料计划单价、计划小时工资率和计划小时费用率，计算各部件的定额成本，再汇总计算产品的定额成本；或者根据“零件定额卡”“部件定额卡”直接计算产品定额成本。具体计算公式如下：

直接材料定额成本 = 产品直接材料定额消耗量 × 材料计划单价

直接人工定额成本 = 产品定额工时 × 计划工资率

制造费用定额成本 = 产品定额工时 × 计划费用率

【例5-9】凌海企业大量生产甲、乙、丙三种产品，采用定额法计算产品成本，产品定额成本根据“零件定额卡”、“部件定额卡”直接计算。本月有关“零件定额卡”“部件定额卡”见表5-25和表5-26。

表5-25　　零件定额卡

零件编号：L101　　2023年3月

零件名称：A

材料名称、编号	计量单位	材料消耗定额
D2000	千克	4
工序	工时定额/小时	累计工时定额/小时
1	1.5	1.5
2	2	3.5
3	2.5	6

表5-26 部件定额卡

部件编号：M601 2023年3月 数量单位：件

部件名称：B 金额单位：元

所用零件名称或编号	所用零件数量	材料定额成本							工时定额/小时
		K1101			K1102			金额合计	
		数量	计划单价	金额	数量	计划单价	金额		
L101	3	12	5	60				60	18
L103	2				8	4	32	32	12
装配									4
合计				60			32	92	34

定额成本项目					定额成本合计
直接材料	直接人工		制造费用		
	计划工资率	金额	计划费用率	金额	
92	0.95	32.30	2	68	192.30

要求：计算产品定额成本。

解析：根据零件定额卡、部件定额卡资料计算产品定额成本，并编制产品定额成本计算表（见表5-27）。

表5-27 产品定额成本计算表 数量单位：件

产品编号：E782 2023年3月 金额单位：元

所用部件编号或名称	所用部件数量	材料费用定额		工时定额/小时	
		部件	产品	部件	产品
M601	2	92	184	34	68
M502	3	40	120	30	90
装配					12
合计			304		170

产品定额成本项目					产品定额成本合计
直接材料	直接人工		制造费用		
	计划工资率	金额	计划费用率	金额	
304	2.70	459	4.80	816	1 579

在上例产品定额成本计算表中，产品的材料费用定额和工时定额，按每一部件的材料费用定额和工时定额，分别乘以产品中所用部件的数量计算；产品的直接人工和制造

费用，按产品的工时定额，分别乘以计划工资率和计划费用率计算。

（二）计算脱离定额差异

要加强生产费用的日常控制，必须进行脱离定额差异的日常核算，及时分析差异发生的原因，确定差异的责任，并且适时采取措施进行处理。为此，在发生生产费用时，应该分别核算符合定额的费用和脱离定额的差异，并在有关费用分配表和基本生产明细账（产品成本计算单）中分别予以登记。产品定额成本应当按照企业规定的成本项目制定，脱离定额的差异也应当按照成本项目分别核算，包括直接材料费用脱离定额差异、直接人工脱离定额差异和制造费用脱离定额差异。

1.直接材料费用脱离定额差异的计算

在各成本项目中，直接材料费用包括耗用半成品费用，一般占有较大的比重，而且属于直接费用，因而更有必要和可能在费用发生的当时就按产品计算定额费用和脱离定额差异，加强控制。原材料脱离定额差异的计算方法一般有限额法、切割核算法和盘存法。

（1）限额法

为了控制材料领用，在采用定额法时，必须实行限额领料（或定额发料）制度。限额范围内的领料，根据限额领料单领用。由于增加产量而发生的超额领料，应办理追加限额手续，仍使用限额领料单领用。如果因其他原因而造成的超限额领料或者领用代用材料，应填制专设的超限额领料单、代用材料领料单等差异凭证，经过一定的审批手续领发。为了减少凭证的种类，这些差异凭证也可以用普通领料单代替。月末应根据领料部门余料编制退料单，办理退料手续。超限额领料单反映耗用量的超支，形成正差异；限额领料单的余额和退料单，反映耗用量的节约，形成负差异。代用材料领料并不都是脱离定额的差异，要先计算出代用材料相当于原规定材料的数量，然后再计算差异。

【例5-10】某企业本月投产产品270件，每件材料消耗定额3千克，本月实际领料880千克。车间期初余料45千克，期末余料75千克，材料计划单位成本7元。

要求：计算原材料脱离定额成本差异。

解析：

原材料定额消耗量 = 270 × 3 = 810（千克）

原材料定额成本 = 810 × 7 = 5 670（元）

原材料实际消耗量 = 880 + 45 − 75 = 850（千克）

原材料脱离定额差异（数量）= 850 − 810 = + 40（千克）

原材料脱离定额成本差异 = 40 × 7 = 280（元）

（2）切割核算法

为了核算用料差异，更好地控制用料，对经过切割才能使用的材料，如板材、钢材等，应采用切割核算法，即通过材料切割核算单，核算用料差异，控制用料。这种核算单应按切割材料的批别开立，单中填明所发切割材料的种类、数量、消耗定额和应切割成的毛坯数量；切割完毕，再填写实际切割成的毛坯数量和材料的实际消耗量。根据实际割成的毛坯数量和消耗定额，即可计算求得材料定额消耗量，以此与材料实际消耗量比较，即可确定材料脱离定额的差异。材料定额消耗量和脱离定额的差异，也应填入材料切割核算单中，并应注明发生差异的原因，由主管人员签章。材料切割核算单的格式见表5-28。

表5-28　　材料切割核算单

材料编号或名称：8019　　材料计量单位：千克　　材料计划单价：7.30元

产品名称：B产品　　零件编号或名称：9213　　图纸号：904

切割工人姓名：张三　　机床编号：307　　主管人员：李玉

金额单位：元

发料数量		退回余料数量		材料实际消耗量	废料实际回收量	
278		6		272	9.6	
单件消耗定额	单件回收废料定额	应割成的毛坯数量	实际割成毛坯数量	材料定额消耗量	废料实际回收量	
7	0.2	38	35	245	7	
材料脱离定额差异		废料脱离定额差异			脱离定额差异原因	责任者
数量	金额	数量	单价	金额	未按设计图纸切割，增加了边料，减少了毛坯	张三
27	197.10	2.60	0.40	−1.04		

（3）盘存法

对于不能采用切割核算法的材料，为了更好地控制用料，可通过盘存的方法核算用料差异。具体计算步骤如下：①根据完工产品数量和月末在产品盘存（实地盘存或账面结存）数量算出投产产品数量，乘以原材料消耗定额，计算原材料定额消耗量；②根据限额领料单和超限额领料单等领、退料凭证和车间余料的盘存数量，计算原材料实际消耗量；③将原材料的实际消耗量与定额消耗量相比较，计算原材料脱离定额差异。

【总结】无论采用哪一种方法核算直接材料定额消耗量和脱离定额差异，都应分批或定期地将这些核算资料按照成本计算对象汇总，编制直接材料定额费用和脱离定额差异汇总表（格式见表5-29）。表中填明该批或该种产品所耗各种原材料的定额消耗量、定额费用和脱离定额差异，并分析说明发生差异的主要原因。

表5-29　　直接材料定额费用和脱离定额差异汇总表

产品名称：甲产品　　2023年3月　　金额单位：元

材料类别	材料编号	计量单位	计划单价	定额费用		计划价格费用		脱离定额差异		原因
				数量	金额	数量	金额	数量	金额	
原料	4721	千克	15	4 820	72 300	4 970	74 550	150	2 250	略
主要材料	1503	千克	9	3 980	35 820	3 820	34 380	−160	−1 440	略
辅助材料	2413	千克	4	1 130	4 520	1 510	6 040	380	1 520	略
合计					112 640		114 970		2 330	

无论采用哪一种方法核算直接材料脱离定额差异，均可按下列公式计算：

$$\text{直接材料脱离定额差异}=\sum[(\text{材料实际耗用量}-\text{材料定额耗用量})\times\text{该材料计划单价}]$$

2. 直接人工脱离定额差异的计算

直接人工脱离定额差异的计算，因采用的工资形式不同而有所不同。

（1）在计件工资制度下，直接人工脱离定额差异的计算与直接材料脱离定额差异的计算类似。符合定额的生产工人工资，应该反映在产量记录中，脱离定额的差异通常反映在专设的补付单等差异凭证中。工资差异凭证也应填明原因，并经过一定的审批手续。

（2）在计时工资制度下，因为直接人工脱离定额的差异不能在平时按照产品直接计算，所以平时只以工时进行考核，只有在月末实际生产工人工资总额确定以后，才能按照下列公式计算：

$$\text{计划小时工资率}=\frac{\text{计划产量的直接人工费用}}{\text{计划产量的定额生产工时}}$$

$$\text{实际小时工资率}=\frac{\text{实际直接人工费用}}{\text{实际生产总工时}}$$

某产品定额直接人工费用 = 该产品实际产量定额生产工时 × 计划小时工资率

某产品实际直接人工费用 = 该产品实际产量实际生产工时 × 实际小时工资率

$$\text{某产品直接人工脱离定额的差异}=\text{该产品实际直接人工费用}-\text{该产品定额直接人工费用}$$

此外，不论采用哪种工资形式，还应根据上述核算资料，按照成本计算对象汇编直接人工定额费用和脱离定额差异汇总表（格式见表5-30）。

表5-30　直接人工定额费用和脱离定额差异汇总表

2023年3月　　金额单位：元

产品名称	直接人工定额费用			直接人工实际费用			脱离定额差异
	定额工时/小时	计划小时工资率	定额工资	实际工时/小时	实际小时工资率	实际工资	
甲产品	170 000	4	680 000	175 000	4.5	787 500	107 500
乙产品	110 000		440 000	120 000		540 000	100 000
丙产品	120 000		480 000	125 000		562 500	82 500
合计	400 000		1 600 000	420 000		1 890 000	290 000

3. 制造费用脱离定额差异的计算

在生产多种产品的企业，制造费用是生产单位为生产产品和提供劳务所发生的间接费用，其脱离定额的差异平时不能分产品（成本核算对象）计算，在月末确定实际制造费用总额以后，比照计时工资制下直接人工脱离定额差异的计算方法确定制造费用脱离定额的差异。定额制造费用和脱离定额差异汇总表格式见表5-31。

表5-31 定额制造费用和脱离定额差异汇总表

2023年3月 金额单位：元

产品名称	定额制造费用			实际制造费用			脱离定额差异
	定额工时/小时	计划小时费用率	定额费用	实际工时/小时	实际小时费用率	实际费用	
甲产品	170 000	2	340 000	175 000	2.5	437 500	97 500
乙产品	110 000		220 000	120 000		300 000	80 000
丙产品	120 000		240 000	125 000		312 500	72 500
合计	400 000		800 000	420 000		1 050 000	250 000

（三）计算材料成本差异

采用定额法计算成本，为了便于产品的分析和考核，原材料的日常核算必须按计划成本进行。正因为如此，原材料的定额费用和脱离定额差异都按原材料的计划成本计算，两者之和实际上是原材料的实际消耗量按其计划单位成本计算的成本，即原材料的计划成本。因此，在月末计算产品的实际原材料费用时，还必须计算应该负担的材料成本差异。其计算公式如下：

$$\text{某产品应分配的材料成本差异额} = \left(\text{该产品材料定额成本} \pm \text{材料脱离定额差异}\right) \times \text{材料成本差异率}$$

【例5-11】在表5-29中，假定材料核算人员提供的材料成本差异率为-3%，则：

甲产品应分配的材料成本差异 =（112 640 + 2 330）×（-3%）= - 3 449.10（元）

由上例可知，在没有修订定额的月份，产品的实际成本应按下列公式计算：

$$\text{实际成本} = \text{定额成本} \pm \text{脱离定额差异} \pm \text{材料成本差异}$$

（四）计算定额变动差异

定额变动差异是指由于修订消耗定额而产生的新旧定额之间的差额。在修订消耗定额以后，定额成本也应随之及时修订。定额成本一般在月初、季初或年初定期进行修订，但在定额变动的月份，月初在产品的定额成本并未修订，它仍然是按照旧的定额计算的。为了将按旧定额计算的月初在产品定额成本和按新定额计算的本月发生的产品定额成本，在新定额的同一基础上相加起来，以便计算产品的实际成本，还应计算月初在产品的定额变动差异，用以调整月初在产品的定额成本。为了简化计算工作，可以按照下述系数折算的方法计算：

$$\text{定额变动系数} = \frac{\text{按新定额计算的单位产品定额费用}}{\text{按旧定额计算的单位产品定额费用}}$$

$$\text{月初在产品定额变动差异} = \text{按旧定额计算的月初在产品成本} \times (1 - \text{定额变动系数})$$

【例5-12】某产品的一些零件从某月1日起实行新的原材料消耗定额，单位产品旧的原材料定额费用为12元，新的原材料定额费用为11.4元。该产品月初在产品按旧定额计算的原材料定额费用为12 000元。月初在产品定额变动差异计算如下：

定额变动系数 = 11.4÷12 = 0.95

月初在产品定额变动差异 = 12 000 ×（1- 0.95）= 600（元）

由上例可知，在修订定额的月份，产品的实际成本应按下列公式计算：

实际成本 = 定额成本 ± 脱离定额差异 ± 材料成本差异± 定额变动差异

【练一练5-4】计算月初在产品定额变动差异是为了（　　）。

A.调整本月投入产品的定额成本　　B.调整月初在产品的定额成本

C.准确计算产品的实际成本　　D.准确计算产品的定额成本

四、定额法举例

【例5-13】宏海公司是大量大批生产的机械加工企业，定额管理基础较好，该企业采用定额法计算产品成本。有关资料如下：

（1）产品定额成本计算表见表5-32。

表5-32　产品定额成本计算表

产品名称：甲产品　2023年1月　金额单位：元

材料编号或名称	计量单位	材料消耗定额		计划单价	材料费用定额
C201	千克	60		10	600
工时定额	直接人工		制造费用		产品定额成本合计
	小时工资率	金额	小时费用率	金额	
40	3	120	3.5	140	860

该企业在生产开始时一次投入产品所需的原材料。由于工艺技术的改进，于2023年1月对材料消耗定额进行修订，原材料消耗定额57.6千克，材料费用定额576元。

（2）月初在产品定额成本和脱离定额差异见表5-33。

表5-33　月初在产品定额成本和脱离定额差异

产品名称：甲产品　2023年1月　单位：元

成本项目	定额成本	脱离定额差异
直接材料	6 000	-300
直接人工	600	50
制造费用	700	80
合计	7 300	-170

（3）本月生产量和生产费用。甲产品月初在产品10件，本月投产50件，本月完工48件，月末在产品12件；月初、月末在产品完工程度均为50%，本月产品生产发生的定额工时为1 960小时。

根据限额领料单，本月实际领用2 823.6千克，材料成本差异率为4%，实际生产工人工资6 235元，实际制造费用6 402元。月初在产品定额变动差异及材料成本差异由完工产品负担。

要求：计算甲产品本月完工产品和月末在产品成本。

解析：（1）本月定额成本和脱离定额差异汇总表见表5-34。

表5-34 定额成本和脱离定额差异汇总表

产品名称：甲产品　　2023年1月　　单位：元

成本项目	定额成本	实际费用	脱离定额差异
直接材料	28 800	28 236	−564
直接人工	5 880	6 235	355
制造费用	6 860	6 402	−458
合计	41 540	40 873	−667

（2）材料成本差异及定额变动差异。

甲产品材料成本差异 =（28 800 − 564）× 4% = 1 129.44（元）

定额变动系数 = 576 ÷ 600 = 0.96

月初在产品定额变动差异 = 6 000 ×（1 − 0.96）= 240（元）

（3）计算甲产品本月完工产品和月末在产品成本，产品成本计算单见表5-35。

表5-35 产品成本计算单

产品名称：甲产品　　2023年1月　　金额单位：元

项目		行次	直接材料	直接人工	制造费用	合计
月初在产品成本	定额成本	1	6 000	600	700	7 300
	脱离定额差异	2	−300	50	80	−170
月初在产品定额变动	定额成本调整	3	−240			−240
	定额变动差异	4	240			240
本月生产费用	定额成本	5	28 800	5 880	6 860	41 540
	脱离定额差异	6	−564	355	−458	−667
	材料成本差异	7	1 129.44			1 129.44
生产费用合计	定额成本	8	34 560	6 480	7 560	48 600
	脱离定额差异	9	−864	405	−378	−837
	材料成本差异	10	1 129.44			1 129.44
	定额变动差异	11	240			240
脱离定额差异分配率		12	−0.025	0.0625	−0.05	
产成品成本	定额成本	13	27 648	5 760	6 720	40 128
	脱离定额差异	14	−691.20	360	−336	667.20
	材料成本差异	15	1 129.44			1 129.44
	定额变动差异	16	240			240
	实际成本	17	28 326.24	6 120	6 384	40 830.24
月末在产品成本	定额成本	18	6 912	720	840	8 472
	脱离定额差异	19	−172.80	45	−42	−169.80

思政园地

一位自称是某运输公司司机的顾客，走进一家汽车维修店对店主张老板说：“你给我多写点零件、多开点费用，我回公司报销后，有你一份好处。”“不行！”张老板拒绝了他的要求。顾客纠缠说：“我的生意不算小，会常来的，你肯定能赚很多钱。”张老板郑重地告诉他，这事无论如何也不会做。顾客气急败坏地嚷：“谁都会这么干的，我看你是太傻了。”张老板火了，他请那位顾客马上离开。这时，那位顾客露出了微笑，并满怀敬佩地握住张老板的手说：“我就是这家运输公司的老板。我一直在寻找一家固定的、信得过的维修店，今天我找到了，就是你的店了！”

要求：

（1）张老板为什么要拒绝顾客的要求？

（2）这件事体现了他什么样的职业道德品质？

（3）顾客将张老板的店作为将来定点维修店，说明了什么？

拓展阅读

项目小结

通过本项目学习，应当把握的要点是：

（1）学习分类法时，应注意掌握分类法的计算过程：一是对产品进行合理的分类；二是按照产品的类别设置产品成本明细账；三是选择合理的分配标准，分别将每类产品的成本，在类内各种产品之间进行分配，计算每类产品内各种产品的成本。

在掌握分类法的计算过程基础上，应理解掌握类内各种产品成本的分配方法，尤其是系数分配法的计算步骤：一是确定分配标准；二是将分配标准折算成相对固定的系数；三是将类内的各种产品的实际产量折算为总系数；四是按各种产品总系数比例分配计算类内各种产品成本。还应注意区分联产品、副产品计算方法上的不同之处。

（2）对于定额法，应首先理解定额法的概念，在此基础上，掌握产品定额成本具体的计算过程：一是制定产品的定额成本；二是计算脱离定额差异；三是分配材料成本差异；四是计算定额变动差异。其中应该注意脱离定额差异要分别不同产品按各成本项目计算，以及月初在产品定额变动差异的一般方法及其简化的系数折算法。还应明确：采用定额成本法计算产品实际成本时，为什么要调整月初在产品的定额成本；为什么在月初消耗定额降低时，反而要将月初在产品定额变动差异加入产品成本，在月初消耗定额提高时，又要将月初在产品定额变动差异从产品成本中扣除。

项目技能训练

一、单项选择题（每题只有一个正确答案，请将正确答案填在括号内）

1.分类法的适用范围是（　　）。

A.品种规格繁多的产品

B.可按一定标准分类的产品

C.大量大批生产的产品

D.品种规格繁多并可按一定标准分类的产品

2.联产品是指（　　）。

A.一种材料加工出的几种主要产品

B.不同材料加工出的不同产品

C.一种材料加工出的主要产品和副产品

D.一种材料加工出的不同质量产品

3.采用分类法计算产品成本，目的在于（　　）。

A.分品种计算产品成本　　B.分类计算产品成本

C.简化各种产品成本的计算工作　　D.简化各类产品成本的计算工作

4.下列各项中，属于分类法优点的是（　　）。

A.加强成本控制　　B.能提高成本计算的准确性

C.能简化产品成本的计算工作　　D.能分品种掌握产品成本水平

5.产品成本计算的分类法的特点是（　　）。

A.按照产品类别计算成本

B.按照产品品种计算成本

C.按照产品类别归集费用，类内各种产品的各种费用均采用分配方法分配计算

D.按照产品类别归集费用，类内各种产品的直接费用直接计入，间接费用分配计入

6.按照系数比例分配同类产品中各种产品成本的方法（　　）。

A.是一种完工产品和月末在产品之间分配费用的方法

B.是一种单纯的产品成本计算方法

C.是一种简化的分类法

D.是一种分配间接费用的方法

7.采用分类法计算的各种产品成本（　　）。

A.比较准确　　B.比较真实

C.能真正体现成本水平　　D.其计算结果有着一定的假定性

8.下列各项关于定额成本与计划成本的表述，正确的是（　　）。

A.两者是同一词

B.两者毫无关系

C.前者是根据现行定额计算的成本，后者是根据计划期内平均定额计算的成本

D.前者是根据计划期内平均定额计算的成本，后者是根据现行定额计算的成本

9.定额法的主要缺点是（　　）。

A.较其他成本计算方法核算工作量大

B.只适用于大批生产的机械化制造企业

C.不便于成本计算

D.不能合理解决完工产品与月末在产品之间的费用分配问题

10.某产品原材料定额费用为10 000元，原材料脱离定额差异为-2 000元，材料成本差异率为-1%，该产品应分配的材料成本差异为（　　）元。

A.20　　B.-80　　C.-100　　D.-120

11.定额成本法下，在消耗定额降低时，月初在产品的定额成本调整数和定额变动差异数（　　）。

A.两者都是正数　　B.两者都是负数

C.前者是正数，后者是负数　　D.前者是负数，后者是正数

12.产品成本计算的定额法，在适应范围上（　　）。

A.与生产类型直接相关　　B.与生产类型无关

C.适用于大量生产　　D.适用于小批生产

13.定额成本法下，如果月初在产品定额变动差异是正数，说明（　　）。

A.以前月份生产耗费超支了　　B.以前月份生产耗费降低了

C.本月生产耗费超支了　　D.本月生产耗费降低了

14.在脱离定额差异的核算中，与制造费用脱离定额差异核算方法相同的是（　　）。

A.原材料　　B.自制半成品

C.计时工资形式下的生产工人工资　　D.计件工资形式下的生产工人工资

二、多项选择题（每题有两个或两个以上正确答案，请将正确答案填在括号内）

1.下列各项中，可以采用分类法计算产品成本的有（　　）。

A.联产品　　B.工人操作原因形成的等级产品

C.副产品　　D.同类产品

2.按照系数比例分配类内各种产品成本的方法（　　）。

A.可以称为系数法　　B.是一种分配间接费用的方法

C.是分类法的一种　　D.是一种简化的分类法

3.采用分类法计算产品成本，某类产品中各种产品之间分配费用的标准可以选用（　　）。

A.定额消耗量　　B.定额费用

C.产品体积　　D.相对固定的系数

4.分类法下，用系数法计算各种产品成本时，确定标准产品应具备的条件有（　　）。

A.产量较大　　B.产量较小

C.生产比较稳定　　D.规格折中

5.在采用分类法时，做到既简化成本计算工作，又使成本计算相对准确的关键有（　　）。

A.产品的分类适当　　B.选择费用的分配标准要恰当

C.产品分类的类距要适当　　D.产品分类的类距越小越好

6.原材料脱离定额差异的计算方法有（　　）。

A.限额法　　B.年限法　　C.盘存法　　D.切割核算法

7.产品定额成本和计划成本的相同之处有（　　）。

A.两者均为目标成本

B.两者均以相同的消耗定额为计算依据

C.两者均以相同的计划价格为计算依据

D.两者制定过程均为成本事前控制过程

8.在定额法下，产品的实际成本是（　　）的代数和。

A.按现行定额成本计算的产品定额成本　　B.脱离现行定额的差异

C.材料成本差异　　D.月初在产品定额变动差异

9.定额法的主要特点有（　　）。

A.简化成本计算工作

B.将定额成本作为降低成本的目标

C.在定额成本的基础上加减成本差异计算实际成本

D.对定额和差异分别核算

10.采用定额法计算产品成本，应具备的条件有（　　）。

A.定额管理制度比较健全　　B.定额管理工作基础比较好

C.产品生产已经定型　　D.消耗定额比较准确、稳定

11.下列各项表述正确的有（　　）。

A.计划成本可以是国家下达的指令性计划

B.定额成本是企业自行制定的目标成本

C.定额成本可以是国家下达的指令性计划

D.企业可制定计划成本，也可不制定计划成本

12.计算和分析脱离定额成本差异主要包括（　　）。

A.直接材料脱离定额差异　　B.直接人工脱离定额差异

C.制造费用脱离定额差异　　D.管理费用脱离定额差异

三、判断题（正确的在括号内打“√”，错误的打“×”）

（　　）1.分类法的特点是按照产品的类别归集费用，计算该类产品成本；类内不同品种（或规格）的产品的成本按照一定的分配方法分配确定。

（　　）2.分类法可以合理、准确地计算类内各种产品的成本。

（　　）3.分类法适用于产品规格繁多，并可以按一定标准分类的企业。

（　　）4.分类法在类内各种产品之间分配费用，采用系数法分配，选择标准产品

时，一般是选择产量最大的产品作为标准产品。

（　　）5. 分类法不需要按照产品品种计算成本，因而可以简化成本计算工作。

（　　）6. 副产品是指在主要产品生产过程中附带生产出来的非主要产品。

（　　）7. 副产品应负担的制造费用，既可以将全部制造费用按主、副产品生产工时比例分配计算，也可以按计划成本计算。

（　　）8. 定额变动差异是指实际费用与定额费用之间的差额。

（　　）9. 定额成本法不仅是一种成本计算方法，还是一种产品成本控制方法。

（　　）10. 产品的定额成本就是各种有关的现行定额计算的成本。

（　　）11. 企业计算定额成本时，所依据的消耗定额，在计划期内，通常保持不变，以保证定额的稳定性。

（　　）12. 脱离定额差异是指生产过程中，各项生产费用的实际支出脱离现行定额或预算数。

（　　）13. 限额法下，差异凭证上反映的差异就是本期的用料差异。

（　　）14. 在计时工资形式下，生产工资脱离定额的差异不能在平时按照产品直接计算，只有在月末实际生产工资确定以后，才能计算。

（　　）15. 原材料脱离定额的差异是消耗量差异乘以计划单位成本。

四、业务题

1. 江海企业生产的A、B、C、D、E五种产品耗用的原材料和产品的生产工艺过程相同，因而归为一类（甲类产品），采用分类法计算产品成本。甲类产品2023年8月份月初在产品各项成本分别为：直接材料40 000元、直接人工60 000元、制造费用37 600元。本月发生的各项生产费用分别为：直接材料293 760元、直接人工766 080元、制造费用510 720元。本月生产的A、B、C、D、E五种产品的产量分别为400件、480件、960件、720件、600件，材料消耗定额分别为30千克、24千克、20千克、18千克、16千克，工时消耗定额分别为19.2小时、17.6小时、16小时、14.4小时、12.8小时。

要求：

（1）采用固定在产品成本法计算甲类产品月末在产品成本和本月完工产品成本，编制甲类产品成本计算单并填入表5-36和表5-37中。

表5-36　　甲类产品成本计算单

2023年8月　　单位：元

摘要	直接材料	直接人工	制造费用	合计
月初在产品成本	40 000	60 000	37 600	137 600
本月生产费用	293 760	766 080	510 720	1 570 560
生产费用合计				
本月完工产品总成本				
月末在产品成本				

表5-37 甲类产品成本计算单

2023年8月

产品名称	本月实际产量/件	材料消耗定额/千克	单位产品材料系数	材料总系数	工时消耗定额/小时	单位产品工时系数	工时总系数
A产品	400	30			19.2		
B产品	480	24			17.6		
C产品	960	20			16		
D产品	720	18			14.4		
E产品	600	16			12.8		
合计							

（2）计算各种产品系数和本月总系数（计算结果保留两位小数），完成类内各种产品成本计算并填入表5-38中。

表5-38 甲类产品成本计算单

产品：甲类产品 2023年8月 金额单位：元

产品名称	实际产量/件	总系数		总成本				单位成本
		直接材料	加工费用	直接材料	直接人工	制造费用	成本合计	
分配率								
A产品	400							
B产品	480							
C产品	960							
D产品	720							
E产品	600							
合计	—							

2.星海企业2023年8月在生产甲产品时产生A副产品，A副产品与甲产品分离后可以直接出售。本月生产的2 000件甲产品已全部完工，没有月末在产品。甲产品“生产成本”明细账见表5-39。

表5-39 “生产成本”明细账

产品名称：甲产品

编制单位：星海企业 2023年8月 单位：元

摘要	直接材料	直接人工	制造费用	合计
生产费用合计	48 000	32 000	16 000	96 000
结转本月完工A副产品成本				
本月完工产品总成本				
本月完工产品单位成本				

归集的生产费用合计为96 000元，其中：直接材料48 000元，直接人工32 000元，制造费用16 000元。本月附带生产A副产品100件已全部入库，计划单位成本为60元，其中直接材料30元、直接人工20元、制造费用10元。

要求：

（1）副产品成本按计划单位成本计价，计算甲产品和A副产品的成本（计算结果保留两位小数），并填入表5-39中。

（2）编制甲产品和A副产品完工产品入库的会计分录。

3. 贝斯企业在生产甲产品的同时，附带生产A副产品，A副产品分离后需进一步加工后才能出售。本月甲产品及A副产品生产费用合计150 000元，其中直接材料占50%、直接人工占20%、制造费用占30%。A副产品进一步加工发生直接人工费2 000元，制造费用2 500元。本月甲产品2 500千克全部完工；A副产品期初200千克，本月投产2 000千克，完工2 100千克。A副产品单位售价12元，单位税金和利润合计2元。A副产品在产品只负担材料成本，期初在产品定额材料800元，期末在产品定额材料400元。

要求：

（1）A副产品成本按照售价减去销售税金和销售利润后的余额计价，计算甲产品和A副产品成本（计算结果保留两位小数），并填入表5-40和表5-41中。

表5-40　　“生产成本”明细账

产品名称：甲产品

编制单位：贝斯企业　　2023年8月　　单位：元

摘要	直接材料	直接人工	制造费用	合计
生产费用合计	75 000	30 000	45 000	150 000
结转本月完工A副产品成本				
本月完工产品总成本				
本月完工产品单位成本				

表5-41　　“生产成本”明细账

产品名称：A副产品

编制单位：贝斯企业　　2023年8月　　单位：元

摘要	直接材料	直接人工	制造费用	合计
月初在产品（定额成本）	800			
本月生产费用				
合计				
产成品				
单位成本				
月末在产品（定额成本）	400			

（2）结转完工入库甲产品和A副产品成本的会计分录。

4.某工业企业定额管理制度比较健全、稳定，该企业采用定额法计算产品成本。产品成本计算的有关资料如下：

（1）产品定额成本资料见表5-42。

表5-42　　产品定额成本

产品名称：甲产品　　2023年3月　　金额单位：元

材料编号及名称	计量单位	材料消耗定额		计划单价	材料费用定额
A材料	千克	50		10	500
工时定额/小时	直接人工		制造费用		产品定额成本合计
	工资率	金额	费用率	金额	
50	3	150	2.5	125	775

该企业材料在生产开始时一次投入。由于工艺技术的改进，于2023年4月对材料消耗定额进行修订，原材料消耗定额50千克，材料费用定额为475千克。

（2）月初在产品定额成本和脱离定额差异见表5-43。

表5-43　　月初在产品定额成本和脱离定额差异

产品名称：甲产品　　2023年4月　　单位：元

成本项目	定额成本	脱离定额差异
直接材料	5 000	−100
直接人工	750	+50
制造费用	625	+25
合计	6 375	−25

（3）本月生产费用和产量。甲产品月初在产品10件，本月投产100件，本月完工80件，月末在产品30件；月初、月末在产品完工程度均为50%。本月投入定额工时4 500小时。本月实际领用材料4 800千克，金额48 000元，材料成本差异率为+2%，实际生产工人工资13 950元，实际制造费用10 800元。

要求：

（1）计算本月定额成本和脱离定额差异，并填入表5-44中。

表5-44　　本月定额成本和脱离定额差异汇总

产品名称：甲产品　　2023年4月　　单位：元

成本项目	定额成本	实际费用	脱离定额差异
直接材料			
直接人工			
制造费用			

（2）计算材料成本差异。

（3）计算月初定额变动差异。

（4）编制产品成本计算表（见表5-45），采用定额法计算完工产品和月末在产品的实际成本。

表5-45　　产品成本计算表

产品名称：甲产品　　完工产量：100件　　2023年4月　　金额单位：元

成本项目		直接材料	直接人工	制造费用	合计
月初在产品成本	定额成本				
	脱离定额差异				
月初在产品定额变动	定额成本调整				
	定额变动差异				
本月生产费用	定额成本				
	脱离定额差异				
	材料成本差异				
生产费用合计	定额成本				
	脱离定额差异				
	材料成本差异				
	定额变动差异				
脱离定额差异分配率					
完工产品成本	定额成本				
	脱离定额差异				
	材料成本差异				
	定额变动差异				
	实际成本				
月末在产品成本	定额成本				
	脱离定额差异				

项目六

成本报表的编制与分析

学习目标

知识目标

1. 了解成本报表的概念、种类和编制要求
2. 理解成本报表的编制原理、成本报表的分析步骤
3. 掌握各种成本报表的编制和分析方法

能力目标

1. 能编制各种成本报表
2. 能熟练运用对比分析法、比率分析法和因素分析法对成本报表进行分析

素养目标

1. 通过成本报表的编制，引导学生养成认真负责的工作态度，增强学生对法治、诚信的理解，培养学生遵守职业道德和职业规范
2. 通过成本报表的分析，培养学生的创新思维，积极寻求降低成本的途径，引导学生了解新技术的支撑、综合国力的提升对降低成本有着积极影响，培养学生对国家的认同感和民族自豪感

思维导图

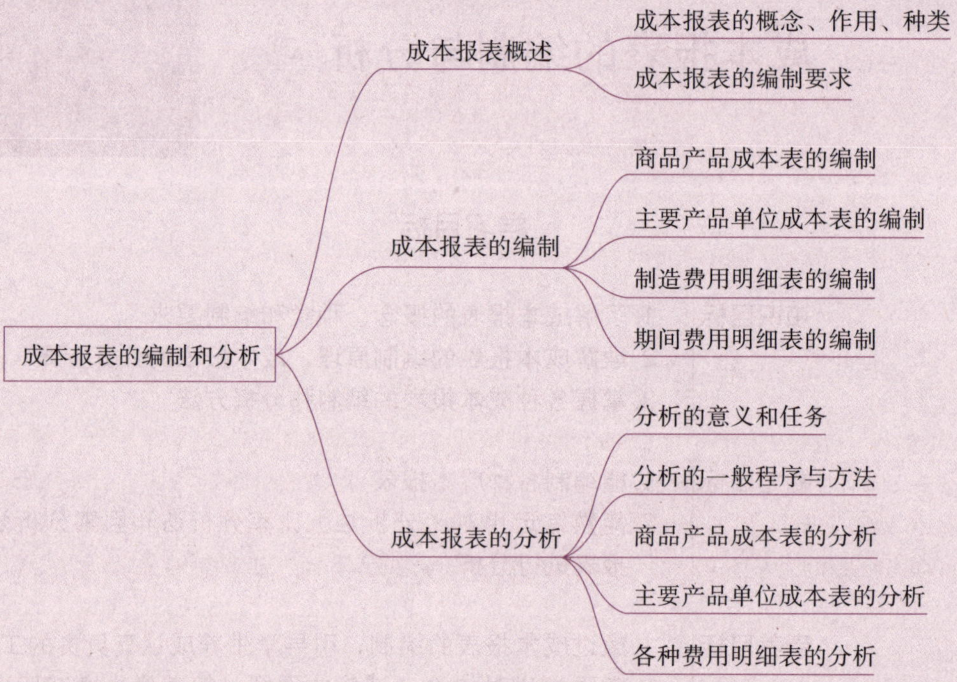
成本报表的编制和分析
成本报表概述
成本报表的概念、作用、种类
成本报表的编制要求
成本报表的编制
商品产品成本表的编制
主要产品单位成本表的编制
制造费用明细表的编制
期间费用明细表的编制
成本报表的分析
分析的意义和任务
分析的一般程序与方法
商品产品成本表的分析
主要产品单位成本表的分析
各种费用明细表的分析

案例导入

明达公司副总裁审阅了公司月度资产负债表、利润表、现金流量表等对外提供的财务报表和财务分析资料。本月公司财务状况、经营成果和现金流量情况都比较好，营业收入环比增长3.6%，同比增长7.8%，但营业利润基本持平，同比只增长1.6%。为了进一步了解情况，他查阅了只对公司高管报送的生产经营情况表、商品产品成本表、主要产品单位成本表、制造费用明细表和期间费用明细表等成本报表和成本分析报告。成本报表中公司产品销售和生产情况、产品成本水平和成本计划完成情况、期间费用发生情况等一目了然。成本分析报告指出，公司甲产品（主要产品）销售量比上月增长6%，产品市场占有率大幅上升，生产部门全面保证了销售需要。原材料价格上涨，甲产品成本每件比计划增加36元，超支4%，销售费用中的专设销售机构费用增长幅度较大，共同影响了营业利润与营业收入的同步增加。成本分析报告还提出，甲产品销售价格略低于生产成本，是否应当停产？副总裁要求有关部门按照成本分析报告，进一步落实控制成本费用的各项措施，指示在公司生产能力能够满足需求的情况下，继续接受甲产品订货。

提出问题：

（1）什么是成本报表？成本报表是如何分类的？

（2）如何编制成本报表？成本报表有哪些分析方法？

带着这些问题，让我们开始本项目的学习。

任务一　成本报表概述

一、成本报表的概念

企业会计报表按服务对象划分为两类：一类为对外报送的会计报表，如资产负债表、利润表、现金流量表等；另一类为企业内部管理需要的报表，如成本报表等。

成本报表是按照企业成本管理的需要，根据成本费用资料以及其他有关的计划统计资料编制的，用以反映企业一定时期的产品成本和期间费用水平及构成情况的内部报表。编制和分析成本报表是成本会计工作的一项重要内容。

成本报表有以下特点：

（1）与对外报表相比较，成本报表的种类、格式、指标的设计和编制方法、报送范围等由企业根据需要决定，监管部门不作统一规定。

（2）成本报表是以企业特定的生产环境为背景，成本的核算与企业的生产工艺、生产组织的特点及企业对成本管理的要求有密切联系，因此不同企业之间成本报表反映的内容不同。

（3）成本报表是会计核算资料与其他经济资料结合的产物，其信息具有综合性与全面性的特点。例如，材料成本，不仅要从价格上反映，还要从实物量（如材料消耗量、工时耗用量等）上反映。因此，对成本报表不能仅设置货币指标，还要采用多种计量指标，反映多方面的成本信息。同时，成本报表需要同时满足会计部门和各级生产部门、各职能部门对成本管理的需要，不仅要提供满足事后分析的资料，还要能够提供事前计划、事中控制所需的大量信息。

（4）成本报表还具有及时性与灵活性的特点。由于编报的时间灵活，有日报、班报、旬报、月报等，能为日常成本控制提供及时有用的资料。

【练一练6-1】根据现行企业会计准则规定，成本报表属于（　　）。

A.外部报表　　B.内部报表

C.既是内部报表，又是外部报表　　D.内部报表或外部报表，由企业自行决定

【想一想6-1】成本报表与对外报送的报表相比较有哪些特点？

二、成本报表的作用

成本报表是为了满足内部经营管理的需要而编制的，因此准确、及时地编制成本报表有着十分重要的作用。

（一）反映企业报告期内产品成本水平

企业主管部门和企业管理者利用成本报表，可以了解企业产品成本的构成及其水平，以及各种费用的支出状况，检查企业成本计划和费用预算的执行情况。

（二）反映企业成本计划完成情况

成本报表可以揭示产品成本升高与降低、生产费用超支与节约情况，通过对成本报表的分析，可以发现上述情况出现的原因，从而采取相应的措施，挖掘节约费用、降低成本的潜力，提高企业经济效益。

（三）有利于正确评价成本管理部门和人员的业绩

利用成本报表提供的资料，经过有关指标计算、对比，可以明确各有关部门和人员在执行成本计划、费用预算过程中的成绩和差距，以便总结成本管理工作的经验和教训，奖励先进，鞭策后进，提高企业有关部门和人员成本管理工作的积极性。

（四）为企业的成本预测和决策提供信息

通过成本报表资料的分析，可以揭示成本差异对产品成本的影响程度以及发现产生差异的原因和责任，从而可以有针对性地采取措施，为制订下一期的成本计划提供重要参考资料。同时，管理部门也根据成本报表资料对未来时期的成本进行预测，为企业制定正确的经营决策和加强成本控制与管理提供必要的依据。

三、成本报表的种类

成本报表属于内部报表，主要是为满足企业内部经营管理的需要而编制的，一般不对外公开。因此，成本报表的种类、格式、内容、编制方法和报送对象等，企业会计准则均未统一规范，而由企业自行设计和确定。业务主管部门或上级机构为了对本系统所属企业的成本管理工作进行领导和指导，也可以要求企业将成本报表作为会计报表的附表上报。这时，企业成本报表的种类、格式、内容和编制方法，应由业务主管部门或上级机构会同企业共同商定。

（一）按成本报表反映的内容分类

1.反映产品成本情况的报表

主要反映企业为生产一定种类和数量的产品所耗费的生产费用水平及其构成情况，并与计划、上年实际、历史先进水平或同行业同类产品先进水平相比较，反映产品成本的变动情况和变动趋势。此类报表有全部产品生产成本表，主要产品单位成本表等。

2.反映费用支出情况的报表

主要反映企业在一定时期内各种费用支出的总额及其构成情况，并与计划（预算）、上年实际对比，反映费用支出的变动情况和变动趋势。此类报表有制造费用明细表、销售费用明细表、管理费用明细表和财务费用明细表等。

（二）按成本报表编制的时间分类

成本报表按编制的时间可分为年报、季报、月报。成本报表根据管理上的要求一般可按月、按季、按年编报。此外，为了加强成本的日常管理，对于成本耗费的某些主要指标，也可以按旬、周、日编报，甚至按班编报，及时提供给有关部门和人员，以便对生产进行及时指导。

【练一练6-2】工业企业的成本报表一般包括（　　）。

A.商品产品成本表　　B.制造费用明细表

C.主要产品单位成本表　　D.期间费用明细表

四、成本报表的编制要求

为了充分发挥成本报表的作用，必须做到数字准确、内容完整和编制及时。

数字准确，是指报表的指标必须如实地反映实际情况，不得随意篡改实际数字。企业编制成本报表前，首先要检查本期所有经济业务是否都已登记入账，调整不应列入成本的费用，做到先结账，后编表；其次盘点和清查在产品，核对各账簿的记录，做到账实相符；最后报表编制完毕，应检查各个报表中相关指标的数字是否一致，做到表表相符。

内容完整，是指编制的成本报表必须齐全，填列的报告指标和文字说明必须全面。不论根据账簿资料直接填列，还是分析计算填列，表内项目和表外补充资料都应当完整无缺，不得随意取舍。

编报及时，要求按照规定期限报送成本报表，及时地对企业成本计划完成情况进行检查和分析。为此，企业财会部门要提前做好编制报表的准备工作，并加强与各有关部门的协作和配合，以便尽可能提前或按期编制各种报表，满足有关各方的需要。

任务二　成本报表的编制

一、商品产品成本表的编制

（一）商品产品成本表的概念和结构

商品产品成本表是反映企业在报告期内生产的全部产品（包括可比产品和不可比产

品）的总成本，以及各种主要产品的单位成本和总成本的报表。商品产品成本表可以定期、总括地考核和分析企业全部商品产品成本计划的完成情况、可比产品成本降低计划的完成情况，对企业产品成本工作从总体上进行评价，并为进一步成本分析指明方向。

商品产品成本表分为基本报表和补充资料两部分。基本报表按可比产品和不可比产品两类分别反映。可比产品是指以前年度或上年度已经生产过的产品。对可比产品来说，要反映可比产品的单位成本、本月总成本和本年累计总成本，上年实际平均数、本年计划数、本月实际数和本年累计实际平均数，以及本年度可比产品计划成本比上年度（或以前年度）实际成本的降低额和降低率，以便考核成本计划的执行情况和成本降低任务的完成情况。不可比产品是指以前年度或上年度未正式生产过的产品，对于去年试制成功，今年正式投产的产品，也应作为不可比产品。不可比产品要反映其单位成本、本月总成本和本年累计总成本，以及全部商品产品的总成本，还同时列出本年计划数、本月实际数和本年累计实际平均数。这样做便于考核不可比产品以及全部商品产品成本计划的执行情况。商品产品成本表的格式见表6-1。

表6-1　　商品产品成本表

编制单位：××工厂　　2023年12月　　金额单位：元

产品名称	计量单位	实际产量		单位成本				本月总成本			本年累计总成本		
		本月	本年累计	上年实际平均	本年计划	本月实际	本年累计实际平均	按上年实际平均单位成本计算	按本年计划单位成本计算	本月实际	按上年实际平均单位成本计算	按本年计划单位成本计算	本年实际
		(1)	(2)	(3)	(4)	(5)=(9)÷(1)	(6)=(12)÷(2)	(7)=(1)×(3)	(8)=(1)×(4)	(9)	(10)=(2)×(3)	(11)=(2)×(4)	(12)
可比产品合计								25 500	24 000	23 600	305 000	287 500	300 000
其中：甲产品	件	100	1 000	55	50	48	55	5 500	5 000	4 800	55 000	50 000	55 000
乙产品	件	200	2 500	100	95	94	98	20 000	19 000	18 800	250 000	237 500	245 000
不可比产品合计									24 500	24 200		260 000	263 400
其中：丙产品	件	50	500		250	240	255		12 500	12 000		125 000	127 500
丁产品	件	40	450		300	305	302		12 000	12 000		135 000	135 900
全部商品产品总计									48 500	47 800		547 500	563 400

补充资料（按本年累计实际计算）：可比产品成本降低额为5 000元（305 000－300 000）；可比产品成本降低率为1.64%。

（二）商品产品成本表的编制方法

（1）“产品名称”项目，按照企业所生产的各种可比产品和不可比产品的名称填列。

（2）“实际产量”项目，反映本月和从年初起至本月末止的各种产品的实际产量。应根据“产品成本计算单”或“产成品明细账”的记录计算填列。

（3）“单位成本”项目，按下列项目分别填列：

“上年实际平均”，反映各种主要可比产品的上年实际平均单位成本，应分别根据上年度商品产品成本表所列各种可比产品的全年实际平均单位成本填列。

“本年计划”，反映各种主要商品产品的本年计划单位成本，应根据年度成本计划的有关数字填列。

“本月实际”，反映本月生产的各种商品产品实际的单位成本，应根据有关产品成本明细账中的资料，按下列公式计算填列：

$$某产品本月实际单位成本=\frac{某产品本月实际总成本}{某产品本月实际产量}$$

“本年累计实际平均”，反映从年初起至本月末止的企业生产的各种商品产品实际的单位成本，应根据有关产品成本明细账中的资料，按下列公式计算填列：

$$某产品本年累计实际平均单位成本=\frac{某产品本年累计实际总成本}{某产品本年累计实际产量}$$

（4）“本月总成本”项目，包括按上年实际平均单位成本计算的本月总成本、按本年计划单位成本计算的本月总成本和本月实际总成本三项内容，应根据有关产品成本明细账中的资料，按下列公式计算填列：

$$按上年实际平均单位成本计算的本月总成本=本月实际产量\times上年实际平均单位成本$$

$$按本年计划单位成本计算的本月总成本=本月实际产量\times本年计划单位成本$$

“本月实际”，根据本月有关产品成本明细账的记录填列。

（5）“本年累计总成本”项目，包括按上年实际平均单位成本计算的本年累计总成本、按本年计划单位成本计算的本年累计总成本和本年实际累计总成本三项内容。应根据有关产品成本明细账中的资料，按下列公式计算填列：

$$\begin{matrix}按上年实际平均单位成本\\计算的本年累计总成本\end{matrix}=\begin{matrix}本年累计\\实际产量\end{matrix}\times\begin{matrix}上年实际\\平均单位成本\end{matrix}$$

$$\begin{matrix}按本年计划单位成本\\计算的本年累计总成本\end{matrix}=\begin{matrix}本年累计\\实际产量\end{matrix}\times\begin{matrix}上年计划\\单位成本\end{matrix}$$

“本年实际”，根据有关的产品成本明细账资料填列。

（6）补充资料中“可比产品成本降低额”是指可比产品累计实际总成本比按上年实际平均单位成本计算的累计总成本降低的数额，超支额用负数表示。

“可比产品成本降低率”是指可比产品本年累计实际总成本比按上年实际平均单位成本计算的累计总成本降低的比率，超支率用负数表示。应根据有关产品成本明细账中的资料，按下列公式计算填列：

$$可比产品成本降低额=按上年实际平均单位成本计算的总成本-本年实际总成本$$

$$可比产品成本降低率=\frac{可比产品成本降低额}{按上年实际平均单位成本计算的总成本}\times100\%$$

二、主要产品单位成本表的编制

（一）主要产品单位成本表的概念和结构

主要产品单位成本表是反映企业在报告期内生产的各种主要产品单位成本的构成情

况和各项主要技术经济指标执行情况的报表。该表应按主要产品分别编制，是对按产品种类反映的产品生产成本表中某些主要产品单位成本的进一步反映。

利用主要产品单位成本表所提供的资料，可以考核各种主要产品单位成本计划的执行结果，分析各成本项目和消耗定额的变化及其原因，便于在生产同种产品的企业之间进行成本对比，以利于找出差距，挖掘潜力，降低产品成本。

主要产品单位成本表按照成本项目反映单位成本的构成，具体填列历史先进水平、上年实际平均单位成本、本年计划单位成本、本月实际单位成本及本年累计实际平均单位成本。除此之外，还要填列反映主要技术经济指标的上年实际、本年实际水平。

主要产品单位成本表的格式见表6-2。

表6-2 主要产品单位成本表

2023年12月

产品名称：甲产品　　本月计划产量：120件　　本月实际产量：100件

计量单位：件　　本年累计计划产量：1 200件　　本年累计实际产量：1 000件

成本项目	历史先进水平	上年实际平均单位成本	本年计划单位成本	本月实际单位成本	本年累计实际平均单位成本
直接材料/元	25	32	29	27	31
直接人工/元	11	13	12	10	14
制造费用/元	8	10	9	11	10
产品单位成本/元	44	55	50	48	55
主要技术经济指标					
A材料/千克	9.5	10.5	10	9	9
B材料/千克	16	16.5	16	15	17

（二）主要产品单位成本表的编制方法

表中各项数字填列方法如下：

1. 产量

“本月计划产量”及“本年累计计划产量”项目，应根据本月和本年生产计划填列。

“本月实际产量”及“本年累计实际产量”项目，应根据产品成本明细账或产成品成本汇总表填列。

2. 单位成本

“历史先进水平”项目，指企业历史上该种产品成本最低年度的实际平均单位成本，应根据历史资料填列。

“上年实际平均单位成本”项目，应根据上年度主要产品单位成本表累计实际平均单位成本填列。

“本年计划单位成本”项目，应根据本年度成本计划填列。

“本月实际单位成本”项目，应根据产品成本明细账或产成品成本汇总表填列。

“本年累计实际平均单位成本”项目，应根据该种产品成本明细账所记的自年初至报告期末的完工入库产品实际累计总成本除以累计实际产量计算填列。其计算公式如下：

$$某产品实际平均单位成本=\frac{该产品实际累计总成本}{该产品累计实际产量}$$

$$某产品实际平均单位用量=\frac{该产品累计实际总用量}{该产品累计实际产量}$$

上年实际平均单位成本、本年计划单位成本、本月实际单位成本和本年累计实际平均单位成本，应与按产品种类编制的商品产品成本表中该种产品相应的单位成本核对相符。

3. 主要技术经济指标

主要技术经济指标即该种产品主要原材料的耗用量，应根据业务技术核算资料填列，见表6-2。

【练一练6-3】产品单位成本分析的重点是（　　）。

A. 直接人工项目的分析　　B. 制造费用项目的分析

C. 直接材料成本项目的分析　　D. 管理费用项目的分析

三、制造费用明细表的编制

（一）制造费用明细表的概念和作用结构

制造费用明细表是反映企业在报告期内发生的制造费用及其构成情况的报表。编制制造费用明细表的目的是分析制造费用的构成和增减变动情况，考核制造费用预算的执行结果，以便分析增减变动原因，及时采取措施，节约开支，降低费用。

利用制造费用明细表可以分析制造费用本月比上年同期实际的增减变化情况，在表中列有本月计划的情况下还可以分析本月计划的执行结果；有利于在年度内按照费用项目分析制造费用年度计划的执行情况，以便采取措施将制造费用控制在年度计划之内；在年度末，按照费用项目分析制造费用年度计划的执行结果，分析产生差异的原因；有利于分析本月实际和本年累计实际制造费用的构成情况，与上年同期实际和计划构成情况进行比较，分析制造费用构成的发展变化情况和原因。

（二）制造费用明细表的结构和编制方法

制造费用明细表的结构是按规定的制造费用项目，分别反映本年计划、上年同期实际数、本月实际、本年累计实际的费用水平，使报表使用者可以通过表中的数据进行对比分析，了解制造费用的构成与变动情况，以便加强对制造费用的管理。其格式和内容见表6-3。

表6-3 **制造费用明细表**

2023年12月

单位：元

费用项目	本年计划	上年同期实际	本月实际	本年累计实际
职工薪酬	250 000	21 000	21 500	260 000
折旧费	3 400	490	500	5 640
修理费	30 000	2 380	2 300	29 000
办公费	72 000	6 000	6 150	74 000
水电费	150 000	12 000	11 750	155 000
机物料消耗	135 000	11 000	12 500	151 000
劳动保护费	11 000	1 000	1 050	12 800
在产品盘亏、毁损	3 700	300	318	3 820
租赁费	17 500	1 458	1 458	17 500
保险费	8 000	670	800	9 600
其他	680	55	46	560
合计	681 280	56 353	58 372	718 920

表中各项目填列方法如下：

（1）“本年计划”项目，根据制造费用的年度计划数填列。

（2）“上年同期实际”项目，根据上年同期本表的“本年累计实际”填列。如果表内所列项目和上年度的费用项目在名称或内容上不一致，应对上年度的各项数字按照表内规定的项目进行调整。

（3）“本月实际”项目，应根据“制造费用”总账所属各基本生产车间“制造费用”明细账的本月末累计数汇总填列。

（4）“本年累计实际”项目，填列自年初起至编报月月末止的累计实际数，应根据“制造费用”明细账的记录计算填列。

四、期间费用明细表的编制

（一）期间费用明细表的概念和作用

期间费用明细表是反映企业在报告期内发生的销售费用、管理费用和财务费用的报表。利用期间费用明细表所提供的资料，可以考核期间费用计划或预算的执行情况，分析各项费用的本期实际数比上年同期实际数的增减变化情况，考核各项费用的计划执行情况和执行结果，分析各项费用内部的构成情况，以便进一步采取措施，压缩开支，不断降低费用。

（二）期间费用明细表的结构和编制方法

1.销售费用明细表的结构和编制方法

销售费用明细表是反映企业在报告期内发生的销售费用及其构成情况的报表。该表一般按费用项目分别反映各该费用的本年计划、上年同期实际、本月实际和本年累计实际的金额，销售费用明细表的格式见表6-4。

表6-4 销售费用明细表

2023年12月

单位：元

费用项目	本年计划	上年同期实际	本月实际	本年累计实际
职工薪酬	280 000	24 500	26 000	290 000
差旅费	36 000	2 700	2 500	32 000
办公费	12 000	1 000	1 200	13 000
保险费	12 000	1 000	980	10 000
展览费	21 000	2 150	2 500	23 000
广告费	30 000	2 200	2 400	32 000
产品质量保证费	40 000	3 000	3 200	42 000
包装费	40 000	3 000	3 000	36 000
折旧费	3 200	2 000	3 000	31 000
其他	45 000	3 500	3 600	44 000
合计	519 200	45 050	48 380	553 000

表中各项目填列方法如下：

（1）“本年计划”项目，应根据本年销售费用计划填列。

（2）“上年同期实际”项目，应根据上年同期销售费用明细表的累计实际数填列。

（3）“本月实际”项目，应根据销售费用明细账的本月合计数填列。

（4）“本年累计实际”项目，应根据销售费用明细账的本月末累计实际数填列。

如果需要，也可以根据销售费用的分月计划，在表中加列本月计划数。

2.管理费用明细表的结构和编制方法

管理费用明细表是反映企业在报告期内发生的管理费用及其构成情况的报表。该表一般按费用项目分别反映各该费用的本年计划、上年同期实际、本月实际和本年累计实际的金额，管理费用明细表的格式见表6-5。

表6-5　　**管理费用明细表**

2023年12月　　单位：元

费用项目	本年计划	上年同期实际	本月实际	本年累计实际
职工薪酬	420 000	32 000	36 000	480 000
折旧费	45 000	4 000	4 000	44 000
工会经费	85 000	6 000	7 200	88 000
业务招待费	40 000	3 000	5 000	60 500
差旅费	40 000	3 000	3 000	37 000
修理费	80 000	6 800	6 500	75 000
会议费	60 000	6 000	4 000	48 000
其他	22 000	2 000	1 800	23 000
合计	792 000	62 800	67 500	855 500

表中各项目填列方法如下：

(1)“本年计划”项目，根据管理费用计划填列。

(2)“上年同期实际”项目，根据上年同期管理费用明细表的累计实际数填列。

(3)“本月实际”项目，根据“管理费用”明细账的本月合计数填列。

(4)“本年累计实际”项目，根据“管理费用”明细账的本月末累计实际数填列。

如果需要，也可以根据管理费用的分月计划，在表中加列本月计划数。

3.财务费用明细表的结构和编制方法

此表按财务费用项目分别反映各项费用的本年计划、上年同期实际、本月实际和本年累计实际，财务费用明细表的格式见表6-6。

表6-6　　**财务费用明细表**

2023年12月　　单位：元

费用项目	本年计划	上年同期实际	本月实际	本年累计实际
利息支出(减利息收入)	16 500	1 500	1 350	15 500
汇兑损失(减汇兑收益)	9 765	860	680	7 860
手续费	3 680	380	400	4 760
其他	2 000	130	150	2 300
合计	31 945	2 870	2 580	30 420

表中各项目填列方法如下：

(1)“本年计划”项目，根据本年财务费用计划填列。

(2)“上年同期实际”项目，根据上年同期财务费用明细表的本月实际数填列。

(3)“本月实际”项目，根据“财务费用”明细账的本月合计数填列。

(4)“本年累计实际”项目，根据“财务费用”明细账本月末的累计数计算填列。

如果需要，也可以根据财务费用的分月计划，在表中加列本月计划数。

任务三 成本报表的分析

一、成本报表分析的意义和任务

(一) 成本报表分析的意义

成本报表分析是指企业利用成本核算资料、成本计划资料以及其他有关资料，运用科学的分析方法，揭示企业费用预算和成本计划的完成情况，查明影响费用预算和成本计划完成情况的因素，分析各种因素变动对费用预算和成本计划完成的影响程度，挖掘降低成本的潜力、提高企业经济效益的一项管理活动。

通过成本报表分析，可以揭示企业成本变动的规律，不断挖掘企业内部潜力，降低产品成本，提高企业的经济效益；可以对企业成本计划的执行情况进行有效的控制，对执行结果进行评价，肯定成绩，指出存在的问题，以便采取措施，提高成本管理工作水平；可以为编制下期成本计划和经营决策提供依据，给未来的成本管理工作指出努力的方向。

(二) 成本报表分析的任务

1. 发现成本差异原因，掌握成本变动规律

成本计划在执行过程中受到多方面因素的影响，有技术因素和经济因素、宏观因素和微观因素、人为因素和主观因素。成本报表分析从指标及数据着手，找出差距，找出对经济指标产生影响的各种因素，并区分主观原因和客观原因，从而逐步认识和掌握成本变动的规律，以便采取措施，不断提高企业经营管理水平。

2. 评价成本计划完成情况，建立业绩考核体系

成本报表分析可以全面地分析成本计划完成或没有完成的原因，对成本计划本身及其执行情况进行合理的评价，总结经验教训，以便今后更好地完成成本计划任务，并为下期成本计划的编制提供重要依据。同时，通过成本分析，评价各责任单位的成绩或不足，为落实奖惩制度提供可靠依据，从而调动各责任单位和职工提高成本效益的积极性和主动性。

3. 检查企业生产是否遵守国家有关的方针、政策和财经纪律

企业生产经营活动时必须遵守国家有关的方针、政策和财经纪律。企业降低成本和提高成本效益，必须以国家有关的方针、政策和财经纪律为依据。例如，企业有无通过降低产品质量、牺牲消费者利益来降低产品成本，企业有无任意缩小或扩大成本开支范围，企业有无该摊提费用而未摊提等等。通过成本分析，促使企业经济利益与社会效益协调一致。

4.挖掘降低成本的潜力，不断提高企业经济效益

成本报表分析应围绕提高企业经济效益，不断挖掘企业降低成本的潜力，充分认识未被利用的劳动和物资资源，发现进一步提高资源利用效率的可能性，促使企业以较少的劳动消耗生产出更多更好的产品，实现企业价值增值。

二、成本报表分析的一般程序与方法

（一）成本报表分析的一般程序

1.确定分析目标

在进行成本分析之前，要根据生产经营过程中出现的问题或管理上的需要，确定分析目标，明确分析的要求。开展成本分析，总的说来，是为了总结企业生产经营的成绩和缺点，更好地按经济规律办事。但是，企业在一定时期内，总有一些特殊的管理问题需要解决，对于成本分析的目的和要求，在不同企业或同一企业的不同时期不可能完全一样。因此，对每次成本分析，都要根据企业生产经营的具体情况，提出具体的分析目的和要求，并拟订分析计划，这样才能有目的地收集和运用各种资料，有步骤地开展成本分析工作。

2.收集有关资料

广泛收集各种资料，是正确进行成本分析的基础。为了做好成本分析工作，必须要有详细的成本资料。既要收集反映计划完成过程和结果的会计、统计和业务核算的实际资料，也要收集各项计划和定额资料；既要收集有关的数字资料，也要收集会议记录、决议、纪要、报告和备忘录等文字资料；既要收集国内同行业先进企业的有关资料，也要收集国外先进企业的有关资料。企业收集的资料必须实事求是，只有这样才能使成本分析得出正确的结论和提出切实可行的建议。

3.确立分析原则

成本分析应从商品产品成本计划和各项费用计划完成情况开始，然后按照影响成本计划完成情况的因素逐步深入、具体地分析，从复杂的影响因素中找出需要进一步分析的问题。为了分析成本升降的具体原因，进一步评价企业成本工作，还必须在分析的基础上，根据分析中发现的问题及其影响因素，对重点产品的单位成本及其成本项目或重点费用项目进行深入具体的分析。

4.分析影响因素

通过指标对比分析，只能看出数量上、现象上的差异，而不能说明差异的实质。因此，在揭示了成本工作存在的问题之后，还要相互联系地研究问题产生的原因。影响产品成本的因素是多种多样的：既有人的因素，又有物的因素；既有主观因素，又有客观因素；既有生产组织方面的因素，又有思想意识方面的因素；既有技术上的因素，又有管理上的因素。只有运用对立统一的观点进行深入综合分析，才能在多种矛盾中找出主要矛盾，从复杂因素中找出决定因素，才能查明成本指标形成与变动原因以及有关人员的经济责任，才能抓住问题的关键。

5.提出改进措施

成本分析的根本目的在于对过去成本工作的总结与评价，来控制现在并规划未来。

因为过去的已成为事实，即使有失误与不足，也无法避免与挽回。在找出差距、分析原因之后，还应针对成本工作中的关键问题和薄弱环节，提出切实可行的改进措施和实施方案，以全面挖掘降低产品成本的各种潜力，不断提高经济效益。

（二）成本报表分析的方法

在实践中，成本报表分析的方法是多种多样的。采用哪种方法，主要由分析的目的、分析对象的特点、所掌握的计划资料和核算资料的性质和内容来决定。通常采用的分析方法有比较分析法、比率分析法、因素分析法和差额分析法。

1. 比较分析法

比较分析法也称对比分析法，是成本报表分析的主要方法，使用比较广泛。它是把相同的指标在时间上和空间上进行对比，从数量上确定成本差异的一种分析方法。使用这种方法的目的是揭示成本差异，找出问题及其产生的原因，研究解决问题的途径和方法，从而降低成本。比较分析法在成本报表分析工作中主要用于以下几种指标的对比分析：

（1）成本的实际指标与计划或定额指标对比，分析成本计划或定额完成情况，揭示完成计划和未完成计划或定额的差距。

（2）本期实际与前期实际指标对比分析，与上期或上年同期实际指标对比，观察企业成本的发展趋势和方向，了解成本的发展速度是否已达到或超过历史先进水平。

（3）以本企业实际成本指标与同行业国内外先进水平对比分析，可以反映企业与国内外先进水平的差距，考察企业成本水平在同类企业同种产品中所处的地位，在更大范围内发现差距，推动企业改进经营管理。

比较分析法既可以是绝对指标的对比，也可以是相对指标的对比。无论采用哪种比较形式，都要注意指标的可比性。为了使对比的指标具有可比性，可以将对比的指标作必要的调整换算。例如，对比费用指标，可以先将随产量变动而变化的费用计划指标按产量增减幅度进行调整，然后再同实际进行对比。

比较分析法是经济分析中广泛应用的一种分析方法。对比的范围越广泛，就越能发现差距，越有利于企业挖掘潜力，学习和推广先进经验。

2. 比率分析法

比率分析法是指通过计算各项指标之间的比率，借以评价企业成本状况和成本水平情况的一种成本分析方法。根据分析的不同内容和不同要求，比率分析法主要有以下三种：

（1）相关指标比率分析法

相关指标比率分析法是计算两个性质不同但相关的指标的比率进行数量分析的一种方法。例如，将利润项目与销售成本项目对比，求出成本利润率，从而可以观察比较企业成本效益水平的高低。在实际工作中，不同企业生产规模不同，单纯地对比产值、销售收入或利润等指标的绝对数，不能说明各企业经济效益的好坏。通常需要将成本与产值、销售收入或利润相比，求出产值成本率、销售成本率和成本费用利润率，据以分析和比较生产耗费的经济效益。通过相关比率的计算，可以排除不同企业之间和同一企业不同时期的某些不可比因素，有利于企业经营管理者进行成本效益分析和经营决策。其计算公式如下：

$$产值成本率 = \frac{产品生产成本}{产值} \times 100\%$$

$$销售成本率 = \frac{销售成本}{销售收入} \times 100\%$$

$$成本费用利润率 = \frac{利润总额}{成本费用总额} \times 100\%$$

（2）趋势比率分析法

趋势比率分析法是将几个时期的同类指标进行对比以求出比率的一种方法。通过分析该项指标增减速度和发展趋势，可以判断企业某方面业务的趋势，并从其变化中发现企业在经营方面所取得的成绩或不足。由于计算时采用的基期数值不同，趋势比率又分为定基比率和环比比率两种形式，其计算公式如下：

$$定基比率 = \frac{比较期数值}{固定基期数值} \times 100\%$$

$$环比比率 = \frac{比较期数值}{前一期数值} \times 100\%$$

【例 6–1】假定某企业甲产品某年四个季度的单位实际成本分别为 109 元、120 元、125 元和 114 元。如果以第一季度为基期，以该季度单位成本 109 元为基数，可以计算其他各季度甲产品单位成本与之相比的定基比率如下：

第二季度：$\frac{120}{109} \times 100\% = 110.09\%$

第三季度：$\frac{125}{109} \times 100\% = 114.68\%$

第四季度：$\frac{114}{109} \times 100\% = 104.59\%$

通过以上计算可以看出，第二季度、第三季度甲产品的单位实际成本呈上升趋势，第四季度有所下降。

如果分别以上季度为基期，可以计算各季度环比比率如下：

第二季度：$\frac{120}{109} \times 100\% = 110.09\%$

第三季度：$\frac{125}{120} \times 100\% = 104.17\%$

第四季度：$\frac{114}{125} \times 100\% = 91.2\%$

通过以上计算可以看出，甲产品的单位实际成本在第二季度、第三季度呈上升趋势，第四季度有所下降。

（3）构成比率分析法

构成比率分析法也称比重分析法，它是通过计算某项指标的各个组成部分占总体的比重进行数量分析的一种方法。例如，将构成产品成本的各项费用分别与产品成本总额相比，可计算产品成本构成比率，然后将不同时期的成本构成比率进行比较，通过这种分析，可以反映产品成本或者经营管理费用的构成是否合理。构成比率分析法的计算公式如下：

$$产品成本的构成比率 = \frac{直接材料、直接人工或制造费用数额}{产品成本总额} \times 100\%$$

$$期间费用的构成比率 = \frac{销售费用、管理费用或财务费用数额}{期间费用总额} \times 100\%$$

$$制造费用构成比率 = \frac{某项制造费用数额}{制造费用总额} \times 100\%$$

比率分析法与其他分析法相比，具有计算简便、容易判断及可比性强等特点。但它也同样受会计资料、成本核算方法及行业特点的影响与制约。因此，在分析时还需要结合实际情况，对具体问题进行具体分析。不论采用哪种比率分析法，分析时均可将比率的实际数与基数进行比较，揭示其与基数之间的差异。例如，进行相关指标比率的成本利润率分析时，应将本期实际成本利润率与计划成本利润率、前期实际成本利润率进行对比，揭示其与计划指标、前期指标的差异。

3.因素分析法

因素分析法是将某一综合指标分解为若干个相互联系的因素，并分别计算分析每个因素影响程度的一种方法。分析程序如下：

（1）确定影响指标变动的各项因素，排列各项因素的顺序。运用这一方法要解决一个重要问题，就是要正确确定各因素的替换顺序（即排列顺序）。另外，在分析相同问题时一定要按照同一替换顺序进行，这样计算结果才具有可比性。如果改变各因素的排列顺序，因素的条件发生了变化，计算的同一因素的影响程度也不同。

（2）按因素的影响顺序分别计算指标的基数和报告期实际数，并将实际数和基数进行比较，确定差异总额。

（3）以基数指标体系为计算的基础，用实际指标体系中每项因素的实际数逐步顺序地替换其基数，每次替换一个因素，有几个因素就替换几次；每次替换后计算因素变动后的新结果。

（4）将每次替换得出的结果，与这一因素被替换前的结果进行比较，两者的差额就是这一因素变化对经济指标差异的影响程度。

（5）将各个因素的影响数值相加，其代数和即为所有因素的影响程度总和，应与该经济指标的实际数与基数之间的总差异数相符。

假定某综合指标N受A、B、C三个因素的影响，N与A、B、C的关系为$N = A \times B \times C$。基期指标N_0由A_0、B_0、C_0组成，报告期的指标N_1由A_1、B_1、C_1组成，即：

基期指标：$N_0 = A_0 \times B_0 \times C_0$

报告期指标：$N_1 = A_1 \times B_1 \times C_1$

差异额：$G = N_1 - N_0$

三个因素变动对差异额G的影响程度分析如下：

基期指标：$A_0 \times B_0 \times C_0 = N_0$

第一次替代：$A_1 \times B_0 \times C_0 = N_2$　　$N_2 - N_0$为A因素变动的影响程度

第二次替代：$A_1 \times B_1 \times C_0 = N_3$　　$N_3 - N_2$为B因素变动的影响程度

第三次替代：$A_1 \times B_1 \times C_1 = N_1$　　$N_1 - N_3$为C因素变动的影响程度

将A、B、C三个因素变动的影响程度相加：

$(N_2 - N_0) + (N_3 - N_2) + (N_1 - N_3) = N_1 - N_0 = G$

【例6-2】某企业2023年3月某种原材料费用的实际数是21 600元，计划数是17 920元，实际数比计划数增加3 680元。由于原材料费用是由产品产量、单位产品材料消耗量和材料单价三个因素的乘积构成的，因此，就可以把材料费用这一总指标分解为三个因素，然后逐个分析它们对材料费用的影响程度，三个因素的有关资料见表6-7。

表6-7　材料费用表

项目	单位	计划数	实际数
产品产量	件	160	180
单位产品材料消耗量	千克	14	12
材料单价	元	8	10
材料费用总额	元	17 920	21 600

根据表6-7中的资料，材料费用总额实际数较计划数增加3 680元，这是分析对象。运用因素分析法，可以计算各因素变动对材料费用总额的影响程度如下：

计划指标：160 × 14 × 8 = 17 920（元）　①

第一次替代：180 × 14 × 8 = 20 160（元）　②

第二次替代：180 × 12 × 8 = 17 280（元）　③

第三次替代（实际指标）：180 × 12 × 10 = 21 600（元）　④

② - ① = 20 160 - 17 920 = 2 240（元）　产量增加的影响

③ - ② = 17 280 - 20 160 = -2 880（元）　材料节约的影响

④ - ③ = 21 600 - 17 280 = 4 320（元）　价格提高的影响

2 240 +（-2 880）+ 4 320 = 3 680（元）　全部因素的影响

从以上分析可以看出，产品材料费用超支3 680元，是三个因素共同影响的结果。由于产品产量增加使材料费用增加了2 240元；由于单位产品材料消耗量节约，使材料费用节约了2 880元；由于材料单价提高，使材料费用增加了4 320元。三个因素共同影响的结果，使本期产品材料费用实际比计划超支了3 680元。通过因素分析，可知各个因素变动对成本升降的影响程度，为制订降低成本方案提供有关信息。

从上例可以看出，在计算某项因素变动的影响程度时，是以假定其他因素都不变为前提，同时还假定前面的因素已经变动，后面的因素尚未变动。因此，采用因素分析法，必须按照事物的发展规律和各因素的相互依存关系合理排列各因素的顺序。顺序一经确定，不应随意变更，因为同一因素替代的顺序不同，其对综合指标的影响程度不同。

【相关知识】因素分析法下各因素的替换顺序是：

①先数量因素，后质量因素。如果既有数量因素又有质量因素，则应先计算数量因素变动的影响，后计算质量因素变动的影响。

②先实物量因素，后价值量因素。如果既有实物量因素又有价值量因素，则应先计算实物量因素变动的影响，后计算价值量因素变动的影响。

③先主要因素，后次要因素。如果有几个数量因素或质量因素，则应区分主要因素和次要因素，先计算主要因素变动的影响，后计算次要因素变动的影响。

④先分子因素，后分母因素。如果影响某项综合指标的因素之间存在的不是相乘关系，而是相除关系，则应先计算分子因素变动的影响，后计算分母因素变动的影响。

【练一练6-4】运用因素分析法时要正确确定各因素的（　　）。

A.重要程度　　B.替换顺序　　C.详细程度　　D.价值大小

4.差额分析法

差额分析法是因素分析法的一种简化形式，它是利用各个因素的比较值与基准值之间的差额，来计算各因素对分析指标的影响。

基期指标：$N_0 = A_0 \times B_0 \times C_0$

报告期指标：$N_1 = A_1 \times B_1 \times C_1$

差异额：$G = N_1 - N_0$

A因素变动的影响程度$= (A_1 - A_0) \times B_0 \times C_0$

B因素变动的影响程度$= (B_1 - B_0) \times A_1 \times C_0$

C因素变动的影响程度$= (C_1 - C_0) \times A_1 \times B_1$

A、B、C三个因素变动共同影响的差异总额为：

$$(A_1 - A_0) \times B_0 \times C_0 + (B_1 - B_0) \times A_1 \times C_0 + (C_1 - C_0) \times A_1 \times B_1$$
$$= A_1 \times B_1 \times C_1 - A_0 \times B_0 \times C_0 = N_1 - N_0 = G$$

【例6-3】沿用【例6-2】的资料。采用差额分析法计算确定各因素变动对材料费用的影响程度。

由于产量增加对材料费用的影响为：（180 −160）× 14 × 8 = 2 240（元）

由于材料消耗节约对材料费用的影响为：180 ×（12 − 14）× 8 = −2 880（元）

由于价格提高对材料费用的影响为：180 × 12 ×（10 − 8）= 4 320（元）

综合各因素的影响为：2 240 − 2 880 + 4 320 = 3 680（元）

差额分析法与因素分析法的计算结果相同，但差额分析法计算更为简化，因此在实际工作中被广泛采用。

【想一想6-2】成本报表分析有哪些方法？各种分析方法有何特点？

三、商品产品成本表的分析

（一）按产品种类分析全部商品产品成本计划完成情况

按产品种类分析全部商品产品成本计划的完成情况，既要从总体出发，分析全部商品产品成本计划完成的总括情况，也要分析每种产品成本计划的完成情况，通过分析可以对全部商品产品成本计划的完成情况有总括了解，也为进一步分析指明方向和重点。

对商品产品成本表进行分析，主要是将其实际总成本与计划总成本进行比较，全面了解全部商品产品成本计划完成情况。

【例6–4】根据表6–1资料编制本年累计全部商品产品成本计划完成情况分析表（见表6–8）。

表6–8 本年累计全部商品产品成本计划完成情况分析表

2023年12月 金额单位：元

产品名称	计划总成本	实际总成本	实际比计划升降额	实际比计划升降率
可比产品合计	287 500	300 000	+ 12 500	+ 4.35%
其中：甲产品	50 000	55 000	+ 5 000	+ 10%
乙产品	237 500	245 000	+ 7 500	+ 3.16%
不可比产品合计	260 000	263 400	+ 3 400	+ 1.31%
其中：丙产品	125 000	127 500	+ 2 500	+ 2%
丁产品	135 000	135 900	+ 900	+ 0.67%
全部商品产品总计	547 500	563 400	+ 15 900	+ 2.90%

表6–8中实际比计划升降额、升降率计算如下：

实际比计划升降额 = 563 400 − 547 500 = 15 900（元）

$$实际比计划升降率 = \frac{15\,900}{547\,500} \times 100\% = 2.90\%$$

计算表明，本年全部产品实际总成本超过计划15 900元，升高2.90%。就产品品种而言，甲、乙、丙、丁四种产品本年实际总成本都超过计划总成本，但甲产品成本超过计划较多，超支幅度也较大，应进一步分析甲产品成本超支的原因。值得注意的是，从表6–1可知，本月全部商品产品总成本实际比计划降低了700元（48 500 − 47 800），说明年末工作有所好转。

（二）可比产品成本分析

企业的可比产品在全部商品产品中所占比重较大，因此，企业应重点对可比产品成本进行分析。可从两个方面来进行可比产品成本的分析：一是可比产品成本降低计划完成情况的分析；二是影响可比产品成本降低计划完成情况的因素分析。

1. 可比产品成本降低计划完成情况的分析

可比产品成本降低计划就是将计划总成本与按计划产量和上年实际平均单位成本计算的上年总成本相比较，确定计划降低额和降低率。可比产品成本降低计划完成情况分析，是将可比产品实际成本与按实际产量和上年单位实际成本计算的本年实际总成本相比较，确定可比产品成本实际降低额和降低率，并与计划的降低额和降低率相比，评价企业可比产品降低计划完成情况，确定各因素的影响程度。

【例6–5】企业本年“可比产品成本降低计划表”见表6–9，“可比产品成本降低计划完成情况分析表”见表6–10。

表6-9　　　　　　　　　　可比产品成本降低计划表

2023年12月　　　　　　　　金额单位：元

可比产品	计划产量	单位成本		总成本		降低计划	
		上年实际平均	本年计划	按上年实际平均单位成本	按本年计划单位成本	降低额	降低率
甲产品	1 200	55	50	66 000	60 000	6 000	9.09%
乙产品	2 000	100	95	200 000	190 000	10 000	5%
合计	—	—	—	266 000	250 000	16 000	6.02%

可比产品成本计划降低额 = 266 000 - 250 000 = 16 000（元）

$$可比产品成本计划降低率 = \frac{16\,000}{266\,000} \times 100\% = 6.02\%$$

表6-10　　　　　　　　可比产品成本降低计划完成情况分析表

2023年12月　　　　　　　　金额单位：元

可比产品	实际产量	单位成本		总成本		实际完成情况	
		上年实际平均	本年实际	按上年实际平均单位成本	本年实际	降低额	降低率/%
甲产品	1 000	55	55	55 000	55 000	0	0
乙产品	2 500	100	98	250 000	245 000	5 000	2%
合计				305 000	300 000	5 000	1.64%

可比产品成本实际降低额 = 305 000 - 300 000 = 5 000（元）

$$可比产品成本实际降低率 = \frac{5\,000}{305\,000} \times 100\% = 1.64\%$$

要求：根据以上资料，编制“可比产品成本降低计划完成情况分析表”。

解析：编制“可比产品成本降低计划完成情况分析表”见表6-11。

表6-11　　　　　　　　可比产品成本降低计划完成情况分析表

2023年12月　　　　　　　　金额单位：元

项目	计划	实际	差异
降低额	16 000	5 000	-11 000
降低率	6.02%	1.64%	-4.38%

从表6-11中可以看出，可比产品成本降低计划没有完成，实际尚有未完成的成本降低额11 000元，未完成的成本降低率是4.38%。

2. 影响可比产品成本降低计划完成情况的因素分析

影响可比产品成本降低计划完成情况的因素有三个：

（1）产品产量

成本降低计划是根据计划产量制订的，实际降低额和降低率都是根据实际产量计算的。因此，产量的增减必然会影响可比产品成本降低计划的完成情况。假定其他条件不变，即产品品种构成和产品单位成本不变，单纯产量变动只影响成本降低额，而不影响成本降低率。

【例6–6】沿用【例6–5】的资料。假定本期产品实际产量比计划提高70%，产品品种构成和单位成本不变，其成本降低额和降低率见表6–12。

表6–12 产量变动影响计算表

2023年12月 金额单位：元

可比产品	总成本		产量变动影响	
	按上年实际平均单位成本	按本年计划单位成本	降低额	降低率/%
甲产品	1 200×170%×55 = 112 200	1 200×170%×50 = 102 000	10 200	9.09%
乙产品	2 000×170%×100 = 340 000	2 000×170%×95 = 323 000	17 000	5%
合计	452 200	425 000	27 200	6.02%

表6–12表明，产量的变动使成本降低额从16 000元增加到27 200元，而降低率不变，依然是6.02%。因此，可以根据"按上年实际平均单位成本"计算的总成本与"降低率"计算产量变动后的成本降低额。

产量变动即实际产量与计划产量相比的增加数或减少数。在其他因素不变的情况下，产品总成本随着产品产量的变动而成正比例变动。因此，产品产量变动对成本降低额有影响，不会影响成本降低率。计算产品产量变动对成本的影响，只计算对成本降低额的影响即可，其计算公式如下：

$$\begin{matrix}\text{产量变动对成本}\\\text{降低额的影响}\end{matrix}=\begin{matrix}\text{全部可比产品实际产量按上年}\\\text{实际平均单位成本计算的总成本}\end{matrix}\times\begin{matrix}\text{计划}\\\text{降低率}\end{matrix}-\begin{matrix}\text{计划}\\\text{降低额}\end{matrix}$$

【例6–7】沿用【例6–5】的资料。根据表6–9和表6–10中的数据，产量变动对降低额的影响计算如下：

产量变动后的成本降低额 = 305 000 × 6.02% − 16 000 = 2 361（元）

该结果表明，由于产品产量变化使成本超计划降低额为2 361元。

（2）产品品种结构

产品品种结构是各种可比产品成本在全部可比产品总成本中所占的比重。由于各种产品的实物量不能相加，鉴于可比产品成本降低任务是以上年单位成本为基础来计算，所以产品品种结构是以上年单位成本来确定。其计算公式如下：

$$\text{某产品品种结构}=\frac{\text{某产品实物量}\times\text{该产品上年单位成本}}{\sum\left(\text{各产品实物量}\times\text{该产品上年单位成本}\right)}\times 100\%$$

全部可比产品成本降低率实质上是以各种产品的成本降低率为基础计算出来的。由于各种可比产品成本降低率不同，如果成本降低率大的产品在全部可比产品中所占比重比计划高，那么全部可比产品成本降低率就会降低得多，降低额也会相应降低得多；反之，则降低率和降低额都会降低得少些。品种结构变动对降低率和降低额的影响可按如下公式计算：

$$\text{品种结构变动对降低率的影响}=\frac{\text{实际产量按上年实际平均单位成本计算的总成本}-\text{实际产量按本年计划单位成本计算的总成本}}{\text{实际产量按上年实际平均单位成本计算的总成本}}\times 100\%-\text{计划降低率}$$

$$\text{品种结构变动对降低额的影响}=\text{实际产量按上年实际平均单位成本计算的总成本}\times\text{品种结构变动对降低率的影响}$$

【例6-8】根据表6-1、表6-9和表6-10资料，产品品种结构变动对降低率、降低额的影响计算如下：

$$\text{品种结构变动对降低率的影响}=\frac{305\,000-287\,500}{305\,000}\times 100\%-6.02\%=-0.28\%$$

$$\text{品种结构变动对降低额的影响}=305\,000\times(-0.28\%)=-854\text{（元）}$$

该结果表明由于产品品种结构变动使成本降低额比计划降低额减少了854元，比计划降低率低了0.28%。

（3）产品单位成本

可比产品成本计划降低额是本年度计划成本与上年度（或以前年度）实际成本的差额，而实际降低额则是本年度实际成本与上年度（或以前年度）实际成本的差额。因此，当本年度可比产品实际单位成本比计划单位成本降低或升高时，必然会引起成本降低额和降低率的变动。产品单位成本的降低意味着生产中活劳动和物化劳动消耗的节约。因此，分析时应特别注意这一因素变动的影响，其计算公式如下：

$$\text{产品单位成本变动对成本降低额的影响}=\text{实际产量按本年计划单位成本计算的总成本}-\text{总成本}$$

$$\text{产品单位成本变动对成本降低率的影响}=\frac{\text{产品单位成本变动对成本降低额的影响}}{\text{实际产量按上年实际平均单位成本计算的总成本}}\times 100\%$$

【例6-9】根据表6-1、表6-9和表6-10资料，产品单位成本变动对降低率、降低额的影响计算如下：

$$\text{产品单位成本变动对成本降低额的影响}=287\,500-300\,000=-12\,500\text{（元）}$$

$$\text{产品单位成本变动对成本降低率的影响}=\frac{-12\,500}{305\,000}\times 100\%=-4.10\%$$

【例6-10】将【例6-7】【例6-8】【例6-9】上述各因素变动分析结果汇总，见表6-13。

表6-13　**可比产品成本变动因素分析**　金额单位：元

因素	降低额	降低率
产量变动的影响	2 361	0
产品品种构成变动的影响	−854	−0.28%
产品单位成本变动的影响	−12 500	−4.10%
可比产品成本降低计划执行结果（各因素影响的代数和）	−11 000	−4.38%

从表6-13可以看出各个因素对成本降低额和降低率的影响程度，其中产品单位成本变动对降低额的影响较大。

【练一练6-5】影响可比产品成本降低率的因素有（ ）。

A.产品产量　　B.产品单位成本　　C.产品价格　　D.产品品种结构

【想一想6-3】企业一般从哪两个方面来进行可比产品成本的分析？

四、主要产品单位成本表的分析

在对全部商品产品成本和可比产品成本的完成情况进行分析后，还要对企业主要产品的单位成本进行深入具体的分析。

产品单位成本分析的意义，在于揭示各种主要产品单位成本及各个成本项目以及各项消耗定额的超支或节约的情况，尤其是能够密切结合产品设计、生产工艺以及各项消耗定额等的变化，分析对产品成本的影响，查明各种产品单位成本升降的具体原因。同时，对产品单位成本进行分析，有助于对全部商品产品成本和可比产品成本脱离计划的原因进行分析，正确评价企业成本计划完成情况，并采取改进措施，降低产品成本，提高企业成本管理水平。

主要产品单位成本分析包括两个方面的内容：一是单位成本计划完成情况的分析；二是主要产品单位成本各项目的分析。分析的一般程序如下：①从总体上分析主要产品单位成本与本年计划、上年实际平均、历史先进水平相比，其升降情况；②按成本项目分别进行比较分析，考察每个项目的升降情况；③针对某些主要项目的升降情况，作进一步深入的分析，查明造成单位成本升降的原因。

（一）主要产品单位成本各项目的分析

【例6-11】根据表6-2的有关数据，可编制2023年12月份甲产品单位成本分析表（见表6-14）。

表6-14　甲产品单位成本分析表

2023年12月

单位：元

成本项目	历史先进水平	上年实际平均	本年计划	本年累计实际平均	本月实际	差异			
						比历史先进水平	比上年实际平均	比本年计划	比本年累计实际平均
直接材料	25	32	29	31	27	+2	−5	−2	−4
直接人工	11	13	12	14	10	−1	−3	−2	−4
制造费用	8	10	9	10	11	+3	+1	+2	+1
产品单位成本	44	55	50	55	48	+4	−7	−2	−7

由表6-14可知，甲产品本年实际单位成本比上年实际平均、本年计划、本年累计实际平均都降低了，虽然距离历史先进水平还有差距，但总体情况是较好的。从成本项目对比来看，产品单位成本的降低主要是由于直接材料、直接人工的节约，说明企业在降低甲产品的直接材料、直接人工方面采取了措施，取得了成绩。但制造费用项目比历

史先进水平、本年计划、本年累计实际平均超支了，说明还存在薄弱环节。为查明产品单位成本及其成本项目变动的原因，还应进一步对各个成本项目特别是重点项目做具体分析。

（二）主要产品单位成本各项目的分析

企业的生产技术、生产组织和经营管理水平对企业一定时期产品单位成本都有影响。因此，要紧密结合企业技术经济方面的资料，查明产品单位成本升降的具体原因。下面按产品成本项目具体说明不同成本项目的分析方法。

1.直接材料项目的分析

直接材料费用在产品成本中所占比重一般较大，节约使用材料是降低产品成本的一个重要内容。因此，对直接材料要进行重点分析，以便企业制定有效措施，在保证产品质量的条件下，进一步降低材料、燃料及动力的消耗，最大限度地节约成本。

在分析直接材料项目变动的原因时，首先，将各种主要材料成本的实际数与基数（计划数、上年数等）相比较，查明哪种材料或哪几种材料的升降较大；其次，分析直接材料费用升降的原因。一般情况下，直接材料费用的升降取决于材料的消耗量和材料价格两个因素，因此直接材料项目成本差异是由直接材料消耗量变动与其价格的变动引起的，可用因素分析法分析各因素变动对直接材料费用的影响。计算公式如下：

$$\text{材料消耗量变动的影响}=\left(\text{实际单位消耗量}-\text{计划单位消耗量}\right)\times\text{材料计划单价}$$

$$\text{材料价格变动的影响}=\left(\text{材料实际单价}-\text{材料计划单价}\right)\times\text{单位产品材料实际消耗量}$$

【例6-12】企业生产甲产品消耗A、B两种材料，单位材料的消耗量为：A材料计划1千克，实际1千克，B材料计划4千克、实际3千克。材料单价为：A材料计划单价8元、实际单价12元，B材料计划单价21元、实际单价15元。根据以上资料编制甲产品直接材料费用分析表（见表6-15）。

表6-15　　甲产品直接材料费用分析表　　金额单位：元

原材料名称	计量单位	消耗量		单价		直接材料费用		差异	
		计划	实际	计划	实际	计划	实际	数量	金额
A材料	千克	1	1	8	12	8	12	0	+4
B材料	千克	4	3	5.25	5	21	15	-1	-6
合计	—	—	—	—	—	29	27	-1	-2

甲产品材料消耗量和价格两个因素变动使直接材料成本降低了2元。

（1）材料消耗量变动的影响：

A材料：（1-1）×8＝0（元）

B材料：（3-4）×5.25＝-5.25（元）

合计：−5.25元

（2）价格变动的影响：

A材料：（12−8）× 1 = 4（元）

B材料：（5−5.25）× 3 = −0.75（元）

合计：3.25元

在上述两个因素中，因为B材料消耗量减少，使直接材料成本降低了5.25元，A材料、B材料的价格变动合计使直接材料成本上涨了3.25元。两个因素变动使甲产品直接材料费用降低了2元。

单位产品原材料消耗量变动的原因很多，归纳起来主要有以下几点：

（1）产品或产品零部件结构的变化

在保证产品质量的前提下，改进产品设计，使产品结构合理、体积缩小、重量减轻，就能减少原材料消耗，降低直接材料费用。改进产品设计，产品重量变动对单位产品直接材料费用的影响，其计算公式如下：

$$\begin{array}{c}\text{产品重量变动对单位}\\\text{产品直接材料费用的影响}\end{array}=\left(1-\frac{\text{变动后产品重量}}{\text{变动前产品重量}}\right)\times\begin{array}{c}\text{变动前单位产品}\\\text{直接材料费用}\end{array}$$

【例6−13】假设企业用C材料生产某种产品，产品原重35千克，单位产品耗用C材料的成本为980元。改进产品设计后，产品重量减为32千克。这项措施使单位产品材料成本下降的金额为：

$$\text{产品重量变动对单位产品直接材料费用的影响}=(1-\frac{32}{35})\times 980 = 84\text{（元）}$$

（2）材料加工方法的改进

改进工艺和加工方式或采取合理的套裁下料措施，减少毛坯的切削余量和工艺的损耗，就能提高原材料利用率，节约原材料消耗，降低产品成本。原材料利用率计算公式如下：

$$\text{原材料利用率}=\frac{\text{产品有效重量}}{\text{投入生产的原材料重量}}\times 100\%$$

原材料利用率变动对单位产品直接材料费用的影响的计算公式如下：

$$\begin{array}{c}\text{原材料利用率变动对单位}\\\text{产品直接材料费用的影响}\end{array}=\left(1-\frac{\text{变动前原材料利用率}}{\text{变动后原材料利用率}}\right)\times\begin{array}{c}\text{变动前单位产品}\\\text{直接材料费用}\end{array}$$

【例6−14】假设某产品改进原材料加工方法前，原材料消耗总量为13 000千克，产品净重为12 000千克，每件净重240千克。改进原材料加工方法后，原材料消耗总量为11 500千克，产品净重为11 350千克，每件净重227千克。假设产品产量50件，原材料平均单价为25元/千克，原材料利用率提高对单位产品直接材料成本的影响见表6−16。

$$\text{改进前原材料利用率}=\frac{12\,000}{13\,000}\times 100\% = 92.31\%$$

$$\text{改进后原材料利用率}=\frac{11\,350}{11\,500}\times 100\% = 98.70\%$$

表6-16　原材料利用率分析表

项目	单位	改进前	改进后
原材料消耗总量	千克	13 000	11 500
原材料平均单价	元/千克	25	25
原材料总成本	元	325 000	287 500
产品产量	件	50	50
产品净重	千克	12 000	11 350
单位产品净重	千克	240	227
单位产品原材料成本	元	6 500	5 750

$$\text{变动前单位产品直接材料费用}=\frac{13\,000\times 25}{50}=6\,500\text{（元）}$$

$$\text{原材料利用率变动对单位产品直接材料费用的影响}=\left(1-\frac{92.31\%}{98.70\%}\right)\times 6\,500$$
$$=420.82\text{（元）（降低）}$$

$$\text{产品重量变动对单位产品直接材料费用的影响}=\left(1-\frac{227}{240}\right)\times 6\,500$$
$$=352.08\text{（元）（降低）}$$

$$\text{原材料利用率和产品重量变动对单位产品直接材料费用的影响总额}=420.82+352.08$$
$$=772.9\text{（元）}$$

（3）材料质量和规格的变化

企业生产中使用优质材料，不仅可以提高产品质量，还可以节约材料消耗，但材料费用会升高；如果质量低于计划要求，价格虽然较低，但会增加生产操作时间，或者降低产品质量。如果材料规格与生产所需要的不符，也会使生产中多消耗材料数量。

（4）材料代用或配料比例的变化

在保证产品质量的前提下，采用廉价的代用材料，选用经济合理的技术配方，就会节约材料消耗或降低材料费用。

$$\begin{matrix}\text{原材料代用而形成}\\\text{的节约或超支}\end{matrix}=\left(\begin{matrix}\text{原使用原材料}\\\text{消耗量}\end{matrix}\times\begin{matrix}\text{该材料}\\\text{计划单价}\end{matrix}\right)-\left(\begin{matrix}\text{代用原材料}\\\text{消耗量}\end{matrix}\times\begin{matrix}\text{该材料}\\\text{计划单价}\end{matrix}\right)$$

$$\begin{matrix}\text{配料比例变动而}\\\text{形成的节约或超支}\end{matrix}=\begin{matrix}\text{单位产品实际}\\\text{耗用配料总量}\end{matrix}\times\left(\begin{matrix}\text{按实际配方}\\\text{计算的平均单价}\end{matrix}-\begin{matrix}\text{按计划配方}\\\text{计算的平均单价}\end{matrix}\right)$$

【例6-15】假设某产品消耗的各种原材料单价不变，消耗总量也不变，只是各种原材料比例发生变化，对原材料配料比例变动对产品单位成本影响的分析见表6-17。

表6-17　配料比例变动分析表

原材料名称	材料单价/元	原配方		改进后配方	
		用量/千克	金额/元	用量/千克	金额/元
A材料	15	480	7 200	510	7 650
B材料	20	300	6 000	280	5 600
C材料	12	220	2 640	210	2 520
合计	—	1 000	15 840	1 000	15 770
平均单价	—	—	15.84	—	15.77

配料比例变动对单位成本的影响 = 1 000 × (15.77 − 15.84) = −70（元）（降低）

如果在原材料单价、原材料消耗总量变化的情况下，原材料配料比例同时发生变动，三个因素变动对产品单位成本影响的计算公式如下：

$$\begin{array}{c}\text{原材料消耗总量}\\\text{变动的影响}\end{array} = \left(\text{实际消耗量} - \text{计划消耗量}\right) \times \begin{array}{c}\text{按计划配方计算}\\\text{的平均单价}\end{array}$$

$$\begin{array}{c}\text{原材料配料比例}\\\text{变动的影响}\end{array} = \text{实际消耗量} \times \left(\begin{array}{c}\text{实际比例的}\\\text{计划平均单价}\end{array} - \begin{array}{c}\text{计划配料比例的}\\\text{计划平均单价}\end{array}\right)$$

$$\begin{array}{c}\text{原材料单价}\\\text{变动的影响}\end{array} = \text{实际消耗量} \times \left(\begin{array}{c}\text{实际比例的}\\\text{实际平均单价}\end{array} - \begin{array}{c}\text{实际配料比例的}\\\text{计划平均单价}\end{array}\right)$$

（5）材料综合利用

在利用原材料生产主要产品的同时，开展原材料的综合利用，生产副产品，将同样多的材料费用分配到更多品种和数量的产品中去，从而降低主要产品的材料费用。

（6）废品和废料的回收利用情况

生产中出现的废品越多，单位合格品所负担的材料消耗量就越多。加工过程中所产生的废料，如能得到很好的回收利用，也能相对地减少材料消耗。

2. 直接人工项目的分析

直接人工费用是指直接从事产品生产工人的工资、福利费、社会保险费和住房公积金等。直接人工费用的多少，反映企业劳动组织是否合理、工时利用是否充分以及劳动生产率的高低。直接人工费用的分析必须结合工资制度来进行，工资制度主要分为计件工资制度和计时工资制度。

在计件工资制度下，影响产品单位成本中工资费用的因素是计件单价。计价单价不变，单位产品的直接人工费用一般也不变，除非生产工艺或劳动组织方面有所改变。

在计时工资制度下，影响产品单位成本中工资费用的因素为单位产品工时消耗量和小时工资率。其中，单位产品的工时消耗量反映企业劳动生产率的高低。劳动生产率越高，工时消耗量越少，单位产品的工资费用也越少；反之则越多。因此，提高劳动生产率是降低单位产品直接人工费用的重要途径。小时工资率反映了生产工人的平均工资水平，小时工资率越高，单位产品的工资费用越多；反之则越少。

对直接人工项目的分析，可以分以下两种不同情况：

（1）单一产品的直接人工费用的分析

此时，企业发生的直接人工费用都由该种产品负担，单位产品直接人工费用的多少，取决于该种产品产量和生产工人工资这两个因素。其计算公式如下：

$$\text{单位产品直接人工费用} = \frac{\text{生产工人工资总额}}{\text{完工产品产量}}$$

$$\text{产量变动的影响} = \frac{\text{生产工人计划工资总额}}{\text{实际产量}} - \frac{\text{生产工人计划工资总额}}{\text{计划产量}}$$

$$\text{生产工人工资变动的影响} = \frac{\text{生产工人实际工资总额} - \text{生产工人计划工资总额}}{\text{实际产品产量}}$$

（2）多种产品的直接人工费用的分析

由于各种产品的使用价值不同，也不能按实物量将各种产品加以汇总，此时应将生产工人工资按一定标准在各有关产品之间进行分配。直接人工费用一般按生产工时比例分配计入，因此，直接人工费用取决于单位工时和小时工资率两个因素，其计算公式如下：

$$\text{某单位产品直接人工费用} = \text{单位产品生产工时} \times \text{小时工资率}$$

为了确定这两个因素变动对直接人工费用的影响，可以用因素分析法按下列公式计算：

$$\begin{array}{c}\text{单位产品生产}\\\text{工时变动的影响}\end{array} = \left(\begin{array}{c}\text{单位产品}\\\text{实际生产工时}\end{array} - \begin{array}{c}\text{单位产品}\\\text{计划生产工时}\end{array}\right) \times \begin{array}{c}\text{计划小时}\\\text{工资率}\end{array}$$

$$\begin{array}{c}\text{小时工资率}\\\text{变动的影响}\end{array} = \left(\begin{array}{c}\text{实际小时}\\\text{工资率}\end{array} - \begin{array}{c}\text{计划小时}\\\text{工资率}\end{array}\right) \times \begin{array}{c}\text{单位产品的}\\\text{实际生产工时}\end{array}$$

【例6-16】甲产品每件所耗工时数和每小时工资的计划数和实际数见表6-18。

表6-18　甲产品直接人工费用分析表　金额单位：元

项目	单位产品所耗工时/小时	每小时工资费用	单位产品直接人工
本年计划	2	6	12
本月实际	2.5	4	10
直接人工差异	+0.5	−2	−2

甲产品单位产品成本中直接人工费用实际较计划降低2元的原因是：

单位产品工时变动的影响 $= (2.5 - 2) \times 6 = +3$(元)

小时工资率变动的影响 $= (4 - 6) \times 2.5 = -5$(元)

上述分析结果表明，由于工时消耗量增加使单位产品直接人工费用上升了3元，由于小时工资率降低使单位产品直接人工费用下降了5元，两个因素共同作用使直接人工费用降低了2元。

3.制造费用项目的分析

制造费用是生产单位为组织和管理生产所发生的各项间接费用，需按照一定的分配标准和方法分配到该生产单位的各种产品成本中去。影响制造费用的因素有单位产品生产工时和小时费用率。根据因素分析法的原理，分析单位产品生产工时和小时费用率两个因素对单位产品成本中制造费用的影响。

（1）单一产品制造费用的分析

当企业只生产一种产品时，单位产品制造费用的因素分解公式如下：

$$\text{单位产品制造费用} = \frac{\text{制造费用总额}}{\text{完工产品产量}}$$

各因素变动对单位产品制造费用的影响，按下列公式计算：

$$产量变动的影响 = \frac{计划制造费用总额}{实际产量} - \frac{计划制造费用总额}{计划产量}$$

$$制造费用总额变动的影响 = \frac{实际制造费用总额 - 计划制造费用总额}{实际产量}$$

（2）多种产品制造费用的分析

当企业生产多种产品时，一般是按各种产品的工时数分配制造费用的，单位产品制造费用的计算公式如下：

单位产品的制造费用 = 单位产品工时 × 小时制造费用率

单位产品工时和小时制造费用率两个因素变动对单位产品的制造费用影响的计算公式如下：

$$\begin{matrix}单位产品生产\\工时变动的影响\end{matrix} = \left(\begin{matrix}单位产品实际\\生产工时\end{matrix} - \begin{matrix}单位产品计划\\生产工时\end{matrix}\right) \times \begin{matrix}计划小时\\制造费用率\end{matrix}$$

$$\begin{matrix}小时制造费用率\\变动的影响\end{matrix} = \left(\begin{matrix}实际小时\\制造费用率\end{matrix} - \begin{matrix}计划小时\\制造费用率\end{matrix}\right) \times 实际工时$$

【例6–17】甲产品每件所耗工时数和小时制造费用率的计划数和实际数见表6–19。

表6–19　甲产品制造费用分析表　单位：元

项目	单位产品所耗工时	小时制造费用率	单位产品制造费用
本年计划	1.5	6	9
本月实际	1	11	11
制造费用差异	−0.5	+5	+2

甲产品单位产品实际制造费用较计划多2元的原因是：

单位产品工时消耗变动的影响 = (1 − 1.5) × 6 = −3(元)

小时制造费用率变动的影响 = (11 − 6) × 1 = 5(元)

在进行上述产品成本计划完成情况的分析中，还要注意以下问题：

① 成本计划本身的准确性。计划如果不准确、不科学，就难以作为衡量的标准和考核的依据。尤其是不可比产品，因为过去没有正式生产过，缺乏完整、可靠的成本资料作为制订计划的依据。

② 成本核算资料的真实性。如果成本计划是准确的，而成本核算资料不真实，也难以正确评价企业成本计划的完成程度和生产耗费的经济效益。检查成本核算资料是否真实，关键是看生产费用的归集和分配是否严格遵守了成本开支范围，是否正确划分了各个月份、各种产品以及完工产品与在产品之间的费用界限，有无乱挤成本、少计成本等任意调节成本的现象。

③ 分清主观和客观因素。为了分清企业或车间在降低成本方面主观努力和客观因素影响，划清经济责任，在评价企业成本管理工作时，应扣除客观因素和相关车间、部门工作的影响。

【想一想6-4】主要产品单位成本分析包括哪些内容？

【练一练6-6】影响产品单位成本中直接材料费用变动的因素有（　　）。

A.产品生产总量　　B.材料总成本

C.单位产品材料消耗量　　D.单位材料的价格

五、各种费用明细表的分析

各种费用明细表主要包括制造费用明细表和各项期间费用明细表。费用明细表的分析主要采用对比分析法和构成比率分析法。首先应采用对比分析法，根据分析目的选择费用明细表中某项费用为基数，将本期实际与基数进行对比，确定各个项目本期实际与基数的差异。分析时，可以将各项费用的本期实际数与计划数进行对比，分析计划执行的结果；可以将各项费用的本期实际数与上期实际数进行对比，了解其增减变化，分析发展趋势。其次应采用构成比率分析法，以各项费用的总额为基数，分别计算各项费用的所占比重，以便找出影响费用总额的重点项目，确定管理的重点环节。

在对各种费用明细表进行分析时，还应注意以下问题：

（1）对于变动费用项目，应根据业务量的变动计算其节约额或超支额。变动费用随着生产或销售等业务量的变动而变动，如销售费用中的包装费、运输费和装卸费等都会由于产品销售量增减而相应地增减。对于这些项目的超支或节约，要与业务量联系起来进行分析。在销售费用中，如果包装费、运输费和装卸费的本年累计实际数都低于本年计划，看起来是节约数，但如果本年的实际销售量少于计划销售量，则可能是超支数。

（2）只有固定费用项目才能用实际数与基数计算其节约额或超支额。固定费用不随生产、销售等业务量变动而变动。例如，管理费用中的工资及福利费、折旧费、工会经费等，不会由于产销业务量增减而增减。对于这些项目的超支或节约，可以通过本期实际数与计划和上期实际数等基数的比较直接确定。

（3）对于某些支出和损失项目，应结合其抵销数进行分析。例如，财务费用中的利息支出和汇兑损失，应查明有无利息收入和汇兑收益的抵销数；又如管理费用中的存货盘亏毁损的损失，应查明有无存货盘盈，以便确定存货的实际损失。

（一）制造费用明细表分析

制造费用明细表的分析主要采用对比分析法，即通过实际数与基数的对比来揭示两者之间的差异，借以了解经济活动的一种分析方法。

在采用对比分析法进行分析时，通常先将本月实际数与上年同期实际数进行对比，揭示本月实际与上年同期实际之间的增减变化。在表中列有本月计划数的情况下，应与计划数进行对比，以便分析和考核制造费用月度计划的执行结果。例如，通过与月份制造费用明细表数据进行对比，发现企业本年度制造费用累计实际数已经接近、达到甚至超过本年计划的半数时，就应注意节约以后各月的费用，以免全年的实际数超过计划数。如果数据来自12月份的制造费用明细表，则本年累计实际数和本年计划数的差异，就是全年费用计划执行的结果。为了具体分析制造费用增减变动和计划执行好坏的情况及原因，上述对比分析应该按照费用项目进行。由于制造费用的项目很多，可以选择变化较大、差异较大或者费用比重较大的项目有重点地进行分析。

（二）管理费用明细表分析

管理费用发生在行政管理部门，费用的发生与产品无直接联系。费用项目多，大部分费用是固定费用，应当编制预算加以控制。在分析时，首先应将费用按性质进行分类，分析哪些费用的发生是正常的，哪些是不正常的；哪些是管理上的原因，哪些不是管理上的原因。通常情况下，可以按各费用项目的性质分为以下几类：

（1）管理性费用。如工资及福利费、办公费、差旅费、修理费等，这类费用的高低一般反映企业的管理水平，应从管理角度寻找控制成本费用的方法。

（2）发展性费用。如研究开发费、职工教育经费、绿化费等，这类费用的高低与企业的未来发展相关，不能简单地与管理水平挂钩，应将费用支出与带来的效益相比较进行分析。

（3）防护性费用。如保险费、劳动保护费等，这类费用的高低与企业防范生产经营风险和劳动保护条件的改善相关，可以避免未来损失，因此不能简单地与管理水平挂钩，应将费用支出与带来的效益相比较进行分析。

（4）非生产性费用。如材料与产成品盘亏和毁损的净损失、产品“三包”损失等，这类费用的发生与管理有直接关系，必须从管理上找原因。

（三）销售费用明细表分析

销售费用明细表是反映企业一定期间在销售过程中发生的各项费用及其费用预算执行情况的报表。该表按照销售费用各项目分别设置本年计划、上年同期实际、本月实际和本年累计实际等栏目，其格式同管理费用明细表。

（四）财务费用明细表分析

财务费用明细表的分析方法与上述费用明细表分析方法相似。在分析评价财务费用时应考虑企业融资对生产经营资金需求的满足程度，以及外汇市场上汇率变化的风险情况（有外币业务的企业需要考虑）。

思政园地

光明电子公司会计张强因工作努力，钻研业务，积极提出合理化建议，多次被公司评为先进会计工作者，张强的朋友在一家私有电子企业任总经理，在其朋友的多次请求下，张强将在工作中接触到的公司新产品研发计划的成本构成及相关成本报表资料复印件提供给其朋友，给公司带来一定的损失。公司认为张强不宜继续从事会计工作。

要求：

（1）张强违反了哪些会计职业道德要求？

（2）哪些单位可以对张强违反会计职业道德行为进行处理？

项目小结

拓展阅读

通过本项目学习，应当把握的重点是：

（1）成本报表是根据企业日常成本核算资料及其他有关资料，综合概括地反映企业在一定时期内资金耗费和产品成本的构成及其升降变动情况，以分析和考核成本费用计划执行结果的会计报表。成本报表主要向企业职工、企业各级管理部门、企业领导以及有关部门提供成本信息。

（2）企业编制的成本报表主要有：商品产品成本表、主要产品单位成本表、制造费用明细表、期间费用明细表。

商品产品成本表是反映企业在一定时期内生产的全部商品产品的总成本和各种主要商品产品的单位成本和总成本的成本报表。编制该表的目的是考核全部商品产品和主要商品产品成本计划的执行情况，分析各种可比产品成本降低任务的完成情况，以便进一步分析成本增减变化的原因，提出降低成本的途径。

主要产品单位成本表是反映企业在一定时期内生产的各种主要产品单位成本的构成情况，以及每种产品生产的有关技术经济指标的成本报表。编制该表的目的是考核各种主要产品单位成本计划的执行情况，分析各成本项目和消耗定额的变化及其原因，便于在本企业的各时期之间，以及在同类企业之间进行成本对比，找出差距，挖掘潜力，不断降低产品成本。

制造费用明细表是反映企业在一定时期内为组织和管理生产发生的全部制造费用的成本报表。编制该表的目的是分析制造费用的构成和增减变动情况，考核预算的执行结果，以便分析原因，及时采取措施，节约开支，降低费用。

期间费用明细表是反映企业在报告期内发生的管理费用、财务费用和销售费用的报表。利用期间费用明细表所提供的资料，可以分析期间费用计划或预算的执行情况，分析各项费用的本期实际数比上年同期实际数的增减变化情况，考核各项费用的计划执行情况和执行结果，以便进一步采取措施，压缩开支，不断降低费用。

（3）成本报表的分析，大体上可按以下步骤进行：确定分析目标，收集有关资料，揭示存在的问题，分析影响因素，提出改进措施。对成本报表进行分析的方法是多种多样的，采用哪种取决于分析目标、企业的生产特点及其所掌握的资料。常用的方法主要有对比分析法、比率分析法、因素分析法和差额分析法。

（4）按产品种类反映的全部商品产品生产成本表的分析，一般可以从以下两个方面进行分析：本期实际成本与计划成本的对比分析，本期实际成本与上年实际成本的对比分析。

（5）主要产品单位成本表的分析，可先将本期实际的生产成本与其他各种产品生产成本（计划、上年实际、历史先进水平等）对比，进行一般分析；然后，按成本项目分析其增减变动，查明造成单位成本升降的具体原因。

项目技能训练

一、单项选择题（每题只有一个正确答案，请将正确答案填在括号内）

1.成本报表是一种（　　）。

A.内部管理会计报表　　B.对外财务会计报告

C.静态报表　　D.汇总报表

2.成本报表的种类、格式和内容等，由（　　）。

A.政府有关部门规定　　B.国家制定的企业会计制度规定

C.银行等债权人规定　　D.企业自行决定

3.下列各项中，不包括在成本报表中的是（　　）。

A.产品生产成本表　　B.制造费用明细表

C.期间费用明细表　　D.资产负债表

4.主要产品单位成本表的编制依据主要是（　　）。

A.产品生产成本表　　B.产品成本明细账

C.费用明细表　　D.资产负债表

5.编制成本报表是因为（　　）。

A.国家统一会计制度的要求　　B.企业内部经营管理的需要

C.社会中介机构的要求　　D.潜在投资者和债权人的要求

6.某产品本年计划单位成本与其本年实际平均单位成本的差异，除以其本年计划单位成本，等于该产品（　　）。

A.计划成本降低额　　B.实际成本降低额

C.与计划比较的成本降低率　　D.实际成本降低率

7.某产品上年实际平均单位成本与其本年实际平均单位成本的差额，除以其上年实际平均单位成本，等于该产品（　　）。

A.计划成本降低率　　B.与计划比较的成本降低率

C.实际成本降低率　　D.没有经济意义

8.产品产量发生变动（　　）。

A.只影响产品成本降低额　　B.只影响产品成本降低率

C.不会影响产品成本降低额和降低率　　D.会影响产品成本降低额和降低率

9.成本分析一般在（　　）进行。

A.事前　　B.事中　　C.事后　　D.事前、事中、事后

10.计算实际成本降低率时，应当用实际成本降低额除以（　　）。

A.实际产量按上年单位成本计算的总成本

B.计划产量按上年单位成本计算的总成本

C.实际产量按计划单位成本计算的总成本

D.实际产量按实际单位成本计算的总成本

11.产品品种结构变动影响成本降低额和降低率，是因为各种产品的（　　）。

A.成本降低额和降低率不同　　B.单位成本和总成本不同

C.计划成本降低率不同　　D.实际成本降低率不同

12.影响可比产品成本降低率的因素是（　　）。

A.产品产量　　B.产品单位成本

C.产品的种类和规格　　D.产品数量

13.可比产品成本降低额 =（　　）– 可比产品本年累计实际总成本。

A.全部产品按上年实际平均单位成本计算的本年累计总成本

B.可比产品按上年实际平均单位成本计算的本年累计总成本

C.全部产品按本年计划平均单位成本计算的本年累计总成本

D.可比产品按本年计划平均单位成本计算的本年累计总成本

14.产量变动之所以影响产品单位成本，是因为（　　）。

A.在产品全部成本中包括了一部分变动费用

B.在产品全部成本中包括了一部分相对固定的费用

C.产品总成本不变

D.产品产量增长小于产品总成本增长

15.通过成本指标在不同时期（或不同情况）的数据的对比，分析成本变动及其原因的方法是（　　）。

A.比较分析法　　B.趋势分析法　　C.比率分析法　　D.因素分析法

16.把综合性指标分解为各个因素，研究诸因素变动对综合性指标变动影响程度的分析方法是（　　）。

A.对比分析法　　B.趋势分析法　　C.比率分析法　　D.因素分析法

17.商品产品成本表可以考核（　　）。

A.全部商品成本和各种主要商品成本计划执行结果

B.制造费用、管理费用计划的执行结果

C.主要产品单位成本计划的执行结果

D.主要产品技术经济指标执行情况

18.产品品种比重的变动（　　）。

A.只影响成本降低额

B.只影响成本降低率

C.既影响成本降低额又影响成本降低率

D.对可比产品成本不产生任何影响

19.对比分析法只适用于（　　）。

A.同一性质指标的质量对比　　B.同一性质指标的数量对比

C.不同性质指标的质量对比　　D.不同性质指标的数量对比

20.因素分析法各因素的排列顺序一般是（　　）。

A.数量指标在前，质量指标在后　　B.质量指标在前，数量指标在后

C.数量指标在前，也可以在后　　D.质量指标在前，也可以在后

二、多项选择题（每题有两个或两个以上正确答案，请将正确答案填在括号内）

1.设置成本报表，应当（　　）。

A.符合国家统一会计制度规定的格式和内容

B.符合企业生产经营特点

C.满足企业成本管理的要求

D.报表指标具有实用性，报表内容具有针对性

2.按产品品种编制的产品生产成本表，一般包括（　　）等指标。

A.产品产量　　B.产品单位成本

C.本月总成本　　D.本年累计总成本

3.主要产品单位成本表应当反映该主要产品的（　　）。

A.历史先进水平单位成本　　B.上年实际平均单位成本

C.本年计划单位成本　　D.本年累计实际平均单位成本

4.期间费用明细表包括（　　）。

A.制造费用明细表　　B.管理费用明细表

C.销售费用明细表　　D.财务费用明细表

5.下列各项中，属于成本报表的有（　　）。

A.产品生产成本表　　B.主要产品单位成本表

C.制造费用明细表　　D.期间费用明细表

6.成本分析应根据（　　）进行分析。

A.成本核算资料　　B.成本计划资料

C.成本明细账资料　　D.其他有关资料

7.采用因素分析法时确定各因素排列顺序的一般原则包括（　　）。

A.先计算数量因素变动的影响，后计算质量因素变动的影响

B.先计算实物数量因素变动的影响，后计算价值数量因素变动的影响

C.先计算主要因素变动的影响，后计算次要因素变动的影响

D.先计算质量因素变动的影响，后计算数量因素变动的影响

8.产品单位成本计划完成情况的分析，重点分析的内容包括（　　）。

A.单位成本升降幅度较大的产品

B.产量较多的产品

C.在企业全部产品中所占比重较大的产品

D.原材料成本比重大的产品

9.影响产品单位成本中直接材料费用变动的因素有（　　）。

A.产品生产总量　　B.材料总成本

C.单位产品材料消耗量　　D.单位材料的价格

10.影响产品单位成本中直接人工费用变动的因素有（　　）。

A.产品生产工人的数量

B.产品生产工人工资总额

C.产品生产工人劳动生产率（单位产品工时消耗）

D.产品生产工人平均工资（小时工资率）

11.下列各项中属于相关指标比率的有（　　）。

A.产值成本率　　B.成本利润率　　C.制造费用率　　D.直接材料费用比率

12.下列各项中，属于构成比率的有（　　）。

A.产值成本率　　B.直接材料费用比率

C.直接人工费用比率　　D.销售收入成本率

13.在商品产品成本报表“补充资料”部分列示的项目有（　　）。

A.可比产品成本降低额　　B.可比产品成本降低率

C.产值成本率　　D.不可比产品成本降低率

14.利用主要产品单位成本表，可进行（　　）分析。

A.按成本项目分析和考核主要产品单位成本计划的执行情况

B.按成本项目将本期与历史先进水平相比较，了解单位成本升降趋势

C.分析和考核主要技术经济指标的执行情况

D.分析和考核企业商品产品成本计划的执行情况

15.下列各项中，属于主要产品单位成本报表的项目有（　　）。

A.费用项目　　B.产量

C.单位售价　　D.主要技术经济指标

三、判断题（正确的在括号内打“√”，错误的打“×”）

（　　）1.成本报表是一种内部管理会计报表，一般不对外报送和公开。

（　　）2.成本报表的格式和内容应当具有统一性，以便统计、汇总和社会公众理解。

（　　）3.商品产品成本报表只能按成本项目编制。

（　　）4.制造费用明细表只汇总企业基本生产单位的制造费用，不包括辅助生产单位的制造费用。

（　　）5.制造费用明细表和期间费用明细表的编制方法类似。

（　　）6.成本分析只需根据成本核算资料进行分析。

（　　）7.主要产品成本降低额和降低率的计算，依据的是对比分析法的原理。

（　　）8.采用因素分析法，改变因素的排列顺序，计算结果会有所不同。

（　　）9.在全部商品产品成本分析中，要计算与计划比较的全部产品成本降低额和降低率。

（　　）10.产品单位成本变动，既会影响成本降低额，又会影响成本降低率。

（　　）11.产品品种结构变动，只会影响成本降低额，不会影响成本降低率。

（　　）12.在进行单位产品计划完成情况的分析时，只能采用因素分析法。

（　　）13.在分析某个指标时，将与该指标相关但又不同的指标加以对比，分析其相互关系的方法称为对比分析法。

（　　）14.采用因素分析法进行成本分析时，各因素变动对经济指标影响程度的数

额相加应与该项经济指标实际数与基数的差额相等。

（　　）15.在进行全部商品产品成本分析时，需要计算成本降低率，该项指标是用成本降低额除以实际产量的实际总成本计算的。

四、业务题

1.华东工厂生产甲、乙、丙三种产品。2023 年 12 月份有关资料见表 6-20 至表 6-23。

表6-20　甲产品成本明细账　单位：元

项目	直接材料	直接人工	制造费用	合计
月初在产品成本	450	270	330	1 050
本月生产费用	890	410	560	1 860
完工产品成本	970	450	690	2 110
在产品成本	370	230	200	800

表6-21　乙产品成本明细账　单位：元

项目	直接材料	直接人工	制造费用	合计
月初在产品成本	750	320	480	1 550
本月生产费用	1 640	760	950	3 350
完工产品成本	1 420	570	810	2 800
在产品成本	970	510	620	2 100

表6-22　丙产品成本明细账　单位：元

项目	直接材料	直接人工	制造费用	合计
月初在产品成本	1 050	410	740	2 200
本月生产费用	1 960	680	1 340	3 980
完工产品成本	1 660	620	1 100	3 380
在产品成本	1 350	470	980	2 800

表6-23　产品产量成本

产品名称	实际产量/件		单位成本/元	
	本月	本年累计	上年实际平均	本年计划
甲产品	100	1 140	22.1	21.0
乙产品	280	3 050	12.5	11.0
丙产品	400	5 520	8.75	8.60

甲、乙、丙三种产品本年1—11月份累计实际产品生产成本分别为23 540元、31 055元和44 644元。

要求：

（1）根据所给资料编制全部商品产品成本表（按产品种类反映）（见表6-24）；

表6-24　　全部商品产品成本表（按产品种类反映）　　数量单位：件

编制单位：华东工厂　　2023年12月　　金额单位：元

产品名称	实际产量		单位成本				本月总成本			本年累计总成本		
	本月	本年累计	上年实际平均	本年计划	本月实际	本年累计实际平均	按上年实际平均单位成本计算	按本年计划单位成本计算	本月实际	按上年实际平均单位成本计算	按本年计划单位成本计算	本年实际
甲产品												
乙产品												
丙产品												
合计												

（2）计算企业该年全部可比产品成本降低计划的执行结果；

（3）用连环替换分析法计算有关因素变动对可比产品成本降低计划执行结果的影响程度。

2.某企业2023年12月份的成本资料见表6-25。

表6-25　　商品产品成本表（按产品品种类别编制）　　数量单位：件

2023年12月　　金额单位：元

产品名称	产量		单位成本			总成本		
	本年计划	本年实际	上年实际平均	本年计划	本年累计实际平均	按上年实际平均单位成本	按本年计划单位成本	本年实际
可比产品：						2 000 000	1 945 000	1 938 500
甲产品	2 160	2 500	600	582	579	1 500 000	1 455 000	1 447 500
乙产品	1 008	1 000	500	490	491	500 000	490 000	491 000
不可比产品：								
丙产品	960	1 000		555	530		555 000	530 000
合计							2 500 000	2 468 500

要求：对可比产品降低情况进行总括分析和因素分析。

3.华宝通用机械制造厂2023年生产甲、乙、丙三种产品，其中甲产品和乙产品为可比产品，丙产品为不可比产品；可比产品成本全年计划降低率为8%；甲产品销售单价为600元，乙产品销售单价为500元。

（1）该厂各种产品单位成本以及制造费用过去的和本年计划的有关资料分别见表6-26和表6-27。

表6-26 各种产品单位成本 单位：元

成本项目	历史先进水平		上年实际平均		本年计划		
	甲产品	乙产品	甲产品	乙产品	甲产品	乙产品	丙产品
直接材料	310	250	320	280	330	260	340
直接人工	55	50	60	60	65	70	80
制造费用	65	40	70	50	65	50	60
产品生产成本	430	340	450	390	460	380	480

表6-27 6月份制造费用 单位：元

费用项目	本月计划	上年同期实际
工资	890	858
办公费	1 200	1 120
折旧费	4 300	3 900
修理费	1 300	1 240
运输费	1 600	1 560
租赁费	400	450
保险费	800	730
水电费	500	440
劳动保护费	400	360
机物料消耗	200	180
其他	150	126
合计	11 740	10 964

（2）该厂1—5月各种产品累计的产量、总成本、平均单位成本以及累计制造费用资料分别见表6-28和表6-29。

表6-28 1—5月各种产品累计的产量、总成本、平均单位成本 金额单位：元

成本项目	甲产品（累计产量150台）		乙产品（累计产量120台）		丙产品（累计产量50台）	
	累计总成本	平均单位成本	累计总成本	平均单位成本	累计总成本	平均单位成本
直接材料	48 150	321	31 680	264	15 500	310
直接人工	8 250	55	7 440	62	6 000	120
制造费用	7 800	52	5 280	44	3 500	70
产品成本	64 200	428	44 400	370	25 000	500

表6-29 1—5月累计制造费用 单位：元

费用项目	金额
工资	4 988
办公费	6 240
折旧费	22 060
修理费	6 460
运输费	8 000
租赁费	3 500
保险费	4 420
水电费	2 510
劳动保护费	2 350
机物料消耗	1 140
其他	660
合计	62 328

（3）该厂6月份各种产品产量、总成本、单位成本以及制造费用的资料分别见表6-30和表6-31。

表6-30 6月份产品产量、总成本、单位成本 单位：元

成本项目	甲产品（实际产量30台）		乙产品（实际产量25台）		丙产品（实际产量10台）	
	总成本	单位成本	总成本	单位成本	总成本	单位成本
直接材料	9 240	308	6 350	254	3 150	315
直接人工	1 680	56	1 425	57	1 250	125
制造费用	1 740	58	1 125	45	750	75
产品生产成本	12 660	422	8 900	356	5 150	515

表6-31　　6月份制造费用　　单位：元

费用项目	金额
工资	960
办公费	1 210
折旧费	4 320
修理费	1 350
运输费	1 520
租赁费	630
保险费	810
水电费	490
劳动保护费	440
机物料消耗	220
其他	160
合计	12 110

要求：根据以上资料编制商品产品成本表（见表6-32）、主要产品单位成本表（见表6-33和表6-34）和制造费用明细表（见表6-35）。

表6-32　　商品产品成本表　　数量单位：台

2023年6月　　金额单位：元

产品名称	实际产量		单位成本				本月总成本			本年累计总成本		
	本月	本年累计	上年实际平均	本年计划	本月实际	本年累计实际平均	按上年实际平均单位成本计算	按本年计划单位成本计算	本月实际	按上年实际平均单位成本计算	按本年计划单位成本计算	本年实际成本
可比产品：												
甲产品												
乙产品												
小计												
不可比产品：												
丙产品												
小计												
合计												

表6-33　　主要产品单位成本表

2023年 6月

产品名称：甲产品　　本月实际产量：

规格：　　本年累计实际产量：

计量单位：台　　单位：元

成本项目	历史先进水平	上年实际平均	本年计划	本月实际	本年累计实际平均
直接材料 直接人工 制造费用					
产品生产成本					

表6-34　　主要产品单位成本表

2023年6月

产品名称：乙产品　　本月实际产量：

规格：　　本年累计实际产量：

计量单位：台　　单位：元

成本项目	历史先进水平	上年实际平均	本年计划	本月实际	本年累计实际平均
直接材料 直接人工 制造费用					
产品生产成本					

表6-35　　制造费用明细表

编制单位：　　2023年6月　　单位：元

费用项目	行次	本月计划	上年同期实际	本月实际	本年累计实际
工资	1				
职工福利费	2				
办公费	3				
折旧费	4				
修理费	5				
运输费	6				
租赁费	7				
保险费	8				
水电费	9				
劳动保护费	10				
机物料消耗	11				
其他	12				
合计					

参考文献

［1］袁堂梅．成本会计学［M］．北京：清华大学出版社，2018.

［2］崔乐忠．成本会计［M］．北京：中国经济出版社，2013.

［3］张敏，黎来芳，于富生．成本会计学［M］．9版．北京：中国人民大学出版社，2021.

［4］万寿义，任月君．成本会计［M］．6版．大连：东北财经大学出版社，2022.

［5］吕翠萍，张海霞．成本会计［M］．北京：清华大学出版社，2018.

［6］唐坤，郭思智．成本会计理论与实务教程［M］．北京：中国财政经济出版社，2017.

［7］李争艳，郑新娜，唐羽．成本会计［M］．北京：清华大学出版社，2018.

［8］刘晓玉，尹莎莉．成本会计［M］．北京：中国经济出版社，2007.

［9］来华，乾惠敏．成本会计［M］．2版．北京：清华大学出版社，2018.

［10］江希和，向有才．成本会计教程［M］．6版．北京：高等教育出版社，2019.

微课索引

为了便于学生自主学习，我们针对重点难点制作了15个微课，并以二维码的形式添加在本教材中，用手机扫描二维码即可直接观看内容，括号内标注了二维码的具体页码。